Cynthia Harnett
Die Lehrlingsprobe

W0045522

Die Autorin: Cynthia Harnett wurde 1894 in England geboren. Gegen den Willen ihrer Eltern absolvierte sie an der Chelsea School of Art ein Kunststudium. Danach verdiente sie ihr Geld als Illustratorin von Kinderbüchern. Nach dem zweiten Weltkrieg begann sie, selbst Kinderbücher zu schreiben. Sie reiste an die Orte, an denen die Handlung spielen sollte, und erforschte intensiv die genauen geschichtlichen Zusammenhänge. Als eine immer noch sehr lebhafte alte Dame starb sie 1982. Einen großen schriftstellerischen Atem hat Cynthia Harnett mit ihren das 15. Jahrhundert umspannenden vier Jugendromanen bewiesen, die alle im Verlag Freies Geistesleben erschienen sind: *Die Lehrlingsprobe; Das Zeichen im Feuer; Eine Ladung «Einhorn» verschwindet; Nicolas und die Wollschmuggler.*

Das Buch: Das Leben eines Lehrlings im London des 15. Jahrhunderts war alles andere als bequem: Er hatte im Haus seines Meisters zu wohnen, der ihm dafür eine Schlafstelle – oft genug unter dem Ladentisch – stellen mußte. Sein Arbeitstag war lang und hart, nur an den Sonntagen hatte er frei.
Dem Jungen Dickon geht es nicht anders. Auf Vermittlung seines berühmten Paten, des dreimaligen Bürgermeisters von London, Dick Whittington, beginnt er eine Tuchhändlerlehre.
Unter den Lehrlingen aber geht es oft rauh zu: Nicht nur, daß sich die verschiedenen Zünfte untereinander bekriegen – wenn Dickon als ein richtiger Tuchhändler anerkannt werden will, muß er beweisen, daß er Mut hat. Da kommt einer seiner «Freunde» auf eine schlimme Idee... Niemals jedoch hätte Dickon geahnt, daß diese Lehrlingsprobe unmittelbar mit der Verschwörung in London zusammenhängen könnte, die sowohl seinem Paten Dick Whittington als auch König Heinrich V. große Sorgen bereitet. Unversehens, findet sich Dickon in allerlei Machenschaften verstrickt. «Cynthia Harnett erzählt spannend. Sie hat ausgezeichnet recherchiert. Das Nachwort macht deutlich, wo sich Dichtung und Wahrheit trennen. Ausgezeichnet.»   *Das neue Jugendbuch*

Cynthia Harnett

Die Lehrlingsprobe

*Eine abenteuerliche Geschichte
aus dem London
des 15. Jahrhunderts*

Verlag Freies Geistesleben

Aus dem Englischen übersetzt von Katja Seydel

Die Deutsche Bibliothek – CIP-Einheitsaufnahme

Harnett, Cynthia:
Die Lehrlingsprobe: eine abenteuerliche Geschichte aus dem
London des 15. Jahrhunderts / Cynthia Harnett. [Aus d. Engl.
übers. von Katja Seydel]. – Taschenbuchausg., 1. Aufl., – Stuttgart:
Verl. Freies Geistesleben, 1993
Einheitssacht.: Ring out bow bells <dt.>

ISBN 3-7725-2010-3

1. Auflage der Taschenbuchausgabe 1993
Die englische Originalausgabe erschien 1953 unter dem Titel
«Ring out Bow Bells»
im Verlag Methuen Children's Books, an imprint of Reed Consumer Books.
Zeichnungen: Cynthia Harnett
Umschlag: Walter Schneider unter Verwendung einer Illustration
von Victor Ambrus
Text und Illustrationen © 1953 Cynthia Harnett
© 1989 Verlag Freies Geistesleben GmbH, Stuttgart
Gesamtherstellung: Clausen & Bosse, Leck

Inhalt

Blick auf die Themse

Die Themse

Nan saß auf der obersten Stufe der Stiege, die zum Lagerhaus führte. Das Kinn auf die Hände gestützt, schaute sie über die Themse. Obwohl sie alleine war, fühlte sie sich nicht einsam, denn ihre Brüder waren ganz in der Nähe.

Hinter ihr im Lagerhaus war Adam, der ältere der beiden Brüder, damit beschäftigt, getrocknete Kräuter, Gewürze, die Brühe abgekochter Frösche und ähnliche Scheußlichkeiten zusammenzumixen. Er hoffte, Heilmittel herzustellen, mit denen er die Krankheiten der Menschen heilen oder zumindest ihre Schmerzen lindern könnte.

Dickon, der jüngere der Brüder, half Jenkyn, dem Fährmann, die Fahrgäste vom anderen Ufer herüber zu rudern. Schiffe aller Art begeisterten ihn. Er kannte jedes beim Namen, das den Fluß heraufkam.

Sein größtes Vergnügen bestand darin, an Bord der Schiffe zu klettern, die mit Frachtgut für Großvaters Lagerhaus beladen waren, und die Matrosen zu überreden, ihn an der Takelage hochsteigen zu lassen.

Nan hatte die Anweisung bekommen, die Jungen auf jeden Fall pünktlich zum Mittagessen heimzubringen. Master Whittington wollte kommen, und Master Whittington war ein bedeutender Mann. Natürlich war er schon von Kindesbeinen an mit Großvater befreundet und kannte sie und ihre Brüder seit ihrer Geburt, aber das änderte nichts daran, daß er bereits dreimal Bürgermeister von London und außerdem der bedeutendste Mann in der ganzen Stadt war.

Aber sie brauchten sich nicht zu beeilen. Die Glocken hatten noch nicht zu Mittag geläutet. Außerdem würden sie heute Master Whittington zuliebe später als gewöhnlich essen. Also machte Nan es sich auf ihrem Aussichtsplatz bequem. Sie genoß die Ruhe; hier gefiel es ihr besser als zu Hause, denn dort mußte sie für Tante Isabel arbeiten.

Im Sonnenlicht eines hellen Frühlingsmorgens schimmerte vor ihr der Fluß. Er sah aus wie ein großer See, der auf drei Seiten von Häusern umgeben war. Am Nordufer drängten sich die Gebäude bis zum Wasser hinunter. Dort endeten sie in einer unregelmäßigen Reihe von Kaianlagen, Speichern und durcheinandergewürfelten Dächern. Auf der gegenüberliegenden Seite, am Südufer, lagen Gärten zwischen den Häusern. Im Hintergrund waren Baumspitzen zu erkennen, denn dort begann das offene Land.

Zwischen den beiden Ufern erstreckte sich die Londoner Brücke wie eine große Mauer. Von einem Ufer bis zum anderen war sie mit Wohnhäusern und Geschäften bebaut. Aber das war noch nicht alles. Die massiven Brückenbögen und Stützpfeiler mußten noch ein Wächterhäuschen, eine Zugbrücke und obendrein eine Kapelle mit spitzen Türmchen tragen.

Wegen der Flut stand das Wasser bis hoch an die Brückenbögen, so ruhig, daß sich das Südufer und die Brücke darin spiegelten. Aber bald würden die Gezeiten wechseln. Dann flösse der Fluß durch die schmalen Bögen tosend und brüllend wie ein gefangenes Raubtier zurück zum Meer und zöge dabei alles, was ihm in den Weg kommt, in seine Stromschnellen und Strudel.

Nan war dieses Geräusch vertraut, denn ihre ehemalige Kinderfrau, Goody Doubleday, wohnte auf der Brücke, und manchmal, zu ganz besonderen Gelegenheiten, durfte sie dort übernachten. Sie liebte es, gemütlich im Bett zu liegen und den Geräuschen des Wassers zu lauschen, das unter dem Haus zwischen den Pfeilern hindurchströmte.

Aber jetzt schien alles ruhig zu sein. Die kleinen Schiffe, die an der Kaimauer festgezurrt waren, schaukelten behäbig auf dem Wasser, ihre bunten Segel waren aufgerollt. Niemand arbeitete, es wurden weder Schiffe beladen noch Ladungen gelöscht, denn es war Christi Himmelfahrt, ein Feiertag. Die wenigen Menschen, die zu sehen waren, saßen entweder auf der Kaimauer und angelten, schlenderten am Fluß entlang oder hielten ein Schwätzchen.

Sogar die Straßen schienen ausgestorben zu sein. Nan konnte feine Geräusche vernehmen, die sonst vom Knirschen der schweren Räder auf dem Kopfsteinpflaster übertönt wurden: das Hufgeklapper eines einsamen Reiters in der Thames Street oder auch das Gurren der Tauben in Master Whittingtons Garten am Hang.

Plötzlich unterbrach ein Geräusch aus der Ferne die Stille: der schrille Ton einer Trompete. Nan richtete sich auf. Sie wußte, was das zu bedeuten hatte. Der König war im Tower. Er war morgens nach dem Hochamt von Westminster aus dorthin geritten. Bescheiden wie er war, ließ er sich nur von ein paar Rittern begleiten, genau wie in der Zeit, als er noch Prince Hal war und ganz in der Nähe, in Coldharbour, lebte. Kaum jemand wußte, daß er kommen würde, abgesehen vom Bürgermeister, der ihn zusammen mit Großvater an einem der Stadttore, dem Herrentor, empfangen hatte, und einem oder zwei Ratsherren.

Heinrich V. besuchte den Tower, um zu sehen, wie es mit der Arbeit voranging, denn er befand sich mitten in den Kriegsvorbereitungen. An Arbeitstagen spien die Öfen der Schmiede dicke Rauchwolken aus. Bei Ostwind war der Klang der Hammerschläge, mit denen die stählernen Rüstungen geformt wurden, trotz des Tosens des Londoner Straßenverkehrs weithin vernehmbar. Karren, die mit Häuten für Lederriemen beladen waren, rumpelten durch die Stadt. Und tatsächlich, am Kai, ganz in der Nähe von Nans Sitzplatz, wurde sogar heute eine Ladung Bogenhölzer, die am Tag zuvor per Schiff eingetroffen war, in Zwanzigerbündeln gestapelt.

Nan seufzte. Sie wünschte, sie wäre ein Junge. Jungs hatten viel mehr Spaß. Sie kniff die Augen zusammen, um sie vor der Helligkeit zu schützen, und spähte über den Fluß. Genau gegenüber, am Südufer, sah sie, wie Dickon in Jenkyns Boot sprang und wieder hinaushüpfte. Sie hatte ihn an seiner safrangelben Jacke erkannt, die in der Sonne leuchtete. Natürlich würden seine Schuhe und seine Hose schmutzig werden, und dann gab es Ärger mit Großvater. Sie hielt Ausschau nach etwas Stroh, mit dem sie ihm den Dreck abputzen konnte, bevor sie zum Mittagessen nach Hause gingen.

Sie wußte nicht, warum sie sich immer für ihre Brüder verantwortlich fühlte, die doch schon viel älter waren; vielleicht, weil sie keine Eltern mehr hatten und alle drei bei ihrem Großvater, John Sherwood, lebten. Großvater war Lebensmittelhändler, Meister und Vorsteher der Innung der Lebensmittelhändler und außerdem Ratsherr der Stadt London. Sie und ihre Brüder bildeten den Kern von Großvaters Hausgemeinschaft, zu der außer ihnen noch Tante Isabel, zwei Gesellen, drei Lehrlinge und ein halbes Dutzend Dienstboten gehörten. Sie alle lebten unter einem Dach; hinzu kamen all die Händler, Ladenbesitzer, Kapitäne, Lastenträger und Hausierer, die tagsüber ein und aus gingen.

Daß sie sich über Dickon aufregte, war ja noch verständlich, denn er war der jüngere von beiden und ging noch zur Schule. Fröhlich und unbekümmert wie er war, geriet er dauernd in Schwierigkeiten und kam dann zu ihr, damit sie ihm wieder heraushalf.

Adam jedoch war schon fast erwachsen. Er war ein beständiger, lernbegieriger Junge, der schon seit zwei Jahren bei Großvater in die Lehre ging. Aber Nan wußte, daß er nicht glücklich war. Er wollte Apotheker werden oder noch lieber Arzt oder Chirurg. Kaum etwas interessierte ihn so sehr wie das Heilen kranker Menschen. Seine Freizeit verbrachte er bei den Mönchen im Krankenhaus St. Bartholomäus. Großvater hatte nichts dagegen, daß er Apotheker werden wollte. Die Apotheker waren Mitglieder der Lebensmittelhändlerinnung, denn ihre Aufgabe bestand darin, aus Kräutern und Gewürzen Medikamente herzustellen, die nur von Lebensmittelhändlern verkauft wurden. Deshalb hatte er Adam eine eigene kleine Ecke im Lagerhaus zur Verfügung gestellt.

Dort konnte er sich den Gewürzen widmen, von denen einige aus fernen Ländern kamen und ihr Gewicht in Gold wert waren.

Aber Großvater hatte entschieden, daß Adam seinen Meister machen sollte, damit er später das Geschäft übernehmen könne. Und Großvater war seit dem Tod ihrer Eltern für ihre Erziehung verantwortlich – Nan war noch sehr klein, als diese beim letzten Ausbruch der Pest ums Leben gekommen waren –, und so war Großvaters Wort Gesetz.

Inzwischen kehrte das Boot, das von Dickon und Jenkyn gerudert wurde, zurück. Sie hatten nur einen Fahrgast an Bord, einen schwarzgekleideten Mann, der von weitem aussah wie ein Mönch. Statt auf Dowgate zuzusteuern, den öffentlichen Anlegeplatz, näherte sich Jenkyn Großvaters eigenem Anleger. Als Nan den Fremden genauer betrachtete, sah sie, daß er kein Mönch war. Auf dem Kopf trug er einen großen, spitzen Hut und unter dem Umhang ein warmes, dunkelrotes Wams. Sie überlegte, wer er wohl sein könnte und warum sie ihn hierher brachten.

Als das Boot sich der Kaimauer näherte, legte Dickon seine Ruder ein, sprang hoch, legte die Hände an den Mund und rief:

«Adam! A – dam!»

Nan sprang auf, um ihnen zu helfen. Aber noch ehe sie von ihrem Aussichtsplatz herunterklettern konnte, öffnete sich die Tür des Lagerhauses, und Adam erschien. Er war groß, und seine kurzgeschnittenen Haare wirkten glatt und ordentlich im Vergleich zu Dickons Struwwelkopf. Er schaute hoch zu Nan.

«Hat mich jemand gerufen? Ist es schon Zeit zum Mittagessen? Ich habe die Glocken noch gar nicht gehört.»

Im selben Augenblick kletterte Dickon die Leiter zum Anleger hinauf. Der Fremde, ein magerer, bläßlicher Mann mit einer langen, spitzen Nase, folgte ihm.

«Hei, Brüderchen», rief Dickon, «ich bringe dir einen Kunden.»

Als Adam sich umwandte, trat der Fremde auf ihn zu und verbeugte sich.

«Gott schütze Euch, junger Meister. Ich möchte etwas Gelbwurz kaufen und hörte, daß ich es sicherlich im Lagerhaus von John Sherwood bekommen würde.»

Adam schüttelte den Kopf. «Tut mir leid, Sir. Bitte kommt morgen

«Hey Brüderchen», rief Dickon, «ich bringe dir einen Kunden.»

wieder. Wir haben zwar Gelbwurz in Massen, aber wir können nichts verkaufen. Heute ist ein Festtag.»

«Das habe ich nicht vergessen. Aber ich brauche es unbedingt für eine Essenz, die ich gerade herstelle. Euer Bruder meinte, Ihr seid Apotheker, und ich habe gehofft, daß Ihr für einen Kollegen ein Auge zudrükken würdet.»

Adam errötete. Nan sah ihm an, daß er sich geehrt fühlte, als Apotheker angesprochen zu werden.

«Ein Kollege?» wiederholte er. «Seid Ihr auch Apotheker, guter Meister?»

Der Mann lächelte. Zwischen seinen dünnen Lippen wurden lange gelbe Zähne sichtbar. «Apotheker, wenn Ihr wollt, ja. Ich heiße Saloman Gross und bin Alchimist.»

Adam schluckte. «Alchimist! Ich bin noch nie zuvor einem Alchimisten begegnet. Welch eine Ehre, Sir.»

«Ein Alchimist benutzt ebenso wie ein Apotheker Essenzen, nur mit dem Ziel, die Geheimnisse der Natur zu erforschen», antwortete Master Gross großspurig. «Ich zum Beispiel suche nach einem Verfahren, mit dem ich unedles Metall in Gold verwandeln kann. Zur Zeit arbeite ich an einem Experiment, dessen Gelingen von einer Unze Gelbwurz abhängt. Es ist eine nur so kleine Menge, die eine so große Bedeutung für mich hat.»

«Eine Unze», rief Adam. «Ich habe mehr als das bei meinen Gewürzen. Obwohl ich Euch heute nichts verkaufen darf, kann ich Euch etwas schenken, wenn Ihr es annehmen mögt. Darf ich Euch bitten, mit hineinzukommen, während ich es abwiege?»

Er geleitete den Fremden durch die kleine Tür, die in seine eigene Ecke des Lagerhauses führte. Dickon blieb auf der Kaimauer zurück. Er kletterte die hölzernen Stufen hinauf und setzte sich neben seine Schwester, denn Jenkyn war mit dem Boot wieder fortgefahren.

«Wann gibt es Mittagessen?» fragte er und fuhr sich mit den Fingern durch das vom Wind zerzauste Haar. «Ihr Brote und Fische, ich bin so hungrig, daß ich einen Ochsen verspeisen könnte.»

Nan war entsetzt. «Was hast du gesagt?» rief sie. «War das ein Fluch?»

«Ihr Brote und Fische?» wiederholte Dickon unbekümmert. «Ich glaube nicht, daß es ein Fluch ist, jedenfalls kein schlimmer. Jenkyn sagt das häufig.»

«Jenkyn ist ein Fährmann, und Fährleute fluchen immer», entgegnete Nan. «Paß auf, daß Großvater dich nicht hört. Erinnerst du dich an die Schläge, die du einstecken mußtest, als du ‹Gott-verdamm-mich!› gesagt hast?» Als keine Antwort kam, sprach sie von etwas anderem.

«Wer war eigentlich der komische Mann, den du Adam gebracht hast? Wo kam der her?»

«Jenkyn kennt ihn», erwiderte Dickon. «Jenkyn meinte zu ihm, daß er sein Zeug, was auch immer es sein möge, hier bei uns bekommen könnte. Oh! Hör mal! Die Mittagsglocken!»

Zuerst hörten sie nur eine einzige Glocke in der Nähe, aber bevor sie zum dritten Mal schlug, wurde sie von einem Dutzend anderer Glocken eingeholt. Hoch und tief klang es aus allen Ecken und Enden der Stadt, eine richtige Glockenkaskade. Dickon folgte Nans Beispiel und bekreuzigte sich schnell als Ersatz für das Mittagsgebet.

Sofort begannen sie, sich einander über den Lärm hinweg zuzurufen.

«St. Michael's», rief Nan.

«St. Anthony's», brüllte Dickon.

«St. Swithun's.» «Woolchurch.» «St. James's.»

«St. Martin's.» «St. Laurence.» «All Hallows.»

Dann versuchten sie, sich gegenseitig damit zu übertrumpfen, wieviele Kirchenglocken sie beim Namen kannten, bis das Läuten wieder erstarb: St. Paul's, St. Helen's, St. Andrew's, Trinity. Obwohl es ein altes Spiel war, das sie von ihrer Kinderfrau Goody gelernt hatten, verloren sie nie die Lust daran.

«Bow», rief Dickon triumphierend, als Nan bereits außer Atem war. «Hast du das gehört? Bow Bells sind wieder die letzten. Nicht so schlimm, denn heute ist ein Feiertag, aber sonst schimpfen die Lehrlinge, weil sie erst aufhören dürfen zu arbeiten, wenn die Bow Bells läuten, und der Glöckner ist immer spät dran. Hast du übrigens gehört, daß gestern in Cheapside ein großer Lehrlingskampf stattgefunden hat?»

«Die kämpfen doch immer», antwortete Nan verächtlich.

«Aber das war ein besonders großer Kampf. Die Fischhändler kämpften gegen die Tuchhändler und schlugen viele Köpfe blutig. Da riefen die Tuchhändler: ‹Knüppel!›, woraufhin ihnen die Bekleidungshändler zu Hilfe eilten. Die Fischhändler wurden unterdessen von den Lebensmittelhändlern unterstützt; das gab eine großartige Schlacht. Die alte Geschichte: Nahrungsmittel- gegen Tuchhandel, Eßwaren gegen Stoffe. Ich wünschte, ich wäre dabei gewesen, auf der Seite der Lebensmittelhändler natürlich.»

«Noch bist du kein Lehrling», versuchte Nan ihn zu dämpfen.

«Das kann sich von heute auf morgen ändern.» Dickons Stimme klang überlegen. «Großvater meinte letzte Woche, es sei höchste Zeit, daß mein Lehrvertrag unterschrieben wird. Dann werde ich mit Adam zusammen im Lagerhaus arbeiten und von der Kaimauer aus die Ankunft der Schiffe beobachten. Ich versichere dir, daß ich nicht den ganzen Tag mit der Nase über den Gewürzen im Lagerhaus verbringen werde wie Adam. Hoffentlich beginnt meine Lehre noch vor dem nächsten Kampf gegen die Tuchhändler.» Er klopfte mit den Hacken gegen die Stufen. «Oh, ich bin so hungrig. Warum essen wir heute so spät?»

«Du hast nichts als Kämpfe im Kopf. Kein Wunder, daß du alles vergißt. Master Whittington kommt. Tante Isabel hat es dir doch erzählt.»

«Dick Whittington? Der ist auch ein Tuchhändler. Soll ihn der Teufel holen!»

«Dickon!» Nan war entrüstet. «So darfst du nicht über Master Whittington sprechen. Er ist dein Pate.»

«Aber er ist Tuchhändler – oder etwa nicht? Alle sagen so. Gestern habe ich ein paar Buben in Cheapside rufen hören: ‹Da kommt Dick Whittington!› Was sagt Ihr dazu, mein Fräulein?»

«Eines Tages wird Großvater dich so reden hören, und dann bekommst du eine Tracht Prügel.»

«Ach», seufzte Dickon, «eine Tracht Prügel mehr oder weniger, was macht das schon aus? Oh, beinah hätte ich es vergessen, Jenkyn hat mir versprochen, mich in seinem Boot mit nach Ratcliffe-below-Tower zu nehmen, damit wir uns das große Schiff ansehen können, das für den König gebaut wurde. Die Katharine vom Tower soll bald nach Southampton segeln und ist bereit, den König nach Frankreich zu bringen.»

«Ich würde so gerne mitkommen», seufzte Nan. «Aber Tante Isabel würde es niemals erlauben.»

«Dann frag doch gar nicht erst», meinte Dickon keck. «Mach es wie ich, geh erst und frag danach. Außerdem wirst du nicht mit einem Stock geschlagen, sondern nur mit einem Pantoffel, und das tut nur halb so weh.»

Nan dachte anders darüber. Natürlich konnte ein Pantoffel auch weh-tun. Sie sprach lieber von etwas anderem: «Was wollen wir nach dem Mittagessen machen? Ich hätte Lust, mit Goody zusammen aufs Land zu gehen. Vielleicht finden wir Glockenblumen in der Nähe von Bermondsey.»

«Bermondsey ist auf der anderen Seite der Brücke», erinnerte Dickon sie. «Wenn du dorthin willst, mußt du durch das Zugbrückentor unter den Köpfen der Verräter hindurchgehen, die dort auf Pfähle aufge-spießt worden sind. Das wird dir sicher nicht gefallen.»

Nan schauderte. «Nein, bestimmt nicht. Ich wünschte, sie hätten die abgenommen. Die stecken dort schon so lange.»

«Einige stecken dort seit Oldcastles Aufstand im letzten Jahr», sagte Dickon beiläufig. «Die Krähen haben sie inzwischen sowieso sauber gepickt. Ich würde gerne mit Jenkyn nach Ratcliffe-below-Tower fah-ren; aber Großvater und Dick Whittington werden über ihrem Wein sitzen und sich an ihre gemeinsame Kindheit erinnern. Das wird Ewigkeiten dauern, und wir werden nirgendwo hingehen.»

Als er die Beine streckte, um die Stiege herunterzuklettern, fiel Nans Blick auf seine Füße.

«Dickon», rief sie entsetzt, «deine besten Schuhe, schau sie dir an!»

Dickon zog sich einen seiner durchgeweichten Schuhe aus und be-trachtete ihn fröhlich. Er war aus weichem, rotem Leder, mit vielen Riemchen und Schleifen verziert. Dickon hatte noch niemals zuvor so wertvolle Schuhe besessen. Doch obwohl sie durchgeweicht und schlammig waren, schämte er sich kein bißchen, sondern spielte mit seinen nackten Zehen, die aus den Riemen seiner Hose hervorlugten.

«Das ist doch nur Matsch», sagte er leichthin. «Das kann man alles ausbürsten, wenn es getrocknet ist.»

«Dort, an der Mauer des Lagerhauses, liegt etwas Stroh, damit kannst du erstmal das Gröbste abputzen», schlug Nan vor.

Gehorsam sprang Dickon zu Boden. Als er gerade angefangen hatte, seine Füße abzureiben, erschienen Adam und Master Gross wieder vor der Tür.

«Ich glaube, daß Ihr mit Eurer Formel ein Heilmittel für die Gelbsucht entdeckt habt», sagte der Alchimist gerade. «Ihr seid ein vielversprechender junger Mann. Ich würde mich freuen, Euch, soweit es in meinen Kräften steht, zu unterstützen. Wenn Ihr mich einmal in meiner Unterkunft, in Southwark, besuchen würdet, könnte ich Euch einiges zeigen, das für Euch nützlich wäre. Ich wohne im Gasthaus von Benedict Wolman, dem Grünen Falken, in der Nähe von Marshalsea. Werdet Ihr es nicht vergessen?»

Adams Augen leuchteten, als er antwortete, daß er es sicher nicht vergessen würde.

Master Gross blieb an der Tür stehen. «Und Ihr werdet Eurerseits versuchen, für mich etwas von den seltenen Erden zu besorgen, über die wir sprachen?» fragte er ernst, während er Adam am Wams berührte.

«Ich kann alles besorgen, was Ihr braucht», antwortete Adam etwas großspurig. «Wir handeln viel mit den Hansekaufleuten aus Deutschland.»

«Das ist gut.» Der zufriedene Ausdruck in Master Gross' Gesicht war nicht zu übersehen. «Unser Treffen stand unter einem guten Stern. Ich bin Euch sehr dankbar dafür, daß Ihr mir etwas Gelbwurz geschenkt habt.» Er sah sich um, als ob er nicht wüßte, welche Richtung er einschlagen sollte.

«Braucht Ihr ein Boot?» fragte Adam.

Er schüttelte den Kopf. «Ich werde über die Brücke gehen. Dabei kann ich gut nachdenken. Wo muß ich lang?»

Adam führte ihn an die Ecke des Lagerhauses und zeigte ihm die gepflasterte Gasse, die die Böschung hinauf zur Thames Street führte.

Er nickte zum Abschied, wandte sich aber nach einigen Schritten noch einmal um: «Ihr vergeßt nicht, daß alles, was ich gesagt habe, nur für Eure Ohren bestimmt war? Es gibt andere, die gerne wüßten, welche Stoffe ich benutze und woher ich sie bekomme. Niemand darf etwas erfahren. Das ist sehr wichtig.»

Adam versprach es. Nicht ohne noch einen suchenden Blick in die Richtung von Dickon und Nan zu werfen, als ob er auch sie zur Verschwiegenheit verpflichten wollte, machte Master Gross sich mit kurzen, schnellen Schritten auf den Weg zur Böschung. Von den hohen Schultern wehte der lange schwarze Umhang herab.

«Der Teufel soll ihn holen! Ich dachte schon, der würde überhaupt nicht mehr verschwinden», rief Dickon und rieb mit dem Stroh heftig an seinen Schuhen.

Nan schaute um die Ecke dem immer kleiner werdenden Master Gross hinterher. «Ich mag ihn nicht», verkündete sie, «er stöbert überall mit seiner Nase herum wie ein Frettchen.»

«Master Gross ist ein sehr angesehener Alchimist.» Adams Stimme klang scharf. «Viele haben sich schon den Kopf darüber zerbrochen, wie man unedles Metall in Gold verwandeln kann, aber noch niemand war dem Ergebnis so nahe. Sein Wissen ist einzigartig, und ich wäre ein Glückspilz, wenn er mich daran teilhaben lassen würde. Nan, und auch du Dickon, vergeßt nicht, daß ihr niemandem etwas erzählen dürft. Es muß ein Geheimnis bleiben. Am besten ist es, wenn ihr Master Gross gar nicht erst erwähnt.»

Nan sah ihren älteren Bruder erstaunt an. Er war doch sonst immer so still. Und nun hielt er so eine lange Rede. Er mußte verhext worden sein. Trotzdem versprach sie ihm, sich vorzusehen. Dickon, der noch immer an seinen Schuhen rieb, hatte den Alchimisten schon wieder vergessen und sprach über die Katherine, die in Ratcliffe-below-Tower vor Anker lag. So sagte Adam nur, daß er noch seine Gewürze wegräumen müßte, und ging zurück ins Lagerhaus.

Kaum hatte er die Tür hinter sich geschlossen, als ein Geschrei von der Gasse heraufscholl. Nan schaute noch einmal um die Ecke. Der Alchimist war nicht mehr zu sehen, und der Lärm kam von ein paar Jungen, die den Abhang hinunter auf die Kaimauer zurasten. Vier waren es insgesamt. Ein kleiner Junge, der die gestreifte Schürze der Fischhändler trug, rannte um sein Leben. Er wurde von drei kräftigen Lehrlingen verfolgt, die mit den gepflegten Überröcken der Tuchhändlermnung bekleidet waren. Als sie näher kamen, konnte Nan das verzweifelte Schluchzen des Kindes hören, obwohl seine Verfolger laute Drohungen hinter ihm her brüllten.

«Taucht ihn unter!» riefen sie. «Ertränkt den stinkenden Fischhändler! Werft ihn in den Fluß! Ertränkt ihn!»

Nan schrie auf, und Dickon ließ das Schuheputzen sein, als er sah, wie die vier Jungen auf die Kaimauer gerannt kamen.

Als der kleine Junge erkannte, daß er umzingelt war und ihm nur das Wasser als Fluchtweg blieb, wandte er sich mit weitaufgerissenen Augen seinen Feinden zu und hielt sich die Arme als Schutzschild über den Kopf.

Obwohl sie zu dritt waren und er alleine, schonten sie ihn nicht. Innerhalb von einer Sekunde hatten zwei von ihnen den Jungen zu Boden gerissen und begannen, gnadenlos auf ihn einzuschlagen, während der dritte, ein großer rothaariger Kerl, mit einer leuchtend grünen Kapuze über den Schultern, sich auf sie lehnte und seine Kameraden anstachelte.

«Werft ihn ins Wasser!» befahl er. «Mal sehen, ob er schwimmt oder untergeht, dann wird er schon lernen, daß er sich nicht an anständigen Tuchhändlern vorbeizudrängeln hat, der dreckige, kleine – –»

Er brach ab, weil plötzlich Dickon von hinten auf sie zustürzte. Überrascht plumpste der rothaarige Junge herunter. Dickon sprang über ihn hinweg, um die anderen beiden anzugreifen. Die hatten ihr Opfer bereits an den Rand der Kaimauer gezogen und hielten es dort fest. So konnten sie ihre Hände nicht benutzen, um sich gegen Dickons Fäuste zu verteidigen.

Nan, die auf der obersten Stufe balancierte, stieß einen Warnruf aus, denn der rothaarige Junge war wieder aufgesprungen. Dickon hatte gerade genug Zeit, um sich umzudrehen und sich dem Angreifer zu stellen.

Es gab einen harten Kampf. Dickon war zwar kleiner, aber schneller. Doch Schritt für Schritt drückte ihn der robuste Tuchhändler rückwärts an die Wand des Lagerhauses. Nan hielt sich die Hand vor den Mund, um nicht noch einmal zu schreien und Dickon damit abzulenken. Wenn die anderen beiden mitgekämpft hätten, wäre Dickon zweifellos verloren gewesen, aber sie standen nur da, hielten ihr wehrloses Opfer fest und starrten auf die Kämpfenden.

Nan sah, wie Dickon schnell hinter sich schaute. Er war wieder bei dem Strohhaufen angelangt, von dem aus der Kampf begonnen hatte. Aber er wußte, wo er lag, und stieg mit einem schnellen Seitenschritt hinüber. Sein Gegner folgte ihm und landete dabei mit dem Hacken in einem rutschigen Klumpen des reichhaltigen Themseschlammes, den Dickon von seinem Schuh abgekratzt hatte.

Er schlitterte, und Dickon nutzte sofort die Gelegenheit, ihm auf den Mund und auf die Kinnspitze zu schlagen. Er fiel flach auf den Rücken, und Dickon stand triumphierend über ihm.

Im selben Moment öffnete Adam die Tür des Lagerhauses. «Was ist los?» fragte er. Er sah sich schnell um und erkannte die Situation. Da Dickon offensichtlich keine Hilfe brauchte, ging er auf die beiden Jungen am Rande der Kaimauer zu.

Aber die beiden kleineren Lehrlinge warteten nicht auf ihn. Sie ließen den Fischhändlerjungen los, wichen Adams langen Armen aus und liefen so schnell sie konnten den Weg zurück, den sie gekommen waren. Ihren Anführer überließen sie seinem Schicksal.

Nan kletterte von ihrer Stiege herunter und erklärte Adam, was geschehen war. Der stand nur da und starrte auf den rothaarigen Tuchhändler herab, der immer noch unter Dickons drohenden Fäusten auf dem Boden lag.

«Du kleiner Schurke», rief Adam ärgerlich. «Du hättest beinah einen Mord begangen. Zu welcher Innung gehörst du? Zu den Tuchhändlern? Du bist eine Schande für solch eine ehrenwerte Zunft.»

Stöhnend setzte sich der Lehrling auf und wischte sich das Gesicht mit seiner grünen Kapuze ab. Er hatte eine Platzwunde an der Augenbraue, seine Nase blutete, und zwei Vorderzähne waren herausgebrochen. Er murmelte eine Entschuldigung. Der Kleine hätte sich an einem Feiertag in das Quartier der Tuchhändler gewagt – und das mit seinen Kleidern, die nach Fisch stanken.

Aber Adam hörte nicht zu.

«Verschwinde», befahl er, «und sei froh, daß ich dich nicht dem Wachtmeister übergebe.»

Der Fischerjunge schluchzte

Beleidigt rappelte der rothaarige Lehrling sich auf und humpelte ohne ein weiteres Wort davon. Adam wandte sich dem Fischhändlerjungen zu, der schluchzend am Rande der Kaimauer stand. Er schien nicht ernsthaft verletzt zu sein, aber er war blaß und zittrig. Der Tuchhändler hatte nichts als die Wahrheit gesagt; er stank wirklich.

«Und du gehst am besten gleich nach Hause», sagte Adam kurz. «Du kannst doch laufen, oder? Keine Knochen gebrochen?»

Der Junge schluchzte, daß er nicht wagen würde zu gehen. Sie würden sicher auf ihn warten.

Adam runzelte die Stirn. «Wo wohnst du denn?»

«In Southwark», schniefte der Junge.

«Southwark? Dann solltest du lieber mit dem Boot fahren. Kannst du rudern? Nimm das dort unten an der Kaimauer. Es gehört uns. Aber vergiß nicht, es zurückzubringen, sonst bekommst du mit den Lebensmittelhändlern ebenso zu tun wie mit den Tuchhändlern.»

Granthams Gasthof

Granthams Gasthof

*A*dam und Nan schwiegen, als die drei hintereinander die schmale Gasse hinaufmarschierten. Adam hatte den Kampf schon wieder vergessen. Er grübelte über die Worte des Alchimisten nach. Nan, die sich alle Mühe gegeben hatte, Dickon in einen einigermaßen sauberen Zustand zu versetzen, ahnte schon, was passieren würde, wenn Großvater ihn so sah. Sollten sie versuchen, den Kampf zu verheimlichen? Das war aussichtslos. Dickon hatte eine Wunde an der Stirn, seine Hose und sein Wams waren zerrissen und schmutzig. Außerdem war sein rechtes Auge schon fast zugeschwollen.

Dickon selber aber pfiff fröhlich vor sich hin. Weder sein geschwollenes Auge noch die verschiedenen schmerzenden Stellen und Prellungen konnten ihm die Freude darüber nehmen, daß es ihm gelungen war, einen Tuchhändler zu besiegen, der um so vieles größer und kräftiger gewesen war als er selbst. Wenn Großvater ihn doch endlich als Lehrling einstellen würde. Unter den anderen Lebensmittelhändlerlehrlingen würde er nun sicher eine gute Figur abgeben.

Kurz bevor sie zu Hause angelangt waren, erinnerte sie Adam daran, den Alchimisten nicht in Großvaters Gegenwart zu erwähnen.

«Dürfen wir nicht einmal sagen, daß wir ihn gesehen haben?» fragte Nan. Seltsam, Adam verhielt sich doch sonst nicht so geheimnistuerisch.

«Nein, das dürft ihr nicht», erwiderte er streng. «Ihr wißt, wie Großvater ist. Er wird mir nur Schwierigkeiten bereiten oder mir sogar die ganze Sache aus der Hand nehmen. Die Begegnung mit Master Gross ist die Chance meines Lebens, und ich werde das Beste daraus machen. Ihr wollt doch nicht, daß ich mein ganzes Leben damit verbringe, Pfefferkörner zu zählen und Reis abzuwiegen, oder?»

«Natürlich nicht», antwortete Nan. Sie wußte, wie Großvater war. Und trotzdem blieb bei ihr ein merkwürdiges Gefühl zurück.

Am oberen Ende der Gasse, kurz bevor sie in die Thames Street überging, kamen sie an einem steinernen Torbogen vorbei, der auf einen gepflasterten Hof führte. Das war der Eingang zu Granthams Gasthof, der nach seinem Erbauer John Grantham benannt worden war, einem Bürgermeister aus der Zeit Edwards III. Hier lebten die drei zusammen mit Großvater. Nan war insgeheim sehr stolz darauf, in einem Gasthaus zu wohnen, denn die meisten Gasthöfe waren die Stadtwohnsitze vornehmer Lords, die ein Anwesen auf dem Land besaßen und sich ein Gasthaus hielten, um dort unterzukommen, wenn sie in der Stadt zu tun hatten.

Granthams Gasthaus war aus Stein gebaut und sehr altmodisch. Innen befanden sich nur eine große Halle, eine Küche mit Speisekammer, ein Herrenzimmer und ein kleiner Salon, in dem die Damen sitzen konnten. Vor nicht allzu langer Zeit hatte Großvater an das steinerne Haupthaus zwei Flügel anbauen lassen. Sie waren dreistöckig, das Fachwerk bestand aus Eichenbalken und war mit Lehm gefüllt. Neben dem alten, würdigen Gebäude wirkten sie zwar etwas seltsam, aber sie boten genügend Platz für die vielen Hausbewohner. Tante Isabel und Nan hatten zusammen ein eigenes Schlafzimmer und den kleinen Salon. Die Jungen teilten sich eine Dachstube, und sogar die Gesellen, die Lehrlinge und die Diener hatten ihre eigenen Schlafplätze und mußten nicht mehr wie früher die ganze Nacht auf dem Fußboden in der Halle liegen.

Die Haupttüre stand offen. Aber als sie das Haus betraten, fühlte sich Dickon nicht mehr so selbstsicher. Während sie an der mit Schnitzereien verzierten Zwischenwand vorbeigingen, die den Flur von der Halle trennte, versteckte er sich hinter den anderen. In der Halle herrschte große Aufregung, die sicher nicht nur von den normalen Festtagsvorbereitungen herrührte. Neben der Tafel hatte sich anscheinend das gesamte Dienstpersonal zu einem schwatzenden Kreis zusammengefunden: die Kellner, der Koch, die Mägde und sogar die beiden Küchenjungen. Sie standen auf Zehenspitzen und bemühten sich, den Erwachsenen über die Schulter zu sehen.

Dickon nutzte die Gelegenheit. Er schob Adam und Nan sanft durch den Halleneingang, schlich auf Zehenspitzen an der Trennwand vorbei und verschwand.

Etwas von den anderen entfernt stand Großvater, mit dem Rücken zu ihnen. Er trug einen Mantel, der in schweren Falten bis fast auf den Boden fiel. Die weiten, mit Pelz umsäumten Ärmel, seine imposante Größe und der Spitzbart verliehen ihm eine schon fast beängstigende Würde.

Adam und Nan zögerten, aber ihr Großvater hatte sie schon gehört und drehte sich herum.

«Ah, da seid ihr ja», verkündete er mit seiner donnernden Stimme. «Hier ist Adam. Vielleicht kann er uns sagen, was los ist. Macht ihm Platz. Laßt Adam den Mann ansehen, er ist unser Apotheker.»

Die Diener zogen sich schnell zurück. In der Mitte, auf dem Fußboden, saß Will, der Tafelmeister, hielt sich den rechten Arm und schaukelte laut stöhnend und jammernd hin und her. Tante Isabel lehnte über ihm, ihr steifer, weißer Schleier wippte auf und ab wie ein Segel im Wind, während sie vergeblich versuchte, ihn zu beruhigen.

«Mach nicht so ein Theater», befahl Großvater. «Man könnte ja meinen, du wärst gerade vom Galgen heruntergeholt worden.» Er schob Adam zu ihm hin. «Schau dir an, was mit dem Jammerlappen los ist, und dann richtet das Mittagessen. Master Whittington kann jeden Augenblick kommen.»

«Es ist der Arm. Ich darf ihn nicht anfassen. Er schwört, er sei gebrochen», erklärte Tante Isabel mit piepsender Stimme. «Er wollte dei-

Großvater

nem Großvater das Spanferkel zum Schneiden geben, und dabei ist er ausgerutscht.» Sie stocherte ärgerlich mit dem Fuß herum. «Diese faulen Mägde haben neue Binsen verstreut, ohne vorher zu fegen. Da liegen noch Gräten, Knorpel und weiß der Himmel was sonst noch alles unterm Tisch. Das gibt eine Tracht Prügel.»

Die Dienstmädchen erschraken hörbar, aber Großvater unterbrach seine Tochter erneut.

«Schlage, wen du willst, aber alles zu seiner Zeit, liebe Tochter. Und nun Schluß mit dem Geschwätz!»

Nan gesellte sich zu den anderen Zuschauern, als Adam sich über den Tafelmeister beugte. Da sie jedoch nicht viel sehen konnte, schaute sie im Raum umher. Die Tafel war fast bis zum Boden mit einer riesigen weißen Leinentischdecke geschmückt. Plötzlich sah sie in Tante Isabels Schatten einen kleinen Kopf unter der Decke hervorlugen. Das konnte nur Knopf, der Hund der Tante sein. Nan beobachtete, wie er sich an das auf dem Boden vergessene Spanferkel heranschlich, das zwischen den Binsen lag, und es entschlossen, aber unauffällig unter den Tisch zog.

Nan stockte der Atem. Knopf war der Liebling der Familie. Er gehörte Großmutter, und sein Portrait war tatsächlich auf Großmutters Grabplatte in der Kirche St. Anthony's zu sehen. Wenn er auch sehr verwöhnt war, so konnte er es sich doch nicht leisten, ein Spanferkel zu stehlen. Nan schlich um den Tisch herum, hob die Tischdecke und hielt Knopf von hinten fest.

Knopf konnte es sich nicht leisten, ein Spanferkel zu stehlen

Einige strenge Worte und ein kräftiger Klaps waren nötig, um ihn dazu zu bewegen, seine Beute loszulassen. Nan hatte gerade ihr Ziel erreicht, als ein Chor von «Ohs» und «Ahs» anhob und ein lauter Schrei des Tafelmeisters ankündigte, daß etwas geschehen war. Sie nahm Knopf auf den Arm und eilte zurück zu den anderen.

Will war wieder auf den Beinen, sah aber noch blaß aus und stöhnte. Adam ließ sich davon nicht beirren. Er hielt den verletzten Arm in einer Stoffschlinge und bewegte ihn vorsichtig auf und ab.

«Ich glaube, der ist gar nicht gebrochen», rief Großvater. «Das war ein sauberer Trick. Wo hast du den gelernt?»

Noch ehe Adam antworten konnte, hörte man am Ende der Halle aufgeregte Stimmen. Einer der Küchenjungen flüsterte deutlich vernehmbar zu seinem Kollegen: «Schau! Da kommt Dick Whittington!»

Der Koch verpaßte den beiden Jungen eine Ohrfeige. Sie flohen in die Küche. Dabei wären sie an der Trennwand beinah mit dem schlanken, schlicht gekleideten Herrn zusammengestoßen, der dort in der Tür stand.

Tante Isabel erteilte sofort Befehle an die Kellner und Hausmädchen, die schnell die Platte, das Spanferkel und die fettdurchtränkten Binsen aufsammelten und entfernten. Sie wischte sich die Finger an einer Serviette sauber und eilte an die Seite ihres Vaters, um den Gast zu begrüßen.

Master Whittington betrat lächelnd die Halle.

«Ihr seht aus, als ob Komödianten hier gewesen wären», begrüßte er die Anwesenden. «Liegt das an der Festtagsstimmung, oder ist etwas Besonderes geschehen?»

Er küßte Tante Isabel auf beide Wangen, legte die eine Hand freundschaftlich auf Großvaters Arm und hörte sich die Krankengeschichte an.

Richard Whittington war ziemlich klein, fast sechzig Jahre alt und bescheiden im Auftreten und in der Kleidung. Niemand, der ihn zum ersten Mal sah, hätte vermutet, daß er bereits dreimal Bürgermeister von London gewesen war, der weltweit reichsten Handelsstadt, und daß er nicht nur in der Stadt, sondern auch darüber hinaus durch seine Beziehung zum König beträchtlichen Einfluß besaß. Er war glattrasiert und trug kurze Haare, die er aus der Stirn gekämmt und mit einer runden Kappe bedeckt hatte. Sein zerfurchtes Gesicht wirkte in ruhigem Zustand so, als ob es durch viele Sorgen gealtert sei. Aber es leuchtete auf, wenn er lächelte. Dann sprühten seine dunklen Augen, und er strahlte Heiterkeit und ewige Jugend aus.

Er lachte herzlich über das Spanferkel und drohte Knopf mit dem Finger, der sich auf Nans Arm noch immer die Schnauze leckte.

«Schäm dich, du kleiner, fettiger Dieb», schalt er. «Schau mal, was du mit Nans schönem Kleid gemacht hast.» Er zog den kleinen Hund am Ohr. «Du solltest von meiner Madame Eglantine lernen. Sie verabscheut es, wenn ihre zierlichen Pfoten auch nur eine Minute lang fettig sind. Sie putzt sich sogar den Schnurrbart nach jeder Mahlzeit.»

«Ach du lieber Himmel! Kind, du bist ja voller Schweinefett», schrie Tante Isabel, als sie Nans Kleid erblickte. «Hier hast du eine Serviette! Setz' sofort den Hund auf den Fußboden und putz' das Fett ab.»

Nan schaute sich um, bevor sie den Hund herunterließ, um sich davon zu überzeugen, daß Master Whittington seine Katze zu Hause gelassen hatte. Er wohnte nur einen Bogenschuß entfernt und brachte sie oft mit, wenn er zum Essen kam. Madame Eglantine folgte ihm überall hin, sogar zur Kirche. Und obwohl sie eine ruhige kleine Katze war, die meist friedlich auf der Schulter ihres Herrn oder unter seinem Stuhl saß, haßte Knopf sie wie alle Katzen. Wenn die beiden aufeinander trafen, war ein Unglück unvermeidbar.

Heute jedenfalls war Madame Eglantine nicht erschienen, und Nan konnte ihre Aufmerksamkeit der Säuberung ihres Kleides zuwenden. Master Whittington und Großvater beobachteten währenddessen, wie Adam eine Schlinge anfertigte und Wills Arm so behutsam wie möglich hineinlegte. Großvater war beeindruckt:

Eine Schlaufe aus Leinen, ein Rucken mit dem Fuß

«Das hast du prima gemacht, Junge. Ich habe selten einen so guten Trick gesehen. Dick, ich wünschte, du wärst eher hier gewesen. Eine Schlaufe aus Leinen, ein Rucken mit dem Fuß, und siehe da, der Arm war wieder in Ordnung.»

«Er war ja nicht gebrochen, sondern nur ausgerenkt», meinte Adam bescheiden. «Ich kann es euch an jedem Arm vorführen. Nan, gib mir deinen Arm. Ich verspreche dir, daß es nicht wehtun wird.»

Nan zögerte, und Master Whittington zog sie mit einer beschützenden Geste an seine Seite.

«Nein», sagte er entschieden, «du sollst Nan nicht quälen. Und ich kenne deinen Trick – obwohl es keineswegs ein Trick ist, lieber John, sondern eine Sache, die große Geschicklichkeit erfordert. Adam hat das sicher im Krankenhaus St. Bartholomäus gelernt. Ich weiß, daß er dort hingeht, denn der Leiter des Krankenpflegerordens schätzt ihn sehr.»

Adam, der sich bei soviel Aufmerksamkeit ganz verlegen fühlte, begann, die Stühle für das Mittagessen bereitzustellen. Tante Isabel half ihm dabei.

«Das ist ein feines Benehmen gegenüber unserem Gast», rief sie. «Master Whittington ist sicher schon halb verhungert. Nan, geh zur Küchentür und klatsche in die Hände, damit sie das Fleisch hereinbringen.»

«Ich bin ja selber zu spät gekommen», meinte Master Whittington und hielt seine Finger in die Silberschüssel, während Adam sie mit Wasser begoß. «Ich habe schon ärgerliche Blicke von Mistress Isabel erwartet, weil ich so lange aufgehalten worden bin. Ich war beim König.»

«Der König ist im Tower», fiel Nan eifrig ein. «Ich habe die Trompeten gehört.»

Sie freute sich immer, wenn Master Whittington da war. Die beiden waren gute Freunde. Früher, als Kind, durfte sie immer auf seinem Schoß sitzen und sich Geschichten erzählen lassen. Niemand konnte so schön erzählen wie Master Whittington. Sogar jetzt noch bat sie ihn um eine Geschichte, wann immer sich die Gelegenheit bot.

Master Whittington lächelte sie an: «Ja, das stimmt, meine Kleine. Seine Gnaden hat viel zu tun. Er verschwendet nicht eine Minute. Wenn es nicht um Rüstungen geht, dann um Waffen; wenn nicht um Waffen, dann um Vorräte. Nach dem Essen müssen wir miteinander sprechen, mein lieber John. Alles, was wir aus deinem Lagerhaus bekommen können, wird gebraucht. Obwohl die letzten Gesandten noch nicht aus Frankreich zurückgekehrt sind, ist Harry of Monmouth nicht müßig. Wenn es einen Krieg geben soll, so ist er bereit.»

John Sherwood war tief in Gedanken versunken, als er zu Tisch bat und sich mit Richard Whittington und Tante Isabel auf einer Sitzbank mit hoher Rückenlehne niederließ, von der aus sie die Halle überblickken konnten. Adam wartete an der Anrichte darauf, das Fleisch servieren zu können, und Nan stand neben Tante Isabel, bis sie die Erlaubnis erhielt, sich auf einen Stuhl am Ende der Tafel zu setzen.

Sie sah sich um und überlegte, wo Dickon wohl blieb. Er hätte jetzt dasein sollen, um Adam und den Kellnern zu helfen. Die anderen Diener hatten schon ihre Plätze eingenommen. Für sie war in der Nähe der Trennwand eine Platte auf Holzböcken aufgestellt worden. Nur Dikkon fehlte noch. Vielleicht war er während des Kampfes doch ernsthaft verletzt worden und lag nun oben krank im Bett. Aber sie wagte nicht, nach ihm zu schauen. Dadurch würde sie nur die Aufmerksamkeit auf ihn lenken. Also wandte sie sich dem Hühnerbein zu, das Adam ihr auf das Holzbrett gelegt hatte. Sie bemühte sich, es so manierlich zu essen, wie sie es von Tante Isabel gelernt hatte. Sie knabberte das Fleisch vorsichtig ab, statt es vom Knochen zu reißen, stippte es in die Soße, ohne sich die Finger schmutzig zu machen, und leckte sie hinterher möglichst geräuschlos ab. Sie versuchte, die Gedanken an Dickon zu verscheuchen, indem sie aufmerksam dem Gespräch der Erwachsenen lauschte.

«Glaubst du wirklich, daß es Krieg geben wird?» fragte Tante Isabel, als Master Whittington eine Scheibe vom Spanferkel, das, gesäubert und frisch garniert, sein Abenteuer ganz gut überstanden hatte, auf seinen Teller gelegt bekam.

«Das ist schwer zu sagen», antwortete er vorsichtig. «Seine Gnaden hat Boten nach Paris gesandt, die seinen Wunsch nach Frieden verkündet haben, aber die Franzosen müssen ihren Ton ändern, wenn sie einen Krieg vermeiden wollen. Wir kennen ja unseren Harry, der ist immer zu Späßen aufgelegt, aber der französische Dauphin versalzt seine Späße mit Beleidigungen. Kennt ihr die Geschichte von den Tennisbällen?»

Nan lehnte sich vor. Eine Geschichte! Zu ihrem großen Glück antwortete Tante Isabel, daß sie von den Tennisbällen noch nichts gehört habe. Und Master Whittington war sehr erfreut, sie erzählen zu dürfen.

«Es geschah vor etwa einem Jahr, als Seine Gnaden in Kenilworth weilte; er war erst wenige Monate zuvor zum König gekrönt worden. Da erschienen Gesandte des französischen Hofes und brachten ein Geschenk des Dauphin, denn das ist Brauch unter Prinzen. Sie brachten eine große Tonne, eines der Fässer, in denen sie ihre Weine verschikken; ihr habt sie alle schon an den Kaimauern der Weinhändler gesehen. Da passen ungefähr 250 Gallonen hinein. Der König dachte, daß es sicher mit einem der seltenen französischen Weine gefüllt wäre. Aber als es geöffnet worden war, sah er, daß es nichts anderes als Tennisbälle enthielt. Tennisbälle, stellt euch das vor, in einer 250-Gallonen-Tonne.»

«Das war eine Beleidigung», brummte Großvater ärgerlich.

«Natürlich war es eine Beleidigung, und Seine Gnaden wird es nicht so schnell vergessen. Mir wurde erzählt, daß der König sich sehr gut beherrscht habe. Er gestattete nicht, daß an die Gesandten Hand angelegt wurde, sondern schickte nur die spöttische und gleichzeitig drohende Antwort, daß er die passenden Tennisschläger hätte, um die französische Krone ins Wanken zu bringen. Unser Harry ist nicht dumm!»

Als er geendet hatte, schaute er die Zuhörer nacheinander an. Dabei fiel sein Blick auf Nans versunkenen Gesichtsausdruck.

«Ich kenne ein kleines Mädchen, das Geschichten liebt», sagte er. «Die Geschichte ist zu Ende, Nan, du kannst weiteressen.»

«Du hast eine Geschichte über den König erzählt, deshalb hat Nan so aufmerksam zugehört», erklärte Großvater. «Seine Gnaden hat im ganzen Reich keinen treueren Untertanen. Sie liebt ihn abgöttisch.»

«Es fing an, als er noch Prinz Hal war und hier in Coldharbour lebte», begann Tante Isabel. «Das ist ja ganz in der Nähe, und die Kinder verbrachten damals jede freie Minute dort. Er war sehr nett zu ihnen. Einmal hat er Nan vor sich auf sein Pferd genommen und ist ein Stück mit ihr geritten. Das wird sie nie vergessen. Dickon wartete immer auf die Gelegenheit, sein Pferd halten zu dürfen...»

Plötzlich brach sie mit einem kurzen, nervösen Lachen ab. Eine peinliche Stille folgte. Die ganze Familie wußte, warum. Dickon hatte sich damals mit manchem Halfpence bereichert, den er dafür bekam, daß er das Pferd des Prinzen hielt. Er hatte ein recht einträgliches Geschäft daraus gemacht, bis Großvater dahinterkam und ihm eine anständige Tracht Prügel verpaßte. Er hätte das Pferd des Prinzen halten können, sooft er wolle. Das wäre angemessen und ehrenwert. Aber hatte er denn vergessen, daß sein Großvater Ratsherr und Vorstand der Lebensmittelhändlerinnung war? Einen Halfpence fürs Pferdehalten zu nehmen, das war eine Beleidigung, die er nicht durchgehen lassen konnte. Richard Whittington spürte, daß an eine schmerzhafte Erinnerung gerührt worden war. Er versuchte schnell, das Thema zu wechseln:

«Ich habe Dickon heute noch gar nicht gesehen. Wo mag der wohl stecken?»

Nan stockte der Atem. Welche unglückliche Eingebung hatte Tante Isabel dazu gebracht, Dickons Namen zu erwähnen? Und wo war er nur geblieben? Zu ihrer Überraschung beantwortete Dickon selbst ihre Frage. Er stand hinter der hohen Eichenbank, auf der die Erwachsenen saßen. Anscheinend hatte er sich so unauffällig in die Halle geschlichen, daß sie ihn nicht bemerkt hatte. Auch jetzt versuchte er möglichst ungesehen zu bleiben. Kein Wunder, denn in der Zwischenzeit war sein blaues Auge fast geschlossen; ja, sogar das ganze Gesicht war angeschwollen und mit blauen Flecken übersät. Um die Platzwunde an der Stirn zu verdecken, hatte er sein lockiges Haar angefeuchtet und sich nach Adams Art ins Gesicht gekämmt, so daß es ihm in nassen Strähnen am Kopf klebte. Der ausgefranste Riß in der Hose war unübersehbar. Er hatte zwar versucht, den getrockneten Schlamm aus seinem Wams herauszubürsten, aber das sah nach dieser Behandlung schlimmer aus als vorher.

Nan starrte ihn entsetzt an, während sie ihr zur Hälfte abgeknabbertes Hühnerbein in die Luft hielt. Adam, der gerade dabei war, Wein einzuschenken, sah ihn ebenfalls und goß vor Schreck einen Teil des Weins auf das Tischtuch. Großvater blickte von Adam zu Nan und wieder zurück.

«Was ist denn los?» fragte er. «Was fehlt euch beiden? Ist Dickon da? Was machst du, Junge? Komm sofort heraus!»

Langsam und widerstrebend kam Dickon, mit einem Hühnchen auf dem Teller, hinter der Sitzbank hervor.

Einen Augenblick lang herrschte entsetztes Schweigen. Tante Isabel bekreuzigte sich und flehte zum heiligen Thomas von Canterbury. Master Whittington konnte nur mit Mühe ein Lachen unterdrücken. Großvater schaute Dickon langsam von oben bis unten an.

«Du hast gekämpft», donnerte er.

Dickon erschien mit einem Hühnchen auf dem Teller

Dickon antwortete schlicht mit: «Ja, Sir.» Er wußte nicht, ob er hinzu-
fügen sollte, daß er einen Fischhändlerlehrling gegen streitlustige
Tuchhändler verteidigt hatte. Normalerweise hätte sich Großvater
darüber gefreut, aber heute war Dick Whittington zu Besuch, und der
war Tuchhändler. Vielleicht wäre es dem Gast gegenüber unhöflich,
die Wahrheit zu sagen, und Großvater wäre ärgerlicher als zuvor. Es
schien ihm am geschicktesten, vorsichtig vorzugehen. Mit leiser
Stimme und gesenktem Kopf berichtete er etwas durcheinander von
den Ereignissen an der Kaimauer.

Das war mehr, als Nan ertragen konnte. Ihr Bruder hatte gegen drei große Jungen gekämpft, um einen kleinen zu retten. Wenn Großvater das nicht heraushören würde, wäre Dickon eine furchtbare Tracht Prügel sicher. Sie sprang auf.

«Sir!» rief sie laut. «Ich war dabei. Ich habe alles gesehen. Die Tuchhändler hätten den kleinen Jungen ertränkt. Dickon hat ihm das Leben gerettet. Bitte, bitte hört mich an.»

Ohne auf die Zeichen zu achten, die Dickon ihr machte, erzählte sie mit klarer Stimme die ganze Geschichte. Sie vergaß sogar ihre Angst vor Großvater. An Master Whittington dachte sie überhaupt nicht, denn sie ließ keinen Zweifel daran aufkommen, daß die Tuchhändler die Schuldigen waren und daß Dickon aus einem kühnen Kampf als Held hervorgegangen war.

Die Wirkung ihres Berichtes entsprach allerdings weder Nans Erwartungen noch Dickons Befürchtungen. Großvater runzelte nicht die Stirn, sondern begann zu kichern. Auch Master Whittington lachte. Sie schienen sich gemeinsam über etwas zu amüsieren, das die anderen nicht verstanden, denn Master Whittington legte eine Hand auf Großvaters Arm und hielt sich mit der anderen den Bauch vor Lachen.

«Hast du das gehört, mein Freund? Der Junge fängt mutig an», stieß er hervor, als er wieder sprechen konnte. «Er hat drei Tuchhändler besiegt, der kleine Kampfhahn. Tuchhändler, wohlgemerkt.»

Die beiden lachten, bis ihnen die Tränen in den Augen standen. Nun war es an Dickon, sie erstaunt anzustarren. Er verstand überhaupt nichts mehr. Er hatte gehofft, daß Großvater nicht allzu zornig reagieren würde, aber er hatte nicht im Traum daran gedacht, daß sie den Kampf als Scherz auffassen würden. Obwohl ihm eigentlich gar nicht zum Scherzen zumute war, fing er ebenfalls an zu lachen. Auch Nan fiel mit glucksendem Gelächter ein, ebenso Tante Isabel und Adam, bis schließlich alle lachten, aber niemand außer Großvater und Master Whittington wußte, worüber eigentlich gelacht wurde.

Plötzlich riß Großvater sich zusammen. Zornig funkelte er Dickon an.

«Worüber lachst du, du unvernünftiger Kerl?» brüllte er. «Gerade du hast wahrhaftig keinen Grund zu lachen.»

Die laute Stimme ernüchterte alle, außer Master Whittington, der sich noch immer schüttelte und die Augen trocknete. Großvater versuchte nicht, seine Bemerkung zu erklären. Dickon fühlte sich wieder beklommen. Er war sicher, daß irgend etwas Geheimnisvolles im Gange war.

«Der Junge versteht nichts. Wie sollte er auch?» meinte Master Whittington. «Sollen wir es ihm sagen, lieber John?»

Großvater murmelte etwas in seinen Bart, das klang wie: «Wenn du memst», und Master Whittington begann in den Falten seines Mantels zu suchen. Er zog eine kleine Pergamentrolle hervor und hielt sie Dickon hin.

«Schau es dir an», sagte er lächelnd. «Das betrifft dich.»

Dickon entrollte das Pergament so vorsichtig wie möglich. Es war mit einer sauberen Schrift bedeckt. Er entdeckte seinen eigenen Namen und die Namen von Großvater und Richard Whittington, aber er war zu aufgeregt, um den Sinn zu verstehen.

«Weißt du nicht, was das ist?» fragte Großvater schroff. «Das ist dein Lehrvertrag, Junge.»

«Er hat wahrscheinlich noch nie zuvor einen Vertrag gesehen», meinte Master Whittington. «Ein Vertrag ist das Dokument einer Vereinbarung, das in zwei Hälften geschnitten wird, so daß jeder Vertragspartner eine Hälfte behalten kann. Das hier ist dein Lehrvertrag, der zwischen deinem Großvater und mir abgeschlossen wurde. Er muß nur noch unterschrieben werden. Nun gib ihn mir zurück. Wir werden nach dem Essen darüber sprechen.»

Das Wappen der Lebensmittelhändlerinnung

Sie saßen am Rande der Kaimauer

Der neue Lehrling

All dieses Gerede über Lehrverträge war Nan völlig unverständlich. Ebensowenig konnte sie sich den Grund für das Gelächter erklären. Auf jeden Fall schien die Gefahr der Schläge gebannt; also wandte sie sich erleichtert wieder ihrem Hühnchen zu.

Dickon war nicht minder verwirrt. Eigentlich war er ja gut davongekommen. Endlich eine Lehre zu beginnen, das hatte er sich schon lange gewünscht. Und seit dem Kampf hoffte er um so mehr, daß Großvater ihn so schnell wie möglich einstellen würde. Jetzt könnte er seine Lehre gleich mit einem guten Ruf unter den Lebensmittelhändlerlehrlingen beginnen.

Aber irgend etwas stimmte nicht. Er wußte, daß er komisch aussah, denn er war in Tante Isabels Schlafzimmer geschlichen und hatte sich in ihrem Spiegel aus poliertem Stahl betrachtet. Doch das konnte nicht der Grund für ihr Gelächter gewesen sein, denn Großvater war immer sehr ernst. Daß er und Dick Whittington auf seine Kosten gemeinsam über etwas lachten, das außer ihnen niemand verstand, bereitete ihm Sorgen.

Dickon schaute in den Spiegel aus poliertem Stahl

Und warum hatte Dick Whittington ihm den Lehrvertrag gezeigt? Eigentlich wäre das doch Großvaters Aufgabe gewesen. Er grübelte über diese Fragen nach, während er Adam beim Bedienen der Gäste half. Plötzlich fiel ihm eine überzeugende Begründung ein. Jeder neue Lehrling mußte von einem angesehenen Erwachsenen unterstützt werden. Großvater, als sein zukünftiger Lehrherr, könnte nicht gleichzeitig die Rolle des Geldgebers übernehmen. Warum sollte Dick Whittington nicht an Großvaters Stelle treten, er war ja schließlich Dickons Pate? Natürlich! Das war's! Von dieser Erklärung beruhigt, wandte sich Dickon seinem eigenen Mittagessen zu und lauschte dabei dem Tischgespräch. Großvater und Dick Whittington sprachen noch immer über die Kriegsvorbereitungen des Königs.

«Wir werden alle daran beteiligt sein», sagte Master Whittington gerade. «Jedes Handwerk wird aufgefordert werden, den König zu unterstützen. Mein lieber John, an deiner Stelle würde ich mehrere Schiffsladungen Korn aus dem Baltikum bestellen. Eine gute Ernte hier bei uns würde zwar ausreichen, um ganz England zu sättigen, aber dieses Jahr haben wir eine Armee in Frankreich zu versorgen, und wenn die Ernte schlecht wird, müssen wir selbst hungern. Falls wir das Korn nicht brauchen, können wir es wieder verladen und in der Gascogne gegen Wein eintauschen. Sprich mit den Hansekaufleuten darüber, und zwar rechtzeitig. Sie werden einiges aus Deutschland und den nordischen Ländern liefern müssen.»

John Sherwood nickte. «Du hast recht», brummte er. «In ein paar Tagen wird eine Hansekogge nach Hamburg segeln. Hans Stein ist ihr Kapitän. Er wird umfangreiche Bestellungen für die Hanse mitnehmen: Eisen und Kupfer für die Rüstungen, Schwefel und Salpeter zur Pulverherstellung, Bogenhölzer für die Schützen und Kräuter für die Apotheker.»

Nan schaute kurz zu Adain hinüber. Er hatte mit dem Alchimisten über seltene Erden gesprochen, die von den Hansekaufleuten besorgt werden könnten. Sie sah, daß Adam bereits seine Augen auf sie geheftet hatte. Er bewegte sich nicht, aber sein Blick warnte sie, etwas dazu zu sagen.

Als das Mittagessen beendet war, sprach Großvater ein Dankgebet. Dann setzte er sich wieder mit Master Whittington auf die Bank, während die Diener den Tisch abräumten, den Behelfstisch abbauten, an dem sie selbst gegessen hatten, und in der Küche verschwanden. Adam und Dickon stellten für Großvater und seinen Gast Weinkrüge und zwei Silberschalen auf den Tisch; die eine war mit Nüssen und Rosinen gefüllt, die andere mit Pralinen, kandierten Früchten und anderen Leckereien. Die beiden Brüder wollten gerade mit Tante Isabel und Nan die Halle verlassen, als Großvater ihnen zunickte.

«Ihr müßt hierbleiben.» Er schaute aus seinen buschigen Brauen zu ihnen auf. «Wir haben etwas Wichtiges mit euch zu besprechen.»

«Und Nan?» fragte Master Whittington mit seinem zurückhaltenden Lächeln. «Sie wollen mir doch meine kleine Freundin nicht wegnehmen, liebe Mistress? Lassen Sie Nan bei mir, wir essen zusammen etwas Süßes.»

Er zog Nan neben sich auf die Sitzbank und suchte ihr eine Praline aus – sie war mit Mandelcreme gefüllt und mit rosa Zuckerguß verziert. John Sherwood füllte den Becher seines Gastes mit Wein und bat seine Enkel, auch für sich selbst Becher zu holen. Obwohl der Wein angenehm wärmend und beruhigend wirkte, stieg Dickons Aufregung erneut. Irgend etwas stimmte nicht! Master Whittington erhöhte die Spannung dadurch, daß er Nan nach der kurzen Frage an Großvater: «Du gestattest…?» ans Ende der Halle schickte, um hinter der Trennwand nachzuschauen, ob auch wirklich alle Diener fort waren. Nachdem sie berichtet hatte, daß niemand mehr zu sehen sei, befahl Großvater ihr, die schwere, eisenbeschlagene Tür zu schließen, die in die Küchenräume führte. Mit einem unguten Gefühl kehrte sie zurück an Master Whittingtons Seite. Einen Augenblick lang war es ganz still. Dickon beobachtete das Gesicht seines Großvaters. Er war überzeugt davon, daß dieser gleich etwas Verhängnisvolles verkünden würde.

Schließlich war Master Whittington derjenige, der das Schweigen brach. Er fragte in einem leichten, fast alltäglichen Tonfall: «Was hältst du von Ketzerei und Aufruhr, lieber John?»

John Sherwood runzelte die Stirn. «Warum fragst du?»

«Das kann zu Umsturz und Blutvergießen führen», antwortete Master Whittington. «Weißt du, daß kaum mehr als ein Jahr vergangen ist, seit Sir John Oldcastle einen bewaffneten Angriff auf London führte? Wir beide erinnern uns doch daran, wie es ist, wenn sich die Stadt in den Händen einer rebellischen Menge befindet. Wir hatten gerade unsere Lehre beendet, als Wat Tyler einen Aufstand anzettelte. Das ist lange her, aber keiner von uns wird es je vergessen.»

Erschreckt hörte Nan auf, an ihrer Praline zu knabbern. Sie hatte schreckliche Geschichten über Wat Tylers Aufstand gehört. Sogar Goody sprach davon. Würde so etwas nochmal geschehen?

Großvater blieb ruhig. «Oldcastles Versuch ist gescheitert», meinte er und nippte an seinem Wein. «Sie sind nicht einmal bis zum Neutor gekommen, und seitdem hat es keine Unruhen mehr gegeben. Ich glaube, die Köpfe auf der Brücke sind eine wirksame Abschreckung.»

«Aber Oldcastle selber hält sich irgendwo versteckt. Wahrscheinlich plant er neue Missetaten. Er ist ein gefährlicher Mann. Vielleicht erinnerst du dich daran, daß er als Ketzer verurteilt und in den Tower gebracht wurde. Doch er floh, um seinen Aufstand anzuführen. Am schlimmsten ist, daß er und der König früher Freunde waren. Sie haben Seite an Seite in den walisischen Kriegen gekämpft. Sie nannten einander John und Hal. Nachdem Oldcastle das erste Mal wegen Ketzerei ins Gefängnis gesteckt worden war, besuchte ihn Seine Gnaden persönlich, um ihn zur Vernunft zu bringen. Er tat alles, was in seiner Macht stand, um ihn vor der Verurteilung zu retten. Und zum Dank plant sein ehemaliger Freund eine Verschwörung gegen sein Königreich und einen Anschlag auf sein Leben.»

«Als ich jung war», begann Großvater, streckte seine Beine unter dem Tisch aus und drehte am Stil seines Weinglases, «wurden bereits arme Priester als Rebellen bezeichnet, die von Ort zu Ort wanderten und gegen den Reichtum der Kirche und die Weltlichkeit der Kleriker predigten. Viele Menschen glaubten damals, daß sie recht hätten.»

«Aber das änderte sich bald», wandte Whittington ein, «sie waren mit einfachen Fragen nicht mehr zufrieden. Sie verwickelten sich in ketzerische Gedanken – und von der Ketzerei zum Verrat ist es nur noch ein kleiner Schritt.»

«Ja, ja», brummte Großvater gewichtig. Dann hob er den Kopf. «Aber warum sprechen wir überhaupt darüber? Ich dachte, wir sprächen über den Krieg. Die Frage nach den Rebellen ist doch jetzt nicht so entscheidend.»

«Doch, denn Seine Gnaden sorgt sich deswegen. Offensichtliche Gefahren sind nicht so bedrohlich wie das Böse, das im Dunkeln lauert. An der Oberfläche scheint alles in Ordnung zu sein. Aber wo steckt Oldcastle? Vergiß nicht, daß er geflohen ist. Er wird sicher nicht friedlich sein Land in Herefordshire bebauen. Denk daran, daß vom Parlament verkündet wurde, daß Oldcastle und seine Rebellen vorhatten, den christlichen Glauben, den König, die geistlichen und weltlichen Stände und alle Sitten und Gebräuche in Politik und Gesetzgebung zu zerstören. Das sind ihre Worte. Das Königreich wird unter Oldcastle zur Republik werden. Derartige Verräter lassen sich nicht von ein paar aufgespießten Köpfen auf der Londoner Brücke abschrecken, verstehst du? Wenn der König in den Krieg zieht, bietet sich ihnen eine gute Gelegenheit.»

«Du sprichst so ernst», meinte Großvater. «Hast du von einer erneuten Verschwörung gehört?»

«Das wäre übertrieben. Wenn Ratten graben, kannst du ihre Spur verfolgen, indem du ein Ohr auf den Boden drückst.» Er sah erst Adam und dann mit einem halben Lächeln Dickon an.

«Wir müssen unter einfachen Bürgern nach Neuigkeiten forschen, unter den Lehrlingen zum Beispiel. Es ist gut möglich, daß wir von den Lehrlingen etwas erfahren.»

Dickon, dessen Interesse am Gespräch abgenommen hatte, wurde mit einem Mal wieder hellwach. Er war ja jetzt selbst ein Lehrling.

«Ich werde euch gegenüber ganz offen sein», sagte Whittington. «Wir sind ja alle vertrauenswürdig. Was in diesen vier Wänden besprochen wird, darf nur nicht nach außen dringen. Habt ihr verstanden?»

Er schaute die Kinder der Reihe nach an. Nan nickte wie eine Holzpuppe am Stock.

«Gut, dann werde ich euch erzählen, daß der König mir eine Aufgabe aufgetragen hat. Ich soll beobachten, was im Untergrund der Stadt geschieht. Sicherlich gibt es hier Ratten, und es ist meine Aufgabe, sie zu entdecken. Ich werde mein Ohr auf den Boden drücken. Zum Glück sind in dieser Familie zwei Paar junge, schnell verstehende Ohren, auf die ich mich verlassen kann. Adam und Dickon werden unter den Lehrlingen mehr erfahren, als mir jemals zu Ohren käme. Seid achtsam, und wenn ihr etwas Verdächtiges hören solltet, verratet niemandem etwas und gebt mir sofort Bescheid. Kann ich mich auf euch beide verlassen?»

«Ja», erwiderte Adam ernst und würdevoll. Dickon antwortete mit lauter Stimme: «Jawohl, Sir.» Master Whittington nickte befriedigt.

«Mit euch beiden haben wir eine Menge abgedeckt. Adam wird sich unter den Lebensmittelhändlern umschauen und Dickon unter den Tuchhändlern.»

Dickon starrte ihn an. Er mußte sich verhört haben.

«Unter den Tuchhändlern?» fragte er zurück. Vor Schreck vergaß er, Master Whittington mit «Sir» anzusprechen. «Warum unter den Tuchhändlern?»

Dick Whittington lächelte ihn an. «Weil du jetzt auch ein Tuchhändler bist, beziehungsweise einer sein wirst, wenn dein Lehrvertrag vollständig ist. Hast du das nicht verstanden?»

Dickon erhob sich. Das Blut in seinem geschwollenen Gesicht pochte und brannte. Der Raum verschwamm vor seinen Augen.

«Ich bin kein Tuchhändler», protestierte er heftig. «Wie sollte ich? Ich bin gerade als Lebensmittelhändlerlehrling eingestellt worden. Ihr habt es selbst gesagt. Ich hasse Tuchhändler.»

Plötzlich donnerte Großvaters Stimme: «Dickon! Bist du von allen guten Geistern verlassen? Wie kannst du es wagen, so mit Master Whittington zu sprechen? Bei meiner Treu, Junge, ich werde dich grün und blau schlagen.»

Dick Whittington legte seine Hand auf Großvaters Arm. «Beruhige dich, John. Er hat uns nicht verstanden. Er ist verletzt vom Kampf. Ich bitte dich, sei vorsichtig mit ihm.»

Großvater strengte sich sichtbar an, um seine Wut zu unterdrücken. Nachdem er etwas in seinen Bart gemurmelt hatte, fuhr er in gemäßigtem Ton fort: «Du Narr begreifst anscheinend gar nicht, wie gut du es hast. Jeder Lord in England wäre glücklich, wenn sein Sohn an deiner Stelle wäre. Du bist ein Lehrling von Master Whittington. Weil du sein Patensohn bist und – da muß ich mich selber loben – weil er mich sehr schätzt, hat er sich bereit erklärt, dich als Tuchhändlerlehrling einzustellen, und zwar unter seiner Obhut. Kein Grünschnabel in ganz London hat so viel Glück wie du. Du solltest dem lieben Gott auf Knien danken.»

Dickon, der sich von der Bestürzung noch nicht erholt hatte, starrte zuerst auf Großvater und dann auf Dick Whittington, aber er nahm sie kaum richtig wahr. Langsam begriff er die Wahrheit. In seinem Kopf hämmerte es so sehr, daß er fürchtete, er würde platzen. Zu seinem eigenen Ärger begann er plötzlich zu weinen. Mit einem Schluchzen drehte er sich herum und stürzte aus der Halle.

Die Haupttür stand offen. Er überquerte den Hof und lief auf den Fluß zu. Kein Mensch war zu sehen. Die Kaimauer wirkte wie ausgestorben. Er lehnte sich an das Lagerhaus, dort, zwischen dem Stroh und den rutschigen Schlammklumpen, wo er noch vor kurzem über den rothaarigen Lehrling triumphiert hatte. Er fühlte sich elend, wollte aber nicht weinen. So riß er sich zusammen und versuchte nachzudenken.

Er sollte Tuchhändler werden! Im Moment konnte er sich nichts Schlimmeres vorstellen. Er war in einem Lebensmittelhändlerhaushalt aufgewachsen und hatte die Schule in St. Anthony's Hospiz in der Broad Street besucht, in der die meisten Schüler Söhne von Lebensmittelhändlern waren, denn St. Anthony war ihr Schutzheiliger. In der Innenstadt gab es ständig Streit zwischen den Gilden, die mit Nahrungsmitteln zu tun hatten, also den Gastwirten, den Lebensmittel- und den Fischhändlern, und denen, die mit Stoff, Seide und anderen Luxusgütern handelten, dazu gehörten die Tuch-, Seiden-, Bekleidungs- und Kurzwarenhändler. Die führenden Männer der ehrbaren Zünfte verhielten sich höflich einander gegenüber und arbeiteten sogar zusammen, wenn sich eine günstige Gelegenheit bot; aber die Lehrlinge schlugen sich regelmäßig gegenseitig die Köpfe ein, und für die Schuljungen auf beiden Seiten war es eine Ehre, den Kampf auch untereinander auszufechten.

Und nun sollte er, Dickon, der Enkel von John Sherwood, dem Vorstand der Lebensmittelhändlerinnung, in einen Tuchhändler verwandelt werden. Das Siegesgefühl vom Vormittag war ganz und gar verschwunden. Statt ein neues Leben als geachteter Lehrling, der bereits Mut bewiesen hatte, zu beginnen, war er in eine aussichtslose Situation geraten. Was würde geschehen, wenn er dem rothaarigen Jungen wieder begegnen würde? Er wagte nicht, darüber nachzudenken.

Außerdem müßte er den Fluß verlassen. Die meisten Tuchhändlergeschäfte lagen in der Innenstadt, bei Cheapside, in der Nähe der Kirche St. Mary-le-Bow. In Zukunft würde sein Leben von diesen verdammten Bow Bells geregelt werden. Sie würden zu seinem Arbeitsbeginn läuten, zur Mittagszeit und zum Feierabend. Ihr scheppernder Klang würde an die Stelle der Flußgeräusche treten, die er so sehr liebte: die Schiffsglocken, das Gerassel der Ketten und das Schlagen der Taljen, wenn die Segel heruntergeholt wurden, das leise Plätschern der Wellen an der Kaimauer, wenn der Wind mit der Strömung blies, und das unablässige Knarren der Ruder in den Riemendollen.

Er entfernte sich vom Lagerhaus, setzte sich an den Rand der Kaimauer und ließ die Beine baumeln. Unterhalb von Dowgate fuhren die Fähren an diesem Feiertag besonders geschäftig hin und her. Sein Freund Jenkyn war nirgends zu sehen. Vielleicht war er mit seinen Fahrgästen den Fluß hinuntergefahren, um ihnen die Katharine in Ratcliffe-below-Tower zu zeigen. Dickon seufzte. Er würde die Katharine jetzt nicht mehr sehen können.

Hinter Dowgate standen mehrere Gebäude, die von einer hohen steinernen Mauer umgeben waren. Das war der Hansehof. Dort lebten die Kaufleute aus Deutschland und dem Baltikum zusammen und trieben ihren Handel. Ein hochseetüchtiges Schiff lag an ihrem Kai vor Anker. Dickon vermutete, daß es das Schiff aus Hamburg war, das Großvater beim Abendessen erwähnt hatte. Er betrachtete es kritisch. Anscheinend war es schon beladen und damit reisefertig, denn es lag tief im Wasser.

Die Hansekaufleute faszinierten ihn sehr, weil sie aus fernen Städten kamen und Schiffsladungen mit ungewöhnlichen, aufregenden Dingen nach London brachten. Er hatte schon beim Ausladen von Bärenhäuten zugeschaut und Sehenswürdigkeiten entdeckt; zum Beispiel Ruderboote aus Danzig, die wie Walnußschalen ineinanderlagen und bereit waren, augenblicklich in das Wasser der Themse herabgelassen zu werden.

All diese Dinge mußte er nun aufgeben, um ein Tuchhändler zu werden, in einem Geschäft oder Kontor mitten in der Stadt zu stehen und sich mit Stoffen, Seiden und protziger Frauenkleidung abzugeben.

Während er so dasaß und sein Unglück beklagte, hörte er hinter sich schnelle Schritte, die immer näher kamen. Ohne sich umzusehen, wußte er, daß es Adam war.

«Hier steckst du also», meinte sein Bruder kurz. «Großvater war außer sich vor Wut, daß du wie wild aus der Halle gerannt bist. Ärgerst du dich, weil du Tuchhändler werden sollst? An deiner Stelle wäre ich dankbar. Einen solchen Master wie Dick Whittington wirst du nicht so schnell wieder finden.»

«Haben sie dich beauftragt, mich zu suchen?» fragte Dickon. Es war offensichtlich, daß Adam nicht viel Verständnis für ihn aufbrachte.

«Nein, sie sprechen noch immer über die Angelegenheiten des Königs. Nachdem ich ihre Weinkrüge erneut gefüllt hatte, gestatteten sie mir, mich zurückzuziehen. Ich bin auf dem Weg nach Southwark, um Master Gross aufzusuchen. Er hat mich eingeladen. Heute ist ein Feiertag, und Großvater wird mich nicht, wie an anderen Tagen, pausenlos herbeirufen.»

«Das Boot ist nicht hier», erinnerte ihn Dickon. «Der Fischerjunge hat es mitgenommen. Du mußt die Fähre nehmen oder über die Brücke laufen.»

«Ach, stimmt ja, das habe ich ganz vergessen. Dieser verdammte Fischerjunge... Na ja, macht nichts. Ich werde mit der Fähre fahren und auf dem Weg beim Hansehof vorbeischauen. Dann kann ich Master Gross gleich berichten, daß ich für ihn mit dem Hansekaufmann gesprochen habe.»

Dickon sprang auf. «Warte mal», rief er. «Ich komme mit.»

Adam wandte sich um. «Lieber nicht. Falls sie dich suchen, werden sie auch auf mich aufmerksam, und Großvater wird nach mir fragen.»

Dickon nickte. Er hatte verstanden. Nun war ihm auch der letzte Strohhalm davongeschwommen. Als Adam weiterlief, rief Dickon hinter ihm her: «Wenn du Jenkyn siehst, sage ihm, daß ich nicht kommen kann, um die Katherine zu sehen – niemals.»

Beim letzten Wort brach ihm die Stimme. Er nahm einen Stein und schleuderte ihn mit einer wilden Bewegung ins Wasser. Als er sich wieder setzte, fühlte er sich noch einsamer als zuvor.

Er hatte sich kaum niedergelassen, da vernahm er erneut Schritte hinter sich. Auch dieses Mal schaute er sich nicht um. Er wollte erst herausfinden, wer da kam. Weder Großvater noch Nan, dessen war er sich gewiß; der erste war zu schwer, die zweite zu leicht. Vielleicht war es Tante Isabel, die kam, um sich über seine Verletzungen aufzuregen. Zu seiner Überraschung vernahm er die Stimme von Dick Whittington: «Ich habe mir schon gedacht, daß ich dich hier finden würde. Hier am Fluß ist es herrlich. Nein, steh nicht auf. Ich setze mich zu dir. Als ich noch Lehrling war, bin ich auch immer hierhergekommen.» Mit etwas steifen Bewegungen ließ er sich nieder. «Aber meine alten Knochen machen nicht mehr so gut mit wie früher.»

Ungefähr eine Minute lang saßen sie schweigend nebeneinander. Dikkon hatte das Gefühl, daß er etwas sagen müßte, aber ihm fiel nichts Passendes ein. Dann sprach Master Whittington wieder. Seine Stimme klang ernst: «Ich sollte mich bei dir entschuldigen, Patensohn. Es war ungehörig, so herzlich über dein Mißgeschick zu lachen. Aber in dem Augenblick schien es mir so komisch, daß du ausgerechnet den heutigen Tag dazu auserkoren hast, über die Tuchhändler zu triumphieren.»

«Wenn ich das geahnt hätte, hätte ich nicht gekämpft», begann Dickon zaghaft.

«Doch, du hättest es getan, das weiß ich. Du würdest immer eingreifen, wenn du siehst, daß ein kleiner Junge von mehreren Kerlen geschlagen wird. Nicht einmal bei den Jungs, die du bekämpft hast, wird es dir viel schaden. Du wirst dein neues Leben als jemand beginnen, der auf sich aufpassen kann, und das ist nicht schlecht.»

Dickon war sich nicht so sicher, sagte aber nichts. Nach einer weiteren Minute begann sein Pate von neuem: «Als frischgebackener Lehrling hat man es nicht leicht, aber ich hatte es damals noch schwerer als du. Ich bin auf dem Lande groß geworden. Mein Elternhaus stand in Gloucestershire, in Pauntley, auf der anderen Seite des Severn. Eine Großstadt ist erschreckend für einen Jungen, der zwischen Wiesen und Bäumen aufgewachsen ist, das kannst du mir glauben.»

«Habt Ihr damals eine Tuchhändlerlehre begonnen?» fragte Dickon schüchtern.

«Ja, ich war vereidigter Lehrling, genau wie du es ab morgen sein wirst. Mein Lehrherr, Sir John Fitzwarren, kam auch aus dem Westen. Er war ein guter Freund unserer Familie. Später entpuppte er sich als der beste Lehrherr und der beste Schwiegervater, denn er gab mir seine Tochter zur Frau. Aber wie gut der Lehrherr auch sein mag, als neuer Lehrling hat man es nicht leicht. Ich kann dich nur mit dem Gedanken daran ermutigen, daß diese Zeit schnell vergeht.»

Wieder herrschte Stille. Dann wagte Dickon eine weitere Frage: «Wo werde ich wohnen, Sir?»

Er hielt den Atem an, als er auf die Antwort wartete. Daß er zu Hause bleiben könnte, wagte er kaum zu hoffen. Aber vielleicht könnte er in Master Whittingtons eigenem Haus unterkommen. Er wohnte nicht weit vom Fluß entfernt, in der Straße The Royal, auf der anderen Seite der Thames Street.

Die meisten Lehrlinge lebten in den Geschäftsräumen ihrer Lehrherrn. Entweder schliefen sie unter dem Ladentisch im Verkaufsraum oder im Kellergewölbe des Lagerhauses zwischen den Waren. Wenn er nur in dem Haus in The Royal unterkommen könnte, wäre alles halb so schlimm. Für ihn war es nah genug, um jede freie Minute zu nutzen und zum Fluß hinunterzulaufen.

Die ersten Worte Master Whittingtons entfachten seine Hoffnung nur, um sie wieder zu zerschmettern.

«Du wirst in meinem eigenen Haus unterkommen. Allerdings nicht dort, wo ich jetzt lebe, in The Royal, sondern hinter dem Krüppeltor, in einem Haus mit Blick aufs freie Land. Ich habe dort dem Tuchhändlermeister Will Appleyard die Aufsicht übertragen. Er ist ein hervorragender Ausbilder. Im Haus leben noch andere Jungen. Du wirst dich dort schon wohlfühlen.»

Dickon wurde das Herz schwer. Außerhalb der Stadtmauer. Von dort aus konnte er nicht mehr zum Fluß hinunterlaufen. Die Stadttore blieben vom Abendläuten bis zum Sonnenaufgang geschlossen.

«Das ist eine gute Gegend für Lehrlinge, denn ganz in der Nähe sind die Moorfelder», fuhr Master Whittington aufmunternd fort. «Dort finden häufig Sportwettkämpfe statt. Als ich das erste Mal nach London kam, drehte sich mir von der schlechten Luft der Magen um. Sobald ich etwas Geld verdiente, ließ ich ein Haus in einer Gegend bauen, in der ich frische Luft atmen konnte. Du wirst die Natur genießen.»

«Von dort ist es weit bis zum Fluß», murmelte Dickon düster.

«Zum Fluß? Aha... Sag mir, Junge, was würdest du lernen wollen, wenn du selbst entscheiden könntest?»

«Ich würde Seemann werden», antwortete Dickon ohne Zögern. «Ich möchte gerne hinausfahren und fremde Länder sehen. Die Gewürze in Großvaters Warenhaus kommen von wunderbaren Schiffen. Die Seeleute tragen Ohrringe, und einmal hatten sie einen Affen an Bord. Er saß oben im Mastkorb und wollte nicht herunterkommen.»

Master Whittington lachte. «Du redest, als ob Lebensmittelhändler die einzigen wären, die mit Waren aus fremden Ländern handelten. Hast du als ein Junge, der in London aufgewachsen ist, noch nie etwas von den Überseespekulanten gehört? Das ist die Handelsgesellschaft, die die meisten Kostbarkeiten aus dem Ausland einführt. Du solltest wissen, daß sie der Gilde der Tuchhändler untersteht. Ich garantiere dir, daß du mit Stoffen bekleidet bist, die du den Überseespekulanten zu verdanken hast. Dein Hemd besteht zum Beispiel aus Cambraileinen, die Knopflöcher an deinem Wams sind mit Pariser Seide genäht, das Leder deiner schönen roten Schuhe kommt aus Cordova in Spanien – das sind übrigens sehr feine rote Schuhe, obwohl sie anscheinend, genau wie ihr Besitzer, einen Kampf hinter sich haben.»

Dickon konnte sogar wieder lachen, als er auf seine Schuhe heruntersah. Sie waren noch genauso schmutzig wie vor dem Kampf.

Master Whittington erhob sich.

«Komm, Junge, hilf mir auf die Beine. Wir haben hier lange genug gesessen. Ich möchte noch vor dem Abendessen zum Krüppeltor hochlaufen, und du solltest ruhig mitkommen. Ich werde dir zeigen, wo du demnächst wohnen wirst, und dich Master Appleyard vorstellen. Dann wirst du dich nicht mehr so fremd fühlen, wenn du dein neues Leben beginnst.»

Jetzt sofort zu gehen, das war eine gute Idee. Voller neuer Kraft half Dickon seinem Paten auf die Füße. Der bürstete zuerst einmal den Staub aus seinem Mantel.

«Wir sind beide etwas in Unordnung geraten», sagte er mit einem lächelnden Blick auf Dickons zerrissene Hose. «Wenn wir an Granthams Gasthaus vorbeikommen, kannst du schnell hineinlaufen und dich umziehen. Ich werde langsam den Hügel hinaufschlendern, bis du mich wieder einholst.»

Das Wappen der Tuchhändlerinnung

Cheapside – St. Paul's, von Osten gesehen

Der Weg zum Krüppeltor

Master Whittington schlenderte, wie versprochen, den Hügel hinauf. Dickon eilte hinter ihm her. Er überquerte Thames Street und bog in die nächste Straße ein. Das war The Royal. Da sah er schon seinen Paten vor dessen Haus stehen. Zu seiner Überraschung stand Nan neben ihm. Beide waren eifrig damit beschäftigt, Dick Whittingtons kleine schwarzweiße Katze, Madame Eglantine, zu streicheln. Als Dickon herangekommen war, überließ Master Whittington Nan die Katze.

«Bring sie ins Haus, meine Kleine. Sie würde uns sicher gerne begleiten, aber sie kann nicht den ganzen Weg laufen, und ich habe keine Lust, sie zu tragen. Bitte die Köchin um eine Schüssel Milch, und setze die Katze mit der Milch in meine Stube. Vergiß bitte nicht, die Tür zu schließen.»

Madame Eglantine

Nan verschwand in Whittingtons Haus. Es stand direkt an der gepflasterten Straße und wirkte bescheiden. Das Eichenfachwerk war mit gelbem Mörtel gefüllt. Die kleinen, in Blei gefaßten Fenster waren zwar aus Glas, aber aus einfachem, nicht aus bemaltem. Während Dikkon das Haus betrachtete, überlegte er, warum ein so berühmter Mann wie Master Whittington nicht prächtiger wohnte.

«Das ist mein kleines Häuschen», meinte Master Whittington plötzlich, als ob er Dickons Gedanken erraten hätte. «Ich habe noch zwei andere Häuser, aber jetzt, da ich alleine bin, ist dieses hier groß genug. Das Grab meiner lieben Frau Alice ist gleich nebenan, in der Kirche, die ihr alle gut kennt – jedenfalls wart ihr oft genug dort. Ich habe sie umbauen lassen, um Alice einen angemessenen Ruheplatz zu verschaffen. Die Arbeit ist noch nicht beendet. Außerdem soll hier noch eine Akademie errichtet werden und ein Altenpflegeheim für zwölf arme, alte Männer und einen Heimleiter. Ich werde für ihre Unterkunft und Verpflegung aufkommen; ihre Aufgabe wird darin bestehen, für die Seele meiner Frau und später auch für meine eigene zu beten. Eines Tages werde ich es euch zeigen, aber jetzt haben wir keine Zeit dazu.»

Dickon schaute an dem neuen, steinernen Turm von St. Michael Paternoster hoch. Er hatte zwar gesehen, wie die Kirche errichtet wurde, war aber niemals auf den Gedanken gekommen, daß Dick Whittington alles bezahlte. Es war sicher nicht schlecht, reich genug zu sein, um Kirchen und Schulen bauen zu können.

Schließlich kehrte Nan zurück, und sie setzten ihren Weg den Hügel hinauf fort. The Royal war so breit, daß sie alle drei nebeneinander laufen konnten. Außerdem war diese Straße sauber, denn Master Whittington bezahlte Wasserträger, die jeden Morgen eimerweise Themsewasser herbeitrugen und die Straße hinunterschütteten. So lag weder Schlamm auf den Pflastersteinen noch rann schmutziges Abwaschwasser den Rinnstein in der Mitte der Straße hinab.

. . . eimerweise Themsewasser . . .

Für Master Whittington war es anscheinend selbstverständlich, daß Nan sie zum Krüppeltor begleitete. Dickon war das angenehm. Obwohl Nan ein Mädchen war, störte sie nie. Sie begann sofort, mit Master Whittington zu plaudern. Bis in die kleinsten Einzelheiten hinein erzählte sie ihm die Geschichte von Knopf und dem Spanferkel. So hatte Dickon Zeit, sich umzuschauen und seinen eigenen Gedanken nachzuhängen.

Oben angelangt standen sie vor dem Tower Royal, einer massiven Festung, nach der die Straße The Royal benannt worden war. Dickon vergaß nie, durch den Torbogen zu schauen, denn dort waren schon viele aufregende Dinge geschehen. König Richard II. hatte dort während Wat Tylers Aufstand seine Mutter in Sicherheit gebracht, denn damals hielten die Rebellen den Londoner Tower besetzt. Jetzt wurde der Tower Royal von Rittern benutzt, die dort ihre Rüstungen anlegten, bevor sie sich zu Turnierübungen auf den Kampfplatz von Smithfield begaben, der außerhalb der Stadtmauern lag. Das war immer eine gute Gelegenheit, einen von ihnen auf einem prächtigen Schlachtroß vorbeireiten zu sehen.

Letzte Woche hatte Dickon Glück gehabt. Er kam gerade von der Schule zurück, als Hufgeklapper Sir Thomas le Strange ankündigte, der in einer glänzenden Silberrüstung im Torbogen erschien. Dickon war es gelungen, die ganze Knightrider Straße (die Straße hatte ihren Namen den Rittern zu verdanken, die sie benutzten) hinunter bis zum Herrentor neben ihm herzulaufen. Außerhalb der Stadtmauer gab der Ritter seinem Pferd die Sporen und galoppierte davon. Dickon konnte nur noch hinter ihm herschauen.

Dickon lief nebenher

Aber das war schon aufregend genug. Hinterher war er mächtig stolz, daß er den Ritter an den beiden Silberlöwen auf dem roten Schild erkannt hatte. Doch heute wirkte der Tower Royal verlassen. Nachdem Dickon ein paar Minuten lang auf den leeren Hof gestarrt hatte, drehte er sich schnell um und lief den anderen nach.

Nan trottete neben Master Whittington her. Sie brauchte doppelt so viele Schritte wie er, um mit ihm mithalten zu können, und trotzdem mußte sie ab und zu hüpfen, um an seiner Seite zu bleiben. Aber sie fühlte sich zufrieden, denn der unglückliche Nachmittag schien überstanden.

Als Dickon aus der Halle gestürzt war, wäre sie am liebsten hinterhergelaufen. Doch Großvater hatte ihr befohlen, auf ihrem Platz zu bleiben. Dickon weinte fast nie, denn dazu war er schon viel zu groß. Aber Nan war sich sicher gewesen, daß ihm in diesem Moment die Tränen in den Augen gestanden hatten. Tante Isabel hatte ihr geraten, den Bruder in Ruhe zu lassen; er würde am besten alleine damit fertig werden. Also hatte Nan unglücklich und verloren herumgelungert und darauf gewartet, daß etwas geschehe. Adam war fortgegangen, auch er hatte sie nicht gebraucht. Nan hatte nicht gewußt, was sie mit ihrer Zeit hatte anfangen sollen. Dann hatte sie gesehen, wie Dickon zurückgekehrt und die Treppe hinaufgelaufen war. Als Master Whittington sie im Hof erblickt hatte, hatte er sie eingeladen, mit zum Krüppeltor zu kommen und Dickons neue Wohnung anzuschauen. Tante Isabel hatte es erlaubt, und nun war Nan dabei und fühlte sich sehr wichtig. Sie war so erleichtert gewesen, daß Dickon fröhlich aussah, als er in seinen besten Kleidern hinter ihnen hergelaufen kam.

Nan schwatzte gutgelaunt und ununterbrochen, als sie den Weg zu The Royal hinaufgingen, und redete auch in der Budge Row und Soper's Lane fröhlich weiter. «Ist es nicht lustig», rief sie, «daß wir schon am Geruch erkennen können, wo wir sind?» In Budge Row wimmelte es von Kürschnereien, deshalb roch es dort nach Kaninchenhäuten. In der Cordwainer Street arbeiteten die Schuhmacher, deshalb duftete es dort angenehm nach Leder. Soper's Lane war das Reich der Lebensmittelhändler. Dort kitzelten ihnen Gewürze und Pfeffer derartig in der Nase, daß sie fast niesen mußten.

Master Whittington lächelte sie an: «Und in Garlick Hithe riecht es nach Knoblauch, in Candlewick Street nach Kerzen und in Catte Street nach Katzen?»

Alle drei fingen an zu lachen, und Nan machte einen besonders großen Hüpfer. Der Tag war wunderschön. Die Sonne schien, und alles war wieder in Ordnung.

«Ich bin so froh, daß wir alle zusammen gehen», rief Nan. «Eigentlich wollte ich mit Goody nach Southwark gehen, um Glockenblumen zu suchen, aber ich bin froh, daß ich es nicht getan habe. So ist es viel besser.»

«Das meine ich auch», antwortete Master Whittington ernst. «Southwark ist kein Ort für wohlbehütete Mädchen wie dich. Außerdem würdest du dort sicher nicht viele Glockenblumen finden.»

«Ich wollte nicht nach Southwark, sondern nach Bermondsey», verbesserte sie sich. «Aber warum sollte ich nicht nach Southwark gehen? Ist es dort so gefährlich?»

«Gefährlich nicht unbedingt. Der Bischof von Winchester hat dort ein Haus. Aber ansonsten leben in Southwark keine ehrbaren Bürger. Es ist ein Schlupfwinkel für Spitzbuben und Vagabunden.»

Nan wurde wieder etwas nüchterner. Merkwürdig, sie hatte sonst niemals über Southwark nachgedacht, und heute schoß es ihr immer wieder durch den Kopf. Master Gross, der Alchimist, lebte dort und auch der kleine Fischhändlerlehrling.

«Komisch», sagte sie laut. «Heute hat alles mit Southwark zu tun.»

«Wirklich?» fragte Master Whittington sofort. «Wieso? Was hast du über Southwark gehört?»

Dickon verzog das Gesicht. Sie wußte, was das zu bedeuten hatte. Sie durfte Master Gross nicht erwähnen. Sie warf den Kopf ein wenig zurück. Glaubte er wirklich, daß sie Adams Geheimnis vergessen hatte?

«Der Fischhändlerlehrling lebt dort», antwortete sie ruhig. «Der Junge, den Dickon vor den Tuchhändlern gerettet hat.»

Sie sah ihren Bruder triumphierend an. Der wurde knallrot. Nan dachte, das läge daran, daß sie die Tuchhändler erwähnt hatte; aber Dickon wußte, im Gegensatz zu ihr. daß Adam gerade in diesem Augenblick Master Gross in Southwark besuchte. Außerdem wußte er, daß Dick Whittingtons Bemerkungen über Southwark zutrafen.

«Ach, der Junge.» Master Whittington war zufrieden. «Aber ich denke, wir sollten nicht mehr soviel über Dickons Kampf sprechen. Am besten vergessen wir ihn.»

Am Ende von Soper's Lane stießen sie auf einen Marktplatz. Cheap war der größte und wichtigste Marktplatz der Innenstadt, dessen Mitte durch ein großes Kreuz, Cheap Cross, und einen Brunnen gekennzeichnet war. Am Rande des Marktplatzes verlief Cheapside, die Hauptstraße Londons, die von Osten nach Westen führte.

Cheap war eine aufregende Gegend. Zu besonderen Anlässen wie Johanni oder dem Tag, an dem ein neuer Bürgermeister eingesetzt wurde, durfte sich Nan dort den Fackelzug oder den Umzug für den Bürgermeister ansehen. Außerdem genoß sie es, mit Tante Isabel einkaufen zu gehen und am Stand der Tuchhändler einen Hut zu erstehen oder bei den Schuhmachern ein paar Schuhe zu erwerben. Auf dem Marktplatz und auf den Straßen, die von ihm abzweigten, wie Bread Street, Milk Street, Honey Lane, Ironmongers' Lane und The Poultry, konnte man fast alles kaufen, was das Herz begehrte.

Aber heute wirkte Cheap anders als sonst. Nan sah es auf den ersten Blick, konnte aber nicht sagen, warum. Normalerweise herrschte hier ein geschäftiges Treiben, Menschenmengen drängten sich durch die Gänge, und die farbenprächtigen Markisen der Stände waren weithin sichtbar. Aber heute wirkten die Geschäfte nackt wie Skelette, und die Läden waren alle geschlossen. Außer ein paar Menschen, die am Brunnen ihre Krüge füllten, war niemand zu sehen.

Das erste, was ihr heute in den Blick kam, war St. Paul's, die sich wie ein großer Felsen vom westlichen Horizont abhob; ihr Turm ragte bis zum Himmel hinauf. Natürlich stand St. Paul's dort immer, aber Nan hatte die Kathedrale kaum bemerkt, wenn sie mit Einkaufen beschäftigt gewesen war. Doch jetzt entschlüpfte ihr plötzlich ein Seufzer. Die Kirche war wunderschön. Das war ihr noch nie zuvor aufgefallen.

Master Whittington, der den Seufzer gehört hatte, sah sie fragend an. Sie lächelte zu ihm hinauf.

«Ich habe St. Paul's von hier aus noch nie richtig betrachtet», erklärte sie. Das hörte sich komisch an, denn natürlich mußte sie die Kathedrale von hier aus schon viele Male gesehen haben. Aber Master Whittington verstand sie.

«Eigentlich ist sie so groß, daß man sie nicht übersehen kann», neckte er sie, «die höchste Kathedrale der gesamten Christenheit; darauf kann London stolz sein, meinst du nicht?»

Er blieb stehen und zeigte auf eine Kirche auf der linken Seite. «Wenn

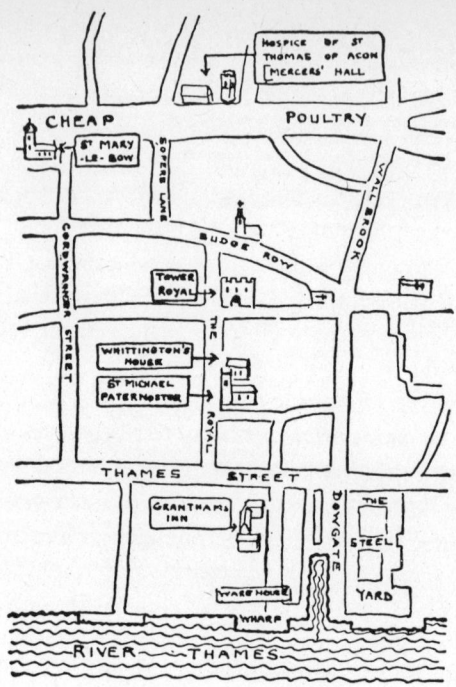

Der Weg von Dowgate nach Cheap

du sogar St. Paul's übersehen hast, ist dir wahrscheinlich St. Mary-le-Bow niemals aufgefallen. Dickon wird ihre Glocken sicher bald kennen- und hassen lernen. Alle Lehrlinge hassen sie. Mir ging es genauso. Der große steinerne Balkon dort an der Seite wurde von König Edward III. angebaut, damit er mit seinem Hofstaat von dort aus die Prozessionen und Turniere auf dem Marktplatz beobachten konnte. Hier hat schon lange kein Turnier mehr stattgefunden. Das letzte wurde vor ungefähr zwanzig Jahren auf der Londoner Brücke ausgetragen.»

«Ein Turnier auf der Londoner Brücke?» wiederholte Nan, die eine Geschichte witterte. «Oh, erzählt mir davon.»

Doch bevor er antworten konnte, wurde die Stille in den leeren Straßen von Hufgetrappel unterbrochen. Master Whittington drehte sich um und zog Nan und Dickon schnell auf die Stufen von Cheap Cross.

Eine Gruppe von Reitern näherte sich ihnen aus Richtung Cornhill. Ihr Anführer trug eine vollständige Ritterrüstung und sein Begleiter einen feinen Samtmantel. Hinter ihnen ritten bewaffnete Männer mit Eisenhelmen und Brustplatten. Sie trugen Lanzen, an denen mit dem Zeichen des Königs geschmückte Wimpel flatterten.

Als sie sich Cheap Cross näherten, erkannte der Anführer Master Whittington und zügelte sein Pferd. Die ganze Kompanie hielt direkt hinter ihm. Man hörte nur das Stampfen der Hufe und das Klirren und Scheppern der Harnische.

Dickon konnte vor Aufregung kaum atmen. Seine Augen verschlangen jede Einzelheit an den bewaffneten Männern: ihre Helme, die eisernen Halsbergen, mit denen sie ihre Kehlen schützten, und die beweglichen Panzerplatten.

Nan hingegen beobachtete Master Whittington, der neben dem Steigbügel des Anführers stand und sich mit ihm unterhielt.

Sie konnte nicht hören, worüber sie sprachen, sah aber gerade, wie der Anführer sich an seinen Begleiter wandte, der daraufhin eine Pergamentrolle unter seinem Mantel hervorzog. Nan zupfte Dickon am Ärmel.

«Sieh mal», flüsterte sie, «ein Herold!» Der Mann trug unter seinem Mantel einen Heroldsstab, der mit dem Wappen von England geschmückt war.

Master Whittington rollte das Pergament auf. Als er es gelesen hatte, gab er es lächelnd dem Herold zurück. Kurz darauf waren winkende Hände zu sehen und Abschiedsrufe zu hören. Der Anführer gab seinem Pferd die Sporen. Mit erneutem Geklirr und Geschepper ritten sie nach Westen Richtung Newgate.

Master Whittington schaute sehnsüchtig hinter ihnen her. «Ich würde am liebsten mit ihnen reiten. Sie wollen tatsächlich nach Gloucestershire, in meine Heimat. Das war einer der Beauftragten des Königs, der eine Armee für den Krieg gegen Frankreich zusammenstellen soll. Er wird den Aufruf des Königs an die Sheriffs weiterleiten, und die Sheriffs werden die Dörfer und Güter aufsuchen, um zu entscheiden, wieviele Männer die einzelnen Landbesitzer zur Verfügung stellen müs-

Master Whittington stand neben dem Steigbügel des Anführers

sen. Ich bin gespannt, wieviele Männer sie von meinem Bruder fordern werden. Er lebt in Pauntley, dem Ort, in dem ich aufgewachsen bin. Vielleicht wird er drei Reiter oder sechs Bogenschützen zur Verfügung stellen müssen, angeführt von meinem Neffen Guy.»

«Werden sie nach London kommen?» fragte Nan.

«Hoffentlich nicht. Wir wollen hier keine Armee versorgen. Anfang Juli werden sie in Southampton gemustert werden. Aber nun kommt, ihr beiden, sonst beginnt das Abendläuten, bevor wir das Krüppeltor erreicht haben.»

Er drehte sich auf dem Absatz um, ließ Cheap hinter sich und bog in die Wood Street ein. Für Nan war das eine unbekannte Gegend. Nicht einmal Dickon kannte sich hier gut aus. St. Anthony's Hospiz, seine ehemalige Schule, lag in der anderen Richtung, in der Nähe von Bishopsgate. Wood Street war lang und schmal. Der obere Teil der großen Fachwerkhäuser ragte so weit vor, daß man kaum den Himmel sehen konnte. Wie in allen Straßen, die nicht genügend frische Luft bekamen, roch es dort sauer und stickig. Nan gefiel es dort nicht.

Master Whittington begann ein Gespräch mit Dickon. Er erzählte ihm, was es bedeutete, ein frischgebackener Lehrling zu sein. Zuerst hörte Nan ihnen zu. Sie hatte das noch nie so ausführlich gehört wie jetzt. Sie wußte, daß ein Lehrling sieben Jahre lang unter der Aufsicht seines Meisters stand und daß er während dieser Zeit unter dessen Dach lebte. Aber es war ihr nicht klar, daß auch der Meister dem Lehrling gegenüber seine Verpflichtungen hatte. Er mußte ihm einen bequemen Schlafplatz zur Verfügung stellen, ihn ordentlich ernähren und durfte ihn nicht als Diener oder gar Sklaven mißbrauchen. Wenn er ihn schlug, mußte der Stock so schmal sein, daß er durch einen Fingerring paßte. Nan warf einen kurzen Blick auf Master Whittingtons schweren, goldenen Siegelring am linken Zeigefinger und hoffte, daß Dickon nicht zu oft geschlagen werden würde.

Nach einer Weile verlor sie das Interesse und begann, sich umzusehen. Der scheußliche Geruch stach ihr noch immer in die Nase. Das Wasser im Rinnstein stand still, und die dünne Schmutzschicht auf der Wasseroberfläche geriet nur in Bewegung, wenn eine Frau aus einem der Häuser kam und einen Eimer mit Abwaschwasser leerte. Noch immer ins Gespräch vertieft, zog Master Whittington Nan auf die Seite und

Master Whittingtons Siegelring

ließ sie wie eine erwachsene Dame dort gehen, wo es am angenehmsten war, nämlich nah an den Häusern. In der Mitte der Straße mußte Dickon zwischen den Pfützen hindurchhüpfen.

Plötzlich sah Nan zwei Jungen, die vor ihnen herliefen. Sie waren ziemlich weit entfernt, aber Nan konnte trotzdem erkennen, daß einer von ihnen rothaarig war und daß an seinem Mantel eine leuchtend grüne Kapuze hing. Sie warf einen kurzen Blick auf Dickon. Auch er hatte sie gesehen. Da gab es nichts zu zweifeln, der rothaarige Junge war der Tuchhändler, mit dem Dickon gekämpft hatte.

Nan stockte der Atem. Was sollten sie tun? Da schaute Dickon sie stirnrunzelnd an. Aha, sie sollte also nichts sagen. Master Whittington durfte nichts erfahren. Außerdem wollte Dickon nicht, daß sie die Jungen überholten. Sie ging etwas langsamer, und ohne es zu bemerken, verlangsamte auch Master Whittington seine Schritte. Er sprach noch immer vom Lehrlingsdasein und der Tuchhändlerinnung. Dickon stellte interessierte Fragen, doch Nan erkannte sofort, daß er nur die Aufmerksamkeit seines Paten erhalten wollte, für den Fall, daß die Jungen sich umdrehen würden.

«Du wirst dich morgen beim Bürgermeister vorstellen müssen», sagte Master Whittington gerade. «Er ist zufällig auch Tuchhändler. Ich werde dich begleiten, und wir beide werden den Lehrvertrag unterzeichnen. Dann wird dir dein Großvater etwas Geld geben, damit du zwei Schillinge für die Stadtkasse bezahlen kannst, zwei Schillinge für die Armensammlung der Tuchhändler und vierzig Schillinge für die Ehre, daß du als Lehrling der Tuchhändlerinnung angenommen wirst.»

«Vierzig Schilling?» schrie Dickon mit bewundernswertem Eifer. «Das ist eine Menge Geld.»

«Ein kostspieliger Eintritt, das muß ich zugeben», antwortete Master Whittington. «Das ist mehr, als ein Facharbeiter im Jahr verdient. Doch der Preis hat seine Gründe. Tuchhändler haben meist mit sehr edler Ware und feinen Kunden zu tun. Wir wollen nur Lehrlinge, die aus gutem Hause stammen.»

Zu ihrem Ärger sah Nan, daß die beiden Jungen stehengeblieben waren und mit Stöcken in einem Abfallhaufen herumstocherten. Jetzt mußte gehandelt werden. Plötzlich begann sie zu humpeln. Dann hängte sie sich an Master Whittingtons Arm, zog ihren Schuh aus und tat, als ob sie einen Stein herausschüttelte. Als sie den Schuh wieder angezogen hatte, waren die Jungen wieder weit vor ihnen.

Aber das Gespräch war verebbt. Master Whittington schwieg. Sie mußte ihn um jeden Preis wieder zum Sprechen bringen.

«Was passiert dann?» fragte sie. «Dann, wenn Dickon seine sieben Lehrjahre beendet hat?»

«Dann ist er ein freies Mitglied der Tuchhändlergilde und kann sich aussuchen, bei welchem Meister er als Geselle arbeiten möchte. Wenn er später ein eigenes Geschäft eröffnen will, muß er sich dessen wert erweisen und eine bestimmte Summe zahlen, um die Tracht der Zunft tragen zu dürfen. Dann kann er zum Vorsitzenden der Zunft oder sogar zum Bürgermeister von London gewählt werden. Würde es dir gefallen, wenn dein Bruder Bürgermeister wäre? Das ist doch keine schlechte Position, oder?» Nan und Dickon mußten lachen, denn Master Whittington war selbst schon dreimal Bürgermeister gewesen.

Nan glaubte, daß die Gefahr nun vorüber sei. Die Jungen waren verschwunden. Nach der letzten Kurve von Wood Street hatte Nan sie aus den Augen verloren. Vielleicht waren sie durch das Krüppeltor hinausgelaufen oder in eine der vielen schmalen Gassen rechts oder links eingebogen. Nan schaute in jede hinein, an der sie vorbeikamen. Sie hoffte, daß die beiden wirklich weg waren.

Als der Wächter am Krüppeltor Master Whittington erkannte, ergriff er einen Besen und fegte als Zeichen des Respekts das Kopfstein-pflaster unter dem Torbogen. Master Whittington dankte ihm mit einem warmen «Gott sei mit dir», und dann gingen sie alle drei hin-durch.

Das Haus in der Grub Street

Hinter dem Krüppeltor überquerten Dick Whittington, Nan und Dickon den Stadtgraben, in dem eine Familie weißer Enten schwamm. Die drei hatten das Gefühl, in einer anderen Welt zu sein.

Mit wenigen Schritten waren sie aus der Stadt heraus in ein Dorf auf dem Lande getreten. Die Dorfwiese war von altertümlichen Hütten umgeben; die Gemeindekirche von St. Giles stand etwas weiter entfernt neben einem kleinen Teich vor einer Reihe von Armenhäusern. Auf einem Bauernhof muhten Kühe und gackerten Hennen. Die Häuser waren mit Ried gedeckt, was in der Stadt nicht mehr erlaubt war.

Hinter den Hütten standen prächtige, moderne Häuser inmitten von baumbestandenen Gärten. Dazwischen konnte man an einigen Stellen bewaldete Hügel in der Ferne liegen sehen.

Master Whittington hielt einen Moment lang inne, um die frische Luft tief einzuatmen, während Nan begeistert losstürmte und ein paar Butterblumen pflückte, die auf einem grasbewachsenen Erdwall blühten.

Von diesem Aussichtspunkt aus konnte sie eine Seitenstraße erkennen, die aus dem Dorf hinaus Richtung Osten führte. Hinter einer weit entfernten Hecke sah sie die Köpfe zweier Jungen, die auf der Straße gingen. Sie waren also doch durch das Krüppeltor hinausgelaufen.

Master Whittington wandte ihnen einen Moment lang den Rücken zu. Nan nutzte die Gelegenheit, Dickon aufgeregt zuzuwinken. Er ahnte sofort, worum es ging, doch bevor er hinlaufen konnte, um sich selbst zu überzeugen, begannen die Kirchenglocken in der Stadt eine nach der anderen mit dem Abendläuten, und Master Whittington drehte sich herum.

«Wir sind spät dran», rief er. «Ich dachte, wir würden rechtzeitig zum Abendgottesdienst ankommen, aber...» Das Ende seines Satzes ging unter in dem plötzlichen Geläute der Glocken von St. Giles dicht hinter ihnen. Aber sie schlossen aus seinen Zeichen, daß er sie aufforderte, hier und jetzt den Abendgottesdienst zu besuchen.

Gehorsam folgten sie ihm über die Wiese. Im Schutze des Glockenläutens flüsterte Nan Dickon zu, daß eine Verzögerung das beste sei. Die Jungen wären sicher nicht mehr da, wenn sie aus der Kirche kommen würden. Aber Dickon wirkte niedergeschlagen.

«Bete inbrünstig», murmelte er in Nans Ohr, als sie Master Whittington vor dem Kirchenportal den Vortritt ließen. «Es wäre furchtbar, wenn er im selben Haus leben würde.»

Nan schluckte. Sie zweifelte nicht, wen Dickon mit «er» meinte. Auf die Idee wäre sie gar nicht gekommen, doch plötzlich beherrschte diese alle ihre Gedanken. Sie sah sich in der alten, dunklen Kirche um, ohne wirklich hinzuschauen. Neben ihr sprach Dickon mechanisch die lateinischen Psalmen und Gebete – er kannte sie alle auswendig –, und sie sang den Abendchoral, so hoch sie konnte. Aber eigentlich war sie nicht mit ganzem Herzen dabei. Das richtige Beten begann für sie, als sie ihr Gesicht in den Händen vergrub und immer wieder darum bat, daß der rothaarige Junge meilenweit entfernt wohnen möge.

Als Dickon aus der Kirche kam, war er so erschöpft von schrecklichen Vorahnungen, daß er sich nur noch wünschte, so schnell wie möglich in der Grub Street anzukommen. Lieber wollte er das Schlimmste wissen, als weiter im Ungewissen bleiben. Was geschähe, wenn sein Feind dort lebte? Gäbe es sofort einen neuen Kampf? Wenn ja, würde Master Whittington sicher einen von ihnen woanders unterbringen. Aber inzwischen würden all die anderen Jungs Bescheid wissen und gegen ihn Stellung beziehen.

Am liebsten hätte er Master Whittington direkt gefragt, ob dort ein rothaariger Lehrling wohnte, aber dann entschloß er sich, lieber abzuwarten.

Nach dem Abendgottesdienst schien Master Whittington die Ruhe selbst zu sein. Er genoß es, gemütlich zu schlendern. Er blieb sogar stehen, um zuzuschauen, wie ein paar Kühe knietief in den Teich zum Trinken getrieben wurden.

«Dieser Teich wird von einer reinen Quelle gespeist», bemerkte er stirnrunzelnd. «Und trotzdem ist das Wasser jeden Tag so faulig, daß es nichts mehr wert ist. Ich glaube, ich muß eine Leitung legen lassen, damit das Wasser aus der Wand kommt und die Menschen trinken können, ohne ihre Gesundheit zu gefährden. Dickon, erinnere mich daran, falls ich es vergessen sollte.»

Schließlich wandte er sich ab und führte sie genau auf die Straße, auf der Nan die Jungen gesehen hatte. Sie lief direkt am Stadtgraben entlang. Jetzt war jedoch niemand mehr unterwegs, abgesehen von einer Entenfamilie, die am Grasrand entlangwatschelte, um dann quakend ins Wasser zu tauchen.

«Hier biegen wir links ab», bemerkte Master Whittington und zeigte auf eine baumbestandene Seitenstraße. «Sie heißt Grub Street, warum weiß ich auch nicht. Ein häßlicher Name für einen schönen Ort. So, da sind wir!»

Sie standen vor einem großen, dreistöckigen Haus. Das stämmige Fachwerk war ebenso mit weißem Gips ausgefüllt wie der neue Teil von Granthams Gasthaus. Das einzig Ungewöhnliche war ein merkwürdig geformter Turm in der Mitte, der mit seinem vorstehenden Dach an einen breitkrempigen Hut erinnerte. Es war niemand zu sehen, auch die beiden Jungen nicht. Master Whittington klopfte an die Tür.

Ein großer, knochiger Mann in einem Gewand aus dunklem Baumwollflanell öffnete ihnen.

Ein großes, dreistöckiges Haus

«Will, ich bringe dir den neuen Lehrling», begrüßte ihn Master Whittington und trat ein. Er führte sie in einen langen Raum mit einer niedrigen Decke. Dort stand ein breiter, hölzerner Ladentisch, und an den Wänden stapelten sich Stoffballen. Will Appleyard zog einen Stuhl hervor, und Master Whittington nahm dankbar Platz.

«Ich bin schon seit der Morgenmesse auf den Beinen. Für so viel sportliche Betätigung werde ich wohl doch schon langsam zu alt. Will, ich habe dir ja schon von diesem Jungen, meinem Paten, erzählt. Er ist bei mir als Lehrling eingeschrieben, aber ich möchte ihn in deine Obhut stellen. Du wirst in allen Dingen sein Meister sein.»

Der Tuchhändler sah Dickon von oben bis unten an. «Er ist gut gewachsen. Und Sie sagen, daß er lesen und schreiben kann, Sir?»

«Er ist in St. Anthonys Hospiz zur Schule gegangen, aber das sollten wir lieber nicht erwähnen, denn unsere Jungen mögen keine Lebensmittelhändler. Er kann lesen und schreiben, und ich habe gehört, daß er Summen ebensooft richtig wie falsch ausrechnen kann. Und außerdem – er schaute mit einem kleinen Lächeln von einem zum andern – kann er gut mit seinen Fäusten umgehen, wie ihr vielleicht noch sehen werdet.»

Will Appleyard erwiderte das Lächeln nicht. «Heutzutage wird viel mehr gekämpft als früher. Wie ich hörte, gab es gestern nacht eine Auseinandersetzung auf Cheap. Einige Lehrlinge wurden schwer verletzt. Zum Glück war aus diesem Haus keiner dabei. Wir haben einen großen Vorteil, weil wir außerhalb der Stadttore wohnen: Nach dem Abendläuten können unsere Lehrlinge weder rein noch raus.»

Will Appleyard schien ein düsterer Geselle zu sein. Dickons Stimmung sank noch tiefer. Er hörte den beiden Männern zu, die inzwischen über Geschäfte sprachen, über Neuigkeiten von den Vertretern aus der Gegend, aus der die Wolle geliefert wurde, und darüber, welche Stoffe aus Reading und Newbury erwartet wurden. Dickon hoffte inständig, daß sie über die anderen Jungen sprächen. Der Verdacht belastete ihn noch immer. Aber er mußte nicht mehr länger warten.

«Die Burschen sind alle auf den Moorfeldern, um das Beste aus dem Feiertag zu machen», sagte Will Appleyard, als ob er Dickons Frage geahnt hätte. «Soll ich sie hereinrufen, damit sie sich um den Jungen kümmern können?»

Dickons Herz pochte heftig. Nun würde er endlich Bescheid wissen. Aber Master Whittington schüttelte den Kopf.

«Das hat keine Eile. Wenn du erlaubst, würde ich Dickon gerne selbst alles zeigen. Aber erst möchte ich ihn deiner lieben Frau vorstellen. Ist sie zu Hause?»

Mistress Appleyard war nicht nur zu Hause, sondern wartete schon vor der Tür. Als ihr Name das erste Mal genannt wurde, erschien sie wie durch Zauberei, knickste und strahlte sie alle an. Sie wirkte so kräftig und fröhlich wie ihr Mann dünn und traurig.

Master Whittington erhob sich und grüßte sie, wie er alte Freunde zu begrüßen pflegte. Dann stellte er ihr den neuen Lehrling mit einer großartigen Zeremonie vor, als ob sie eine feine Dame wäre. Dickon verstand den Hinweis und verbeugte sich tief.

Mistress Appleyard strahlte ihn an, nannte Nan ihr Küken und entführte sie zum Lebkuchenbacken in die Küche, ohne auf die erschreckten Blicke zu achten, die sie ihrem Bruder zuwarf.

Als die beiden weg waren, führte Master Whittington seinen Paten-

Er stellte Dickon mit einer großartigen Zeremonie vor

sohn nach oben in einen Raum im ersten Stock, den er als seine gute Stube bezeichnete. Der merkwürdige Turm, der Dickon schon von außen aufgefallen war, enthielt eine außergewöhnlich breite Wendeltreppe. Master Whittington erklärte, daß sie extra für die Stoffballen gebaut worden war, die treppauf bis unters Dach getrudelt oder einfach heruntergerollt wurden.

«Ich versichere dir, daß in kein Haus in ganz London so feiner englischer Stoff kommt wie in dieses», erklärte Master Whittington stolz. «Die frische Luft ist nicht der einzige Vorteil dafür, daß wir außerhalb der Stadttore leben. Wir umgehen den Zoll, den wir zahlen müßten, wenn der Stoff die Stadttore passiert, und es ist einfacher, die Packpferde hier abzuladen, als sie durch die schmalen Gassen zu lotsen.»

Dickon schaute sich eifrig in der guten Stube um. Da bemerkte er, daß Master Whittington ihn beobachtete.

«Ich habe den Eindruck», meinte sein Pate mit einem Augenzwinkern, «daß du nach Kostbarkeiten aus anderen Ländern Ausschau hältst? Der Handel mit englischen Stoffen scheint dir wohl langweilig, was?»

Dickon errötete. Genau das hatte er gerade gedacht.

«Denk daran, daß deine Kostbarkeiten bezahlt werden müssen. Wir würden in der ganzen Stadt nicht genügend Geld auftreiben können, um auch nur eine Schiffsladung aufzukaufen, so wertvoll sind sie. Was glaubst du denn, womit wir sie bezahlen?»

Plötzlich ging Dickon ein Licht auf. «Mit englischen Stoffen», rief er. «Darauf wäre ich gar nicht gekommen.»

«Ich verspreche dir, daß du das für den Rest deines Lebens behalten wirst. Wir verkaufen in London keine englischen Stoffe. Dafür ist die Gilde der Bekleidungshändler zuständig. Aber wir schicken die Stoffe übers Meer auf Märkte in Frankreich, Flandern, Deutschland und überall dorthin, wo sie sonst noch verkauft werden können. Dafür bringen wir dann Kostbarkeiten und Raritäten mit heim. Schau einmal her!»

Er öffnete einen großen Schrank, der an der Wand stand, legte verschiedene Dinge daraus auf den Tisch und erzählte Dickon, woher sie kamen. Da lag zum Beispiel ein Geldbeutel aus dunkelblauem Samt mit gleichmäßigem Flaum und mit Silberfaden abgesetzt. Er stammte aus Venedig und wurde mit einem feinen englischen Wollstoff bezahlt. Aus Frankreich kam ein kleines Altarbild, eine aus Elfenbein geschnitzte Darstellung der Kreuzigung, das sich jemand auf sein Gebetstischchen stellen konnte. Das hatten sie für eine Rolle rauhen Wollstoffs bekommen. Dickons Augen glänzten beim Anblick eines Schwertgehenks mit Scheide aus spanischem Leder, dem Preis für einen einfachen wollenen Mantel.

«Eines Tages wirst du in mein Haus in der Hart Street kommen», meinte Master Whittington. «Dort kommen die Schätze aus den großen Handelsschiffen an, die unterhalb der Brücke vor Anker liegen. Da werde ich dir den Goldstoff zeigen, den Lady Blanche, die Schwester des Königs, bei ihrer Hochzeit mit dem Prinzen von Bayern trug, und die perlenbestickte Seide aus Sizilien für Lady Phillipas Brautkleid.»

Da kam Dickon eine Idee. Angenommen, sein Feind würde hier in Grub Street wohnen, wäre es dann nicht möglich, daß Master Whittington ihn in dem anderen Haus unterbrächte.

«Sie haben viele Häuser, Sir», wagte er sich vor.

«Hm, na ja. Drei Stück. Kommt dir das komisch vor? Ich habe dir doch erzählt, daß ich hier wegen der frischen Luft hergekommen bin. Aber später brauchte ich aus geschäftlichen Gründen ein repräsentativeres Heim, und so ließ ich ein großes Haus in der Hart Street, in der Nähe von Aldgate bauen. Die Lehrlinge nannten es ‹Whittingtons Palast›, aber es war viel zu groß für meine einfachen Bedürfnisse. Als meine Frau starb und ich alleine war, kehrte ich zurück in The Royal, wo wir gelebt hatten, als wir jung waren. Du wirst noch in das Haus in der Hart Street kommen, aber zuerst mußt du die Arbeit hier erlernen. So, jetzt müssen wir diese Dinge wieder wegräumen. Nach dem Getrappel dort unten zu urteilen, scheinen die Lehrlinge von den Moorfeldern zurückzusein.»

Dickons Herz hämmerte, als sie die große, von fröhlichem Gelächter erfüllte Küche betraten. Sie schien voll von Jungen zu sein, die sich um Mistress Appleyard scharten. Sie buk kleine Kuchen über dem Feuer. Neben ihr stand Nan und hielt eine Schüssel mit Teig. Alle lachten und schnatterten lauthals und fröhlich durcheinander, so daß zunächst niemand Master Whittington bemerkte. Dickon schaute schnell von

einem Gesicht zum anderen. Dann atmete er erleichtert auf. Der rothaarige Junge war nicht darunter.

Plötzlich schaute sich einer der Lehrlinge um und zischte den anderen
einen Warnruf zu. Die Gruppe zerstreute sich, bis nur noch drei übriggeblieben waren.

Master Whittington lächelte ihnen freundlich zu. «Lassen Sie sich
beim Kochen nicht stören», wandte er sich an Mistress Appleyard.
«Ich will nur die Jungs miteinander bekannt machen, und dann werde
ich einen von Ihren Kuchen probieren.»

Er zog Dickon mit sich und stellte ihn den anderen Jungen vor: «Das
ist euer neuer Kollege. Er heißt Dickon. Einer von euch sollte sich um
ihn kümmern. Robert, du bist der Älteste; nein, vielleicht bist du zu
alt, und Toby ist noch nicht alt genug. Owen, du bist am besten geeignet. Bitte zeig ihm seinen Schlafplatz.»

Die drei Jungen sahen sehr unterschiedlich aus. Robert war schon fast
ein Mann. Toby wirkte wie ein dicker Schuljunge. Owen, der Dickon
die Treppe hinaufführte, war ein großer, dunkelhäutiger Junge mit
tiefliegenden Augen und zottigem, schwarzem Haar.

Sie stiegen höher und höher und tauchten schließlich zwischen den
Bodenbrettern einer langen Dachstube auf. Sie wurde durch zwei
Dachluken aus durchscheinendem Horn beleuchtet und schien so lang
zu sein wie das ganze Haus. Dicht an den Dachschrägen sah Dickon
Stapel von Stoffballen, aber ein Bett konnte er nirgends entdecken.
Owen kippte einen Stoffballen um, der sich daraufhin als Bettzeug
entpuppte, das mit einer Kordel zusammengebunden war.

«Hier ist dein Bett», sagte er. «Darin hat vorher ein anderer Lehrling
geschlafen, aber der ist jetzt Geselle und seit Ostern nicht mehr hier.
Du bist mit Dick Whittington verwandt? Kommst du auch aus Gloucester?»

«Nein, ich komme aus London», antwortete Dickon vorsichtig, «und
ich bin nicht sein Verwandter, sondern nur sein Patensohn. Du bist
nicht aus London, oder? Jedenfalls sprichst du nicht wie ein Londoner.»

«Ich komme aus Monmouth. Meine Tante ist mit dem Verwalter des
Whittington-Gutes in Gloucester verheiratet.» Er sah Dickon, der in-
zwischen ans Fenster getreten war, neugierig an. «Du hast gekämpft.
War es ein Lehrlingskampf?».

Dickon nickte. Er hatte diese Frage befürchtet. Immerhin entsprach es der Wahrheit, daß er in einen Lehrlingskampf geraten war.

«Der große auf Cheap, Tuchhändler gegen Lebensmittelhändler?»

«Nein, der nicht. Es war nur ein kleiner Kampf.»

«Wer hat gewonnen?»

«Ich.» Dickon konnte nicht vermeiden, daß seine Antwort wie Angeberei klang.

«Hat dein Gegner geblutet?»

Auf Dickons Nicken hin schien Owen endlich zufrieden zu sein. «Gut! Dann bist du bereits einer von uns. Ein neuer Tuchhändler wird nämlich erst in unsere Vereinigung aufgenommen, wenn er einen Lebensmittelhändler blutig geschlagen hat.»

Dickons Gesicht glühte. Er fühlte sich wie ein Feigling und ein Lügner, denn Owen dachte offensichtlich, daß er auf der Seite der Tuchhändler gekämpft hatte. Er versuchte, seinen ganzen Mut zusammenzunehmen und zuzugeben, daß er aus einer Lebensmittelhändlerfamilie stammte, aber die Worte blieben ihm im Halse stecken. Um seine Verwirrung zu überspielen, trat er an ein Fenster, aus dem die Hornplatte herausgenommen worden war, und steckte den Kopf hinaus.

Der Ausblick war so beeindruckend, daß er sogar einen Moment lang seine Sorgen vergaß. Hinter dem Gartenzaun lagen die Moorfelder, eine große, grüne Fläche sumpfigen Bodens. An den trockeneren Stellen waren Sportplätze angelegt. Einige dienten als Fußballplatz, auf anderen waren Zielscheiben für Bogenschützen aufgestellt. Rundherum genossen Kühe und Schafe das saftige Gras, das auf dem morastigen Boden wuchs. Dahinter erstreckte sich das freie Land mit einzelnen Dörfern und Bauernhöfen bis hin zu den bewaldeten Hügeln von Hampstead und Highgate. Dickon war nur einmal auf den Moorfeldern gewesen, und zwar im Winter, als sie überflutet und mit einer Eisschicht überzogen waren und sich alle Leute ihre Schlittschuhe aus Hammelknochen untergeschnallt hatten. Heute wimmelten die Plätze von Menschen in Festtagsstimmung. Einige nahmen an Mannschaftsspielen teil, andere trainierten an den Zielscheiben oder erprobten sich mit den Bauernspießen oder im Ringkampf. Auf den Fußwegen dazwischen spazierten gutgelaunte Bürger und genossen die frische Luft.

Ringkampf

Aber das, was er auf der anderen Seite sah, verschlug ihm den Atem. Nicht weiter als ein Bogenschuß entfernt lag die Londoner Stadtmauer. Im Stadtgraben spiegelten sich ihre grauen, steinernen Zinnen. Innerhalb der Stadtmauer drängten sich Dächer, Giebel und herausragende Kirchtürme so dicht wie Heringe in einem Faß. Er versuchte, Gebäude zu entdecken, die er kannte: die große Kirchturmspitze von Austin Friars und die kleinere von St. Helen's Priory in Bishopsgate; beide waren in der Nähe seiner Schule. Weiter rechts sah er das Gerüst am neuen Rathaus, das noch immer nicht fertiggestellt worden war, und dahinter in einiger Entfernung den vertrauten, gewölbten Glokkenturm von St. Mary-le-Bow.

Er hatte London noch nie zuvor aus dieser Perspektive gesehen. «Ihr Brote und Fische!» rief er mit verhaltenem Atem.

Hinter sich hörte er Owen kurz nach Luft schnappen. Dann vernahm er nah an seinem Ohr ein Flüstern: «Das Netz ist voll!» Dickon drehte sich erstaunt herum. «Was meintest du?»

«Das Netz ist voll!» Als er Dickons Gesicht sah, fuhr er fort: «Du hast doch gesagt ‹Brote und Fische›, oder nicht?»

«Natürlich. Warum nicht? Das sagen doch viele Menschen.»

Owen schien etwas verwirrt zu sein. «Natürlich sagen das viele Menschen. Ich dachte, du meinst es auch so.» Er sprach schnell von etwas

73

Bauernspieße

anderem. «Schau, das Fußballspiel ist vorbei. Ich bin gespannt, wer gewonnen hat.»

«Wer hat denn überhaupt gespielt?» fragte Dickon, um Schweigen zu vermeiden.

«Och, das war nur ein Freundschaftsspiel – Tuchhändler gegen Kurzwarenhändler. Sie kehren jetzt alle in die Stadt zurück. Ich glaube, heute nacht wird dort in den Straßen getanzt. Wir werden hier draußen das ganze Vergnügen verpassen.»

Aber Dickons Aufmerksamkeit wurde von einer kleinen Gruppe von Lehrlingen gefesselt, die am Ende des Gartens entlangliefen. Unter ihnen befand sich nämlich ein rothaariger Junge mit einer grünen Kapuze. Es war sein Feind. Er war also auf dem Weg zu den Moorfeldern, als sie ihn in der Wood Street gesehen hatten.

Er zog sich etwas in den Schatten zurück. «Was sind das für welche, die dort jetzt vorbeilaufen?» fragte er. «Tuchhändler oder Kurzwarenhändler?»

«Tuchhändler natürlich», antwortete Owen kurz, als ob das jeder wissen müßte. «Der kräftige Kerl mit den roten Haaren ist Kurt Bladebone. Er ist einer unserer besten Ringer. Und mit dem Bauernspieß kann er auch umgehen. Heute morgen hatte er Ärger mit einem

Fischhändler und sechs Lebensmittelhändlern irgendwo dort unten am Fluß. Sie haben ihn zusammengeschlagen und ihm zwei Zähne herausgebrochen. Seine Kapuze war blutverschmiert. Wir werden es den Schurken schon zeigen, wenn wir sie finden!»

Dickon war zwischen Wut und Ärger hin- und hergerissen. Sechs Lebensmittelhändler; dieser Lügner! Er hätte beinah das ganze Geheimnis verraten und laut gerufen, daß er es war, der Kurt Bladebone besiegt hatte – und zwar er alleine. Aber er riß sich gerade noch rechtzeitig zusammen. Statt dessen fragte er vorsichtig: «Wo arbeitet er denn?»

«Oh, das ist weit weg, in Aldgate. Er ist der Lehrling von Mister Falconer, dem Bürgermeister. Aber du wirst ihm beim nächsten Treffen der Lehrlingsvereinigung begegnen. Das ist – mal überlegen – an Fronleichnam, glaube ich.»

Dickon atmete erleichtert auf. Es waren noch drei Wochen bis Corpus Christi. Bis dahin hatte er sicher seinen Platz in diesem neuen Lebensabschnitt gefunden und konnte Kurt Bladebone mutig begegnen und seine feigen Lügen aufdecken. So was, sechs Lebensmittelhändler! Aber jetzt war es das beste, erstmal zu schweigen.

Er wandte sich um, denn Toby kam die Treppe heraufgetrappelt und kündigte an, daß Master Whittington gehen wollte.

Als sie wieder in der Küche waren, schaute Master Appleyard Dickon noch einmal von oben bis unten an. «Und wann wird der Junge anfangen zu arbeiten?» fragte er.

«Das sollten wir nicht aufschieben», lautete die Antwort. «Am besten fängt er gleich morgen an.»

Die Kapelle auf der Brücke

Einsame Nan

Am nächsten Morgen in der Frühe verließ Dickon das Haus seines Großvaters. Seine Habseligkeiten trug er in einem Sack über der Schulter. Sein Abschied verursachte kaum Aufregung. Am Abend zuvor hatte Großvater noch ein Gespräch mit ihm geführt und ihn gesegnet, während Tante Isabel mit Nans Hilfe seine Sachen zusammengesucht und gepackt hatte. Er brauchte nicht viel: Hemden, Hosen, Schuhe, einen warmen Mantel für den Winter, Taschentücher natürlich und seinen Elfenbeinkamm. Nan steckte ihm noch ein kleines Lesebuch mit einfachen Gebeten ein. Sie vermutete, daß der Schreiber, der es abgeschrieben hatte, eine Brille getragen habe, denn die Schrift wirkte sehr sauber und deutlich, obwohl sie winzig klein war. Dikkons bestes Wams konnte zu Hause bleiben, denn er bekam den einfachen Stoffumhang mit der dazugehörigen Mütze, den alle Lehrlinge trugen, die mit Stoffen zu tun hatten.

Dickon selbst wirkte gelassen. Das einzige Zeichen dafür, daß heute sein besonderer Tag war, bestand darin, daß er nicht wie sonst mit unordentlicher Kleidung in letzter Minute zur Messe huschte, während Nan und Tante Isabel schon lange vor ihm in der Kirche saßen, sondern daß er früh aufstand und alleine zur allerersten Morgenmesse ging. Als Nan und Tante Isabel sich auf den Weg machten, kam er ihnen bereits wieder entgegen.

Er gönnte sich ein gutes Frühstück mit Brot und Käse, einem hellen, leichten Bier und einer Scheibe Aalpastete, die es nur zu besonderen Gelegenheiten gab. Dann sprach er das Tischgebet und griff so selbstverständlich nach seinem Sack, als sei es seine Schultasche. Er ertrug es, von Tante Isabel und Nan geküßt zu werden, kniete vor Großvater nieder und lief dann alleine über den Hof und den Hügel hinauf.

«Ich hätte ihm gerne noch etwas Salbe für sein blaues Auge gegeben, aber er wollte sie nicht», beklagte sich Tante Isabel, als sie mit Nan zusammen im Tor stand, um ihm nachzuwinken. «Vielleicht wird sich Mistress Appleyard darum kümmern. Etwas Gänsefett mit Johanniskraut ist sicher besser als nichts.»

Nan, die bis dahin beschäftigt und aufgeregt war, fühlte sich plötzlich elend. Gestern abend war alles noch so schön gewesen. Dickon hatte ihr zugeflüstert, daß alles in Ordnung war – der Rotschopf lebte meilenweit entfernt –, und sie war sich vollkommen sicher, daß es an ihren Gebeten lag. Und dann, als sie durch die Stadt zurückgingen, tanzten die Menschen bereits in den Straßen – wie immer an schönen Feiertagsabenden. Überall dort, wo etwas mehr Platz war, hatten sich kleine Gruppen um einen oder zwei Flötenspieler gebildet. Ihr hatte es in den Füßen gejuckt, einfach mitzutanzen. Doch nun war Dickon nicht mehr da, und nichts würde mehr wie früher sein.

Als Tante Isabel einen leisen Seufzer hörte, warf sie einen kurzen Blick auf ihre Nichte und wurde unruhig. «Wir müssen uns beeilen», rief sie. «Wegen der ganzen Arbeit für Dickon haben wir alles stehen- und liegenlassen. Heute morgen, komme was wolle, werden diese faulen Mägde den Hallenfußboden scheuern und frische Binsen auslegen. Das Fett vom Spanferkel ist schon richtig eingezogen.»

Normalerweise fand Nan die Aufgaben in Tante Isabels Haushalt langweilig und ermüdend, aber diesmal freute sie sich darüber. Zum einen war dies etwas anderes als die Alltagsarbeiten wie Spinnen und

Stopfen oder die langen Stunden an Tante Isabels Webstuhl, mit der Tante neben sich, die ihr auf die Finger klopfte, wenn sie das Schiffchen ungeschickt durchschoß und damit einen Webfehler verursachte.

Zuerst mußte das große Bett gemacht werden, in dem sie mit Tante Isabel schlief. Das war normalerweise die Arbeit der Mägde, doch die putzten jetzt die Halle. Nan liebte es, Betten zu machen. Vor vielen Jahren, in der Zeit mit Goody Doubleday, gab es ein besonderes Spiel, bei dem die kleine Nan mit dem Federbett geschüttelt wurde. Obwohl sie dazu jetzt viel zu groß war, blieb die herrliche Erinnerung daran lebendig. So stürzte sie sich auf das dicke Federbett und bearbeitete es mit aller Kraft. Tante Isabel hielt sie ärgerlich zurück.

«Hör auf, du Kindskopf! Wir schütteln das Bett heute nicht auf, es ist Freitag. Schäm dich! Möchtest du an einem Freitag weich schlafen, dem Tag, an dem Unser Herr für dich gestorben ist?»

Tante Isabels Rüge trieb Nan beinahe wieder die Tränen in die Augen. Ihr wurde erst etwas besser, als sie die Betten fertig hatten und in die Küche gingen, um das Geschirr in der Speisekammer zu überprüfen. Tante Isabels kritische Augen waren auf den Koch gerichtet. Die Reste von Spanferkel, Huhn und Fleischpasteten, die einfach auf hölzernen Platten gestapelt worden waren, erregten ihren Ärger. Warum lagen sie noch da? Sie hätten gestern verteilt werden müssen! Waren nicht wie immer die Armen gekommen, um etwas zu essen zu erbitten? Und was hatten sie bekommen? Trockenes Brot? Heute war Freitag, da konnten sie es nicht mehr austeilen. Niemand sollte den Freitag mit ihrem Fleisch entweihen. Das Hühner- und Schweinefleisch konnte man noch in den Kessel tun, um Eintopf zu kochen, aber die Pastete mußten die Schweine fressen.

Was sollten sie zu Mittag essen? Tante Isabel hob den Deckel des letzten Salzheringsfasses vom Winter hoch und verzog das Gesicht. Sie wandte sich Nan zu: «Hol meinen Mantel und die Körbe! Und du solltest deine Holzschuhe anziehen. Die Straßen sind schlammig. Wir werden auf den Markt gehen.»

Nan sauste los. Sie war so gerne auf dem Markt. Außerdem wollte Tante Isabel nicht auf den alten Fischmarkt bei St. Paul's, sondern ganz bis nach Billingsgate mit ihr gehen. Dort war der Fisch frischer, denn die Boote mit Meeresfischen liefen direkt in Billingsgate ein. Schnell brachte Nan Tante Isabel die gewünschten Dinge. Der Weg nach Billingsgate führte durch die Thames Street, am Tor von Coldharbour, wo sie einst auf dem Pferd des Königs gesessen hatte, und an der Brücke vorbei. Vielleicht hatten sie sogar noch etwas Zeit, um auf die Brücke zu gehen und Goody zu besuchen.

Der Vormittag war herrlich. Es war zwar sonnig, aber nicht heiß, denn vom Fluß her wehte eine frische Brise. Als sie auf die Grantham Gasse hinaustraten, spürte Nan, wie die Traurigkeit von ihr abfiel, als wenn sie plötzlich eine schwere Last abgeschüttelt hätte. Ihr Herz wurde wunderbar leicht. Wäre Tante Isabel nicht direkt hinter ihr gegangen, wäre sie die Thames Street entlanggehüpft. Sie kamen sehr nah an den Häusern vorbei, und Nan schaute verstohlen in jedes Fenster. Die Fensterläden waren geöffnet, um die Frühlingssonne hereinzulassen. Es war spannend zu sehen, wie die anderen Menschen lebten.

Der Einkauf war schnell erledigt, denn Tante Isabel hatte auf dem Fish-Street-Hügel ein Geschäft entdeckt, in dem der Fisch noch vom Meerwasser glänzte. Sie brauchten also nicht ganz bis Billingsgate zu laufen. Fish-Street-Hügel war die Hauptstraße, die direkt auf die Brücke führte. Nan warf einen sehnsüchtigen Blick in die Richtung von Goodys Haus. Tante Isabel entging dieser Blick nicht, und sie kaufte einen frischen, jungen Kabeljau, den sie eigentlich gar nicht brauchten.

«Ich dachte, wir könnten ihn bei Goody vorbeibringen», bemerkte sie beiläufig. «Wir haben gerade noch genügend Zeit, um ihn an der Tür abzugeben. Aber denk daran, wir können nicht mehr mit ihr plaudern, sonst kommt das Mittagessen niemals rechtzeitig auf den Tisch.»

Diesmal machte Nan wirklich einen kleinen Hüpfer. Sie freute sich nicht nur darauf, Goody zu besuchen, sondern genoß es auch, auf der Brücke entlangzulaufen. Obwohl diese wie eine Straße mit Häusern wirkte, war sie doch anders als andere Straßen, denn ab und zu konnte man links oder rechts einen Blick auf den Fluß werfen, und unter sich hörte man immer das Rauschen des Wassers. Die Menschen konnten sich auf der Brücke nur durch lautes Rufen unterhalten, denn sie muß-

Tante Isabel kaufte einen jungen Kabeljau

ten nicht nur das Tosen und Toben des Flusses übertönen, sondern auch das Klappern der Wagenräder auf dem schmalen Weg zwischen den gegenüberstehenden Häusern. Dieses Klappern erinnerte an ein dauerndes Gewitter.

Vom sonnigen Fish-Street-Hügel traten sie in den dunklen Schatten der Brücke. Für Nan war es unter anderem deshalb auf der Brücke so aufregend, weil einige der Häuser von einer Straßenseite zur anderen reichten und dadurch selbst kleine Brücken bildeten. So entstand ein erstaunliches Muster aus hellem Licht und tiefem Schatten auf der Gasse. Nan hatte ein Spiel erfunden: die offenen, von der Sonne beschienenen Strecken waren das Land, während die schattigen Stellen als Wasser galten. Ihre Aufgabe bestand nun darin, über das Wasser zu springen, ohne naß zu werden. Dieses Spiel war gar nicht so unwirklich, denn im Schatten war es im Vergleich zu den sonnigen Stellen so kalt und feucht, daß es Nan wirklich vorkam, als ob sie ins Wasser tauche.

Als sie schon fast die halbe Brücke überquert hatten, standen sie plötzlich unter freiem Himmel. Vor ihnen lag ein rechteckiger Platz, auf dem keine Häuser die Brücke säumten, sondern nur ein Geländer an ihrem Rand entlanglief. Nan sprang auf die eine Seite, um flußabwärts auf all die schönen Schiffe zu schauen, die zwischen Billingsgate und dem Tower ankerten. Tante Isabel rief sie zurück: «Komm, Kleine, wir haben keine Zeit zu vertrödeln. Wir sollten noch kurz in die Kapelle gehen, um für Dickon zu beten, der ja jetzt ein neues Leben beginnt. Hier hast du eine Silbermünze. Ich glaube, du würdest gerne eine Kerze für ihn anzünden.»

Die Kapelle, die St. Thomas von Canterbury geweiht war, galt als das Wunder der Brücke. Ihr Eingang lag an einer Ecke des kleinen Rechtecks. Sie wirkte wie aus einem Märchen mit ihren schmalen, geriffelten Säulen und dem feinen Maßwerk, das sich auf den Kirchturm zu verjüngte. Ihre steinernen Wände sahen noch sehr weiß und frisch aus, denn sie war erst vor kurzem fertiggestellt worden.

Die Hand fest um ihre Münze geschlossen, folgte Nan Tante Isabel durch die Tür. Überraschenderweise wirkte die Kapelle von innen wie eine geräumige Kirche. Nan wußte, daß sie in Wirklichkeit aus zwei übereinandergebauten Kapellen bestand, daß sie auf dem größten Pier der Brücke errichtet worden war und in den Fluß hinausragte. Sie kniete auf dem steinernen Fußboden nieder, um zu beten, doch sie konnte der Schönheit der Kapelle nicht widerstehen. Die Sonne schien durch das bunte Glas in den großen Fenstern, und sie fühlte sich, als ob sie in einem Regenbogen knien würde.

Das Anzünden der Kerze nahm sie sehr ernst. Sie ließ sich Zeit, wählte eine Kerze mit einem guten Docht und zündete sie an einer dünnen Wachskerze an, die in einer kleinen Lampe in einer Nische brannte. Dann steckte sie die Kerze für Dickon vorsichtig auf einen mit Dornen bestückten Kerzenhalter und kniete nieder, um für ihn zu beten.

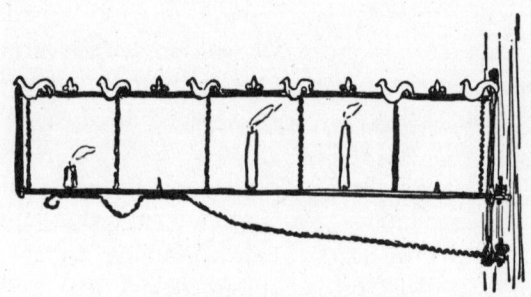

Nan zündete eine Kerze für Dickon an

Sie stand auf, um zu gehen, doch dann zögerte sie, warf einen Blick auf Tante Isabel und kehrte zu den Kerzen zurück. Mit ihrer Münze konnte sie sicherlich mehr als eine Kerze bezahlen, also nahm sie eine zweite, zündete sie an und steckte sie neben die erste. An Adam hatten sie nicht gedacht. Nan wußte selbst nicht, warum sie plötzlich fühlte, daß auch für ihn ein Gebet gut sein könnte.

Tante Isabel lächelte sie an, als sie wieder hinausgingen. Sie erwähnte die zweite Kerze nicht, sondern mahnte nur noch einmal zur Eile.

Goody lebte mit ihrem Schwiegersohn, Simon, dem Handschuhmacher, in einem Haus auf der rechten Seite, ganz in der Nähe der Zugbrücke. Zu Nans Erleichterung erstreckte sich das Haus dahinter über die ganze Straße, so daß sie die scheußlichen aufgespießten Köpfe nicht sehen mußte. Trotzdem drehte sie ihnen vorsichtshalber den Rücken zu, um auch wirklich ganz sicher zu gehen.

Goody erschien sofort an der Tür. Ihr Schwiegersohn war unterwegs, und sie paßte gerade auf ihre beiden Enkel auf, die in einem Laufstall in der Werkstatt spielten, damit Goody sich gleichzeitig um die Kunden kümmern konnte.

Sie strahlte, als sie die beiden sah, und freute sich sehr über den Fisch. Tante Isabel rief in ihr besser hörendes Ohr hinein, daß Dickon jetzt bei Master Whittington in der Lehre sei und daß sie beide bald wiederkommen würden, um sich in Ruhe mit ihr zu unterhalten. Nan blieb gerade noch Zeit für eine kurze Umarmung; sie genoß es, sich an Goodys rauhen Wollmantel zu schmiegen, doch dann war alles vorbei, und sie eilten so schnell wie möglich zurück zu Granthams Gasthof.

Goodys Enkel in ihrem Laufstall

Inzwischen war es heiß geworden, und als sie endlich zu Hause ankamen, war Nan todmüde. Tante Isabel schlug ihr vor, die Spindel zu nehmen und sich auf den Fensterplatz in der Halle zu setzen. Aber es ist sehr langweilig, alleine zu spinnen. So fand Großvater eine schlafende Enkelin vor, als er aus dem Lagerhaus kam. Sie wirkte so verloren, daß er sie freundlicher als gewöhnlich fragte, ob sie Lust hätte, Adam zu besuchen. In seinem Gewürzkämmerchen gäbe es sicher etwas für sie zu tun.

Nan sprang auf und bedankte sich mit einem fröhlichen Knicks. Normalerweise war der Zutritt zum Lagerhaus nämlich verboten. Sie war schon auf dem Weg zur Tür, als Großvater sie bat, noch schnell bei Tante Isabel vorbeizulaufen, um sie zu fragen, wie viele Binsenbündel sie brauchen würde. Gerade eben war nämlich eine Bootsladung Binsen eingetroffen.

Voller Freude darüber, daß sie sich nützlich machen konnte, sauste Nan in die Küche. Die Tante stand gerade an der Hintertür und unterhielt sich mit einer Frau und deren Sohn. Sie schienen arm zu sein. Das schmale, bleiche Gesicht des Jungen kam Nan irgendwie bekannt vor, ebenso wie die Schulterblätter, die unter seinem Umhang hervorstanden.

«Mein Neffe ist nicht hier», sagte Tante Isabel. «Er hat heute eine Lehre als Tuchhändler begonnen; bei Master Whittington.»

Nan hörte, wie der Junge erstaunt nach Luft schnappte.

«Als Tuchhändler», rief er, «aber er hat doch noch gestern gegen die Tuchhändler gekämpft.»

In diesem Augenblick erkannte Nan den Jungen wieder. Das war doch der kleine Fischhändlerlehrling, der den ganzen Ärger verursacht hatte. Jetzt, so sauber und ordentlich gekleidet, sah er vollkommen anders aus. Seine Mutter hatte ihn hergebracht, damit er sich bei Dikkon bedanken konnte, und nun erzählte sie Tante Isabel eifrig ihre ganze Geschichte. Sie war eine arme Witwe, der außer ihrem Sohn nichts im Leben geblieben war.

Tante Isabel, die es gewohnt war, sich an der Hintertür um die Armen zu kümmern, überschüttete sie mit Fragen. Wo wohnte sie? Was arbeitete sie? Wie war es möglich, daß sie ihren Sohn trotz ihrer Armut bei den Fischhändlern in die Lehre geben konnte, bei einer der vornehmsten und reichsten Zünfte?

Der Frau gelang es, über sich zu berichten. Ihr Mann war Fischergeselle gewesen, und sein Meister, ein sehr wohltätiger Mann, übernahm Lob, ohne daß sie für seine Ausbildung bezahlen mußte. Sie selbst arbeitete als Putzfrau im Grünen Falken, einer Schenke in Southwark.

Tante Isabel war schockiert, als sie das hörte. Eine ehrbare Frau müßte doch eine bessere Arbeit finden. Sie schickte Nan nach oben, um ein altes Hemd zu holen, das Dickon nicht mehr paßte, und belud die Frau unterdessen mit den Resten von Huhn und Spanferkel. Aber sie verband ihre Gabe mit der strengen Anweisung, daß sie das Freitagsfasten nicht brechen und deshalb die Reste erst morgen kochen dürfe.

Nachdem Nan erfahren hatte, wie viele Binsen benötigt wurden, lief sie zum Speicher. Auf dem Weg dorthin zerbrach sie sich den Kopf über die Worte der Frau. Im Grünen Falken arbeitete sie. Irgendwo hatte Nan den Namen doch schon einmal gehört, wenn sie bloß wüßte, wo.

Im Lagerhaus stieß Nan auf den Gesellen Wat, der zwischen Ballen aus Segeltuch, Seilen und Zwirn damit beschäftigt war, die Bogenhölzer zu zählen, die gestern angekommen waren. Für Nan war das Lagerhaus ein aufregender Ort, denn dort stapelten sich Kisten mit Reis, Rosinen, Feigen und Datteln, Honigkrüge, duftende Seifen, Farben und Lampenöl zwischen vielen anderen Dingen. Nachdem sie die Binsen bestellt hatte, sandte Wat zwei Lehrlinge hinunter zum Anleger, um den Auftrag zu erledigen. Unterdessen öffnete er eine Kiste mit Rosinen und reichte Nan eine Handvoll davon.

Sie hielt die Rosinen fest in der Hand und klopfte dann an die Tür, die in das Gewürzkämmerchen führte, in Adams eigenen, besonderen Raum.

Drinnen war alles sauber und ordentlich. Durch die geöffneten Fensterläden konnte Nan auf die Kaimauer schauen. An der gegenüberliegenden Wand befanden sich Regale mit sorgfältig aufgereihten Krügen und Dosen, die alle mit Adams sauberer Handschrift beschildert waren: Zimt, Ingwer, Borax, Muskat... Auf einem Tisch zwischen den Regalen standen große Bücher, ein Krug mit Gänsefedern, ein Mörser und eine feine Waage mit winzigen Gewichten. Nans Augen leuchteten. Einmal hatte Adam ihr erlaubt, Kräuter und Gewürze für ihn auszuwiegen. Vielleicht dürfte sie das heute wieder tun.

Aber Adam war nicht allein. Nan erkannte den Rücken des Mannes, der neben ihm am Fenster stand. Es war Master Saloman Gross, der Alchimist. Keiner von ihnen hatte Nan bemerkt. Sie überlegte schon, ob sie sich wieder hinausschleichen sollte. Aber ein zweites Öffnen und Schließen der Tür würde die beiden vielleicht stören. Also entschloß sie sich zu bleiben. Ihr Gespräch klang in Nans Ohren sehr langweilig; es handelte von Kräutern und Salzen mit so merkwürdigen

Namen wie Salmiaksalz, Hirschhornsalz und einem, der immer wieder erwähnt wurde: Silbersalz. Nan hörte nicht zu. Sie lehnte sich über den Tisch und malte Muster in die dünne Schicht aus Gewürzstaub, die sich auf der Tischoberfläche gebildet hatte. Jetzt erinnerte sie sich, wo sie schon einmal etwas über den Grünen Falken gehört hatte. Der Alchimist lebte dort. Lobs Mutter arbeitete dort sicher als Magd. Merkwürdig, daß sie beide aus demselben Gasthaus kamen. Sie fügte zu dem Gewürzstaub etwas Sand aus der Siebunterlage hinzu und baute kleine Burgen daraus.

Eine Bemerkung von Master Gross fesselte ihre Aufmerksamkeit.

«Wir müssen es fertig haben, bevor der König nach Frankreich segelt. Ich brauche etwas Hirschhornsalz aus Deutschland und das Silbersalz. Könnt Ihr die Hansekaufleute bitten, diese Dinge so schnell wie möglich zu beschaffen?»

«Es ist erst Anfang Mai», antwortete Adam ruhig. «Wenn die Musterung in Southampton im Juli stattfindet, haben wir noch Zeit genug.»

Diese Antwort schien Master Gross nicht zu befriedigen.

«Vergeßt nicht, daß ich die Mischung noch zusammenstellen muß. Wir können zwar alles andere vorbereiten, aber ohne das Silbersalz hat es keinen Sinn. Ich möchte Euch daran erinnern, junger Herr, daß es nicht nur um Ruhm und Ehre für mich, sondern auch für Euch geht. Seit unzähligen Jahren haben Gelehrte versucht, ein Allheilmittel zu entwickeln, und Ihr, ein junger Bursche, habt es entdeckt. Mit meiner Hilfe und dem wichtigen Silbersalz, das Ihr zur Vollendung Eurer Formel unbedingt braucht, könnt Ihr das Allheilmittel selbst dem König präsentieren. Überlegt, was es für seine Kriege bedeuten würde, wenn keiner der Verwundeten stürbe. Denkt an die vielen Männer, die überleben würden, um weiterzukämpfen. Wieviel Leid könnte verhindert werden. Denkt an die Ehre, die Euch zuteil werden würde. All das könntet Ihr erwirken, wenn Ihr den Kaufmann, der das Silbersalz bringen soll, zur Eile antreiben würdet.»

Nan lauschte gebannt. Sie verstand nicht, worüber die beiden sprachen, aber sie wußte, daß es um den König ging, und zwar um etwas sehr Schönes, durch das Adam berühmt werden könnte. Als Master Gross seine Rede beendet hatte, verkündete sie ihre Aufregung mit einem freudigen, überraschten «Oh!». Blitzschnell wandte sich der Alchimist um.

«Ich dachte, wir wären allein.» Seine Stimme klang ungehalten. «Wann ist das Kind hereingekommen?»

Adam sah seine Schwester ärgerlich an. «Wer hat dich hier herge-schickt?»

Nans Augen wurden groß vor Erstaunen. So hatte Adam noch nie mit ihr gesprochen.

«Großvater meinte, ich dürfte kommen», erwiderte sie eingeschüch-tert. «Ich bin noch nicht lange hier.»

Adams Strenge verschwand. «Sie ist ein liebes Kind», wandte er sich an Master Gross. «Sie wird nichts verraten.»

Der Alchimist schien das zu bezweifeln. «Hoffentlich», meinte er. «Ich habe Euch gewarnt. Das Gelingen unseres Planes hängt von Eurer Verschwiegenheit ab. Wenn irgendwer etwas über das Silbersalz und die anderen seltenen Salze, die Ihr von der Hanse bekommt, erfährt, entdeckt vielleicht jemand anderes vor Euch das Allheilmittel.»

«Ich werde vorsichtig sein», versprach Adam.

«Ja, vorsichtig und schnell.» Master Gross wickelte sich in seinen Um-hang. «Kommt so schnell wie möglich in den Grünen Falken und er-zählt mir von Eurem Erfolg.»

Adam öffnete die Tür und begleitete Master Gross über den Anlieger zu einem wartenden Boot. Dann kehrte er zu Nan zurück. Seine ern-ste, würdevolle Haltung war verschwunden. Sprudelnd vor Aufre-gung faßte er sie an den Händen und wirbelte sie herum.

«Hast du das gehört?» rief er. «Ich habe das Allheilmittel entdeckt. Ich kann es kaum glauben, aber es stimmt. Ich werde reich sein. Ich werde berühmt sein. Ich kann auswählen, ob ich Apotheker, Chirurg oder Arzt werden will. In jedem dieser Berufe werde ich willkommen sein, denn ich habe das Allheilmittel entdeckt.»

Nan blieb stehen. Sie war völlig außer Atem.

«Was ist ein Allheilmittel?» fragte sie verwundert.

Diese schlichte Frage führte Adam auf den Boden zurück. «Ein Ge-sundheitselixier.» Als er bemerkte, daß sie ihn noch immer fragend ansah, fuhr er fort: «Es ist ein Zaubermittel, das jede Krankheit heilt. Nein, falsch. Kein Zaubermittel. Es ist eine besondere Mischung aus

Heilkräutern, Salzen und Essenzen, die zusammen destilliert werden. Danach haben die Alchimisten seit Jahrzehnten geforscht, und Master Gross sagt, daß ich es entdeckt habe. Nur noch ein besonderer Stoff, der aus Deutschland kommt, und zwar aus den Silberminen in der Nähe von Freiburg, muß hinzugefügt werden. Ich muß sofort zur Hanse gehen. Eine der Hansekoggen wird noch heute abend auslaufen.»

Er fuhr sich aufgeregt mit den Fingern durchs Haar, schaute dann in den Spiegel aus poliertem Stahl, der an der Wand hing, und glättete es wieder. Dabei sah er, daß Nan hinter ihm stand. Er drehte sich schnell herum und kehrte zu ihr zurück.

«War ich sehr unfreundlich zu dir, Kleine?» fragte er liebevoll. «Ich bin so aufgewühlt. Am liebsten möchte ich Arzt werden und Krankheiten heilen, aber ich weiß nicht, wie ich das schaffen soll. Bete für mich, Nan, daß ich meinen Weg finden werde.»

Nan nickte. Ihre Augen leuchteten. Wenn Adam so zu ihr sprach, war sie bereit, alles für ihn zu tun. Sie wollte ihm gerade von der Kerze erzählen, als sich die Tür öffnete und Großvater eintrat.

«Wer ist der Mann, der eben hier war?» fragte er schroff. «Er ist mit dem Boot weggefahren.»

Adam wurde sehr ruhig. Nan bemerkte, daß er seine Worte vorsichtig wählte: «Das war Master Gross aus Southwark. Er brauchte einige Essenzen. Er war schon mal hier.»

«Essenzen? Ist er Apotheker?»

«Ja», antwortete Adam. «Besser gesagt, er ist Alchimist.»

«Alchimist», wiederholte Großvater erstaunt. «Zu uns kommen nicht oft Alchimisten. Was brauchte er?»

«Ein besonderes Hirschhornsalz. Er fragte, ob wir es für ihn bei den Hansekaufleuten bestellen könnten. Es wird aus dem Horn der Hirsche im Harz gewonnen. Ich glaube, daß Master Hans Stein, der Deutsche, noch heute abend zurücksegeln will.»

«Das stimmt», meinte Großvater anerkennend. «Lauf am besten sofort zum Hansehof und sprich mit ihm über die Bestellung. Beeil dich. Bei Flut wird sein Schiff auslaufen.»

«Darf ich mitkommen?» bat Nan eifrig. Sie wollte diese wichtigen Ereignisse mit Adam zusammen erleben.

Großvater drehte sich rasch zu ihr herum. «Gut, daß du dich gemeldet hast, Kleine. Ich hatte fast vergessen, dir zu sagen, daß Master Whittington bei uns ist. Er bringt Neuigkeiten von Dickon. Und er hat eine Überraschung für dich. Heute nachmittag fährt er mit dem Boot nach Westminster. Wenn du dich mit dem Mittagessen beeilst, wird er dich mitnehmen.»

Das brauchte Großvater Nan nicht zweimal zu sagen. Adam und der Hansehof waren vergessen. Wie der Blitz lief sie aus dem Lagerhaus hinaus und den Hügel hinauf. Sie war schon fast zu Hause, als ihr einfiel, daß Adam seinem Großvater zwar von dem Hirschhornsalz erzählt, aber das Silbersalz nicht erwähnt hatte.

St. Paul's, vom Fluß aus gesehen

Mit der Barkasse nach Westminster

Als Nan zu Hause ankam, war Master Whittington schon wieder fort, aber Tante Isabel versicherte ihr, daß alles vorbereitet sei; sie dürfe mit ihm nach Westminster fahren. In einer Stunde solle sie am Dowgate sein, dort liege das Boot bereit. Es gab also keinen Grund zur Aufregung. Nan blieb genügend Zeit, um in Ruhe zu essen und sich umzuziehen. Der Fisch, den sie zusammen gekauft hatten, war in Milch gekocht und mit vielen Kräutern gewürzt worden. Die Tante füllte ihr etwas davon in eine Schüssel und reichte ihr einen Hornlöffel und ein Stück knuspriges Brot dazu. Während Nan es hinunterschluckte und viel zu aufgeregt war, um den Geschmack wirklich zu genießen, erzählte Tante Isabel ihr Neuigkeiten von Dickon. Er hatte sich bereits beim Bürgermeister vorgestellt, und sein Lehrvertrag war unterzeichnet worden; Dickon galt jetzt also als richtiger Tuchhändlerlehrling. Während der Flußfahrt würde Master Whittington ihr sicher mehr erzählen.

Nachdem sie mit dem Mittagessen fertig war, eilte sie die Treppe hinauf, um sich umzuziehen. Tante Isabel entschied, daß sie ihr bestes Kleid anziehen müsse, denn Master Whittington fuhr in einem besonderen Auftrag des Königs nach Westminster.

Voller Ehrfurcht vor einem solchen wichtigen Botengang stand Nan mucksmäuschenstill, während Tante Isabel ihr den rosa, ärmellosen Überrock zuknöpfte. Darunter trug sie ein feines Leinenkleid, das die Tante mit kleinen rosa Blumen aus Pariser Seide bestickt hatte. Das würde angenehm kühl sein, meinte Tante Isabel gutgelaunt, während sie einen ihrer eigenen feinen Battistschleier auf dem Kopf ihrer Nichte drapierte, etwas am Rand des Schleiers zog, um Nans Augen vor der Sonne zu schützen, und ihn mit einem gedrehten Silberreif befestigte. Am Nachmittag würde es sicher heiß werden.

Als Nan in Begleitung von Joanna, Tante Isabels Kammerzofe, am Anlieger von Dowgate stand, war sie noch ehrfurchtsvoller als zuvor. Sie hatte eine einfache Fähre erwartet und war erstaunt, eine prächtig bemalte Barkasse mit sechs Ruderern vorzufinden und einem leuchtenden Baldachin in den Farben der Tuchhändlerinnung.

An Bord war Master Whittington bereits mit dem Ordnen der Kissen beschäftigt. Er begrüßte Nan mit einem fröhlichen Lächeln und reichte ihr wie einer feinen Dame die Hand, als sie in die Barkasse stieg. Als auch Joanna sicher auf ihrem Platz saß, gab er den Ruderern ein Zeichen, vom Ufer abzustoßen.

Nan, die wie eine Königin neben Master Whittington unter dem Baldachin saß, fühlte sich plötzlich klein und unscheinbar. Zu ihrem Trost entdeckte sie unter den Ruderern das vertraute, fröhlich lächelnde Gesicht von Dickons Freund Jenkyn. Nach einigen kraftvollen Ruderschlägen verließ die Barkasse den kleinen Teil der Themse, den Nan gut kannte. Schon schaukelten sie flußaufwärts, vorbei an Kaimauern voller Menschen und Lagerhäusern, hinter denen sich ein buntes Durcheinander von Dächern um die mächtige Kathedrale St. Paul's drängte. Master Whittington half ihr schnell, ihre Schüchternheit zu überwinden. Er zeigte und erklärte ihr all die Sehenswürdigkeiten, an denen sie

Schon schaukelten sie flußaufwärts

vorbeifuhren: zuerst Baynard's Castle mit seinen massiven Steinmauern, die sich aus dem Wasser erhoben, dann die Kirche und das Kloster der Dominikaner und schließlich die Stadtmauer, die an der Mündung eines Nebenflusses bis zur Themse hinunterreichte – das war dieselbe Stadtmauer, erinnerte er Nan, die sie durch das Krüppeltor passiert hatten. Dahinter lagen vornehme Häuser mit schönen Gärten, die sich bis ans Flußufer erstreckten. Einige davon waren die Stadtresidenzen großer Herren oder Bischöfe aus verschiedenen Gegenden Englands, die dort lebten, wenn sie nach London kamen, um an Parlamentsdebatten teilzunehmen, andere gehörten religiösen Orden wie den Karmelitern oder den Tempelrittern.

Der Nachmittag war drückend heiß, und Nan bedauerte die Ruderer, die in der Sonne saßen und die schwere Barkasse stromaufwärts bewegen mußten. Zwischen London und Westminster beschrieb der Fluß eine große Kurve, die sie nicht abkürzen konnten, denn das Wasser am Südufer war zu seicht und voller Binsen.

Master Whittington warf einen neidischen Blick auf Nans dünnes Kleidchen, denn sogar unter dem Baldachin war es stickig. «Du bist vernünftig angezogen. In Kleidungsfragen sind Männer närrisch. Ihr könnt euch in einen leichten Stoff hüllen, aber was würde mein Herr Abt sagen, wenn ich im Hemd nach Westminster käme?»

Nan strahlte ihn an. Sie fühlte sich sehr wohl, aber sie wollte gerne etwas über Dickon erfahren.

«Ob Dickon jetzt wohl genauso schwitzt wie wir?» wagte sie sich vor.

Master Whittington lachte auf. «Dickon? Oh, dem wird viel heißer sein als uns, obwohl Will Appleyard ihn am ersten Tag sicher noch schonen wird. Du kannst es wahrscheinlich kaum erwarten zu hören, was er heute morgen erlebt hat, stimmt's? Gut, hilf mir, meinen Umhang abzulegen, und ich werde dir von ihm erzählen. Abt hin, Abt her, solange ich die Gelegenheit habe, mich etwas abzukühlen, werde ich sie nutzen.»

Nan fühlte sich ganz erwachsen, als sie ihm half, den Mantel von den Schultern zu ziehen. Darunter trug er ein feines Battisthemd, das säuberlich gefältelt und mit einem Silberfaden umsäumt war. Wenn das Tante Isabel sehen würde! Nicht einmal die schönsten Hemden, die sie für Großvater gefertigt hatte, waren so sorgfältig genäht wie dieses. Als Nan den Mantel genauer betrachtete, wunderte sie sich nicht mehr, daß Master Whittington darin zu heiß war. Der Stoff war reich verziert und mit Pelz umsäumt.

Nun, da er sich wieder wohler fühlte, hielt Master Whittington sein Wort und begann lebhaft zu beschreiben, wie Dickon zum Tuchhändlerlehrling geworden war. Pünktlich war Dickon in Begleitung von Will Appleyard im Gildehaus der Tuchhändler erschienen. Dabei trug er bereits seine Arbeitsjacke und die runde Mütze und sah nach Master Whittingtons Worten so aus, als ob er kein Wässerchen trüben könnte.

«Er kniete vor dem Bürgermeister nieder und leistete den Lehrlingseid, ohne sich auch nur einmal zu versprechen. Zwischen dem Krüppeltor und Cheap hatte Will diesen Eid sicher immer wieder mit Dikkon geübt.»

«Was ist ein Lehrlingseid?» fragte Nan. Sie hatte sich vorher nie besonders für Lehrlinge interessiert.

«Der Lehrling legt eine Hand auf die Bibel und schwört, daß er treu zu Gott beten, fleißig arbeiten und seinem Meister gegenüber gehorsam und pflichtbewußt sein wird. Der arme Kerl, er wirkte, als ob er eine Goldmünze gegen eine silberne eingetauscht hätte, aber er spielte seine Rolle glänzend.»

«Wie ging es weiter?» drängte Nan, als er eine Atempause machte.

«Als er seinen Eid geleistet hatte, war ich dran. Ich hoffe, daß es bei mir ebenso würdevoll wirkte wie bei ihm. Dann unterschrieben wir beide den Vertrag, der daraufhin in der Mitte geteilt wurde. Jeder von uns bekam eine Hälfte.»

«Warum wurde er zerschnitten?» fragte Nan, die nicht glauben konnte, daß man so etwas mit einer Urkunde tat.

«Ach, Kleine, es ist viel zu heiß für so viele Fragen», protestierte Master Whittington. «Ein Vertrag ist eine Vereinbarung zwischen zwei Menschen. Nachdem er unterschrieben wurde, schneidet man ihn mit einer Zickzacklinie auseinander. Jeder Vertragspartner erhält eine Hälfte. Falls es Streit geben sollte, kann leicht bewiesen werden, daß beide Teile zum Original gehören, weil sie zusammenpassen. Eigentlich ganz einfach, oder? Aber schau nur! Wir sind schon fast in Westminster.»

Sie waren gerade an Charing vorbeigefahren, dem Dorf, in dessen Mitte ebenso wie auf Cheap ein großes Kreuz stand. Nan schaute gespannt nach vorn. Sie war die einzige aus der Familie, die noch nie in Westminster gewesen war, aber sie hatte schon so viel vom Palast des Königs und der Abtei, in der er gekrönt worden war, gehört, daß sie eine Märchenstadt mit Türmchen und Zinnen erwartete.

Aber der erste Anblick von Westminster enttäuschte sie sehr. Nicht einmal ein großer Turm wie der von St. Paul's war zu sehen, sondern nur ein Durcheinander von Dächern, zwischen denen ab und zu ein kleines Türmchen herausragte.

«Das hohe Dach dort gehört zur Halle von Westminster», erklärte Master Whittington, der sich gerade seinen Mantel wieder anzog, während die Barkasse auf dem letzten Stück des Weges entlangglitt.

«Und die kleinen Türmchen dahinter gehören zu St. Stephen's, der königlichen Kapelle. Die Abtei liegt noch etwas weiter hinten... Du kannst nur das Dach sehen, denn sie hat noch keinen Turm.»

«Ist der König in seinem Palast?» fragte Nan eifrig.

Master Whittington zwinkerte mit den Augen. «O nein, er ist in Eltham. Ich vergaß, wie sehr du ihn verehrst, sonst hätte ich ihn gebeten, hierzubleiben und dich zu empfangen. Aber ich werde dir seine Empfangshalle zeigen, wenn wir noch genügend Zeit haben. Sie ist schon sehr alt, aber König Richard hat sie vor ein paar Jahren vollstän-

dig erneuern lassen. Besonders schön ist ihr neues Dach. Am letzten
Weihnachten seiner Regierungszeit gab er dort ein glanzvolles Fest.
Ich war auch eingeladen. Für seine Gäste ließ er sechsundzwanzig
Ochsen und dreihundert Schafe zubereiten. Richard II. war ein ausge-
sprochen großzügiger König.»

Die Männer legten die Ruder ein, während die Barkasse an einem
Landungssteg entlangglitt, der von der Palastmauer aus ins Wasser
ragte. Vom Steg aus führten ein paar Stufen zu einem kleinen steinernen Tor. Master Whittington stieg aus dem Schiff und wartete, um
Nan zu helfen. Dann schritten sie Hand in Hand durch das Tor.

Hand in Hand schritten sie durch das Tor

Sie betraten einen großen, quadratischen Hof, der ringsherum von
Gebäuden umgeben war.

«Das ist der neue Palasthof», erklärte Master Whittington. «Und dort
links, das ist der Eingang zur Westminsterhalle. Alles, was du auf der
linken Seite siehst, gehört zum Palast.»

Nan blieb stehen, um sich die Bogenschützen anzusehen, die den Eingang bewachten. Obwohl der König nicht da war, sah sie einen endlo-

sen Strom schön gekleideter Menschen zwischen dem Palast und der großen, steinernen Einfahrt am anderen Ende des Hofes kommen und gehen.

«Seid Ihr auch durch dieses kleine Tor gegangen, als Ihr auf dem Fest wart?» fragte Nan.

«Ja», antwortete Master Whittington lächelnd. «Und ich bin damals ebenso wie wir heute mit einer Barkasse gekommen. Doch das war die Barkasse für den Bürgermeister, sie war besonders prächtig. In jenem Jahr war ich zwar selbst nicht mehr Bürgermeister, doch da ich diesen Posten im Jahr zuvor innehatte, durfte ich noch an einigen Vorzügen teilhaben. Wärst du damals dabei gewesen, dann wären wir ebenso wie heute Hand in Hand durch das kleine Tor gegangen. Der Kammerdiener des Königs hätte uns durch diese Türen dort in den großen Saal geführt, in dem König Richard seine Gäste erwartete. Sein goldener Mantel war mit Perlen und Edelsteinen geschmückt.»

«Erzählt weiter», drängelte Nan, als er innehielt, um Atem zu schöpfen.

«Gut. Denk daran, es war damals Weihnachten und sehr kalt. In der Barkasse waren wir nicht vor Schneeschauern geschützt. Wir trugen alle noch Umhänge über unseren pelzbesetzten Mänteln. Aber im Saal brannte ein großes Feuer. Die Chorknaben aus der Kapelle des Königs sangen Weihnachtslieder, während wir tafelten.»

Nan schaute die Halle an, als ob die Szene wirklich vor ihren Augen stattfinden würde. Master Whittington mußte sie auf die Erde zurückholen. «Komm, Kleine! Schau auf die Uhr hinter dir! Du weißt ja, daß ich jetzt in die Abtei muß.»

Sie drehte sich schnell herum. Uhren waren immer interessant und diese besonders, denn zu dieser Uhr gab es eine Geschichte: Vor mehr als hundert Jahren hatte ein Richter vom Gericht in Westminster Bestechungsgeld angenommen. Er wurde entdeckt und mußte das Geld hergeben, um diesen Turm mit der Uhr bauen zu lassen. Immer wenn sie zur vollen Stunde läutete, sollten die anderen Richter an seine Schande erinnert werden.

«Die Häuser um die Uhr herum werden von den Kaufleuten genutzt, die mit Rohwolle handeln.» Master Whittington lächelte in sich hinein. «Das war sehr klug überlegt von dem König, der sie dort unterge-

bracht hatte, ich glaube, es war Edward III. Der größte Teil des königlichen Geldes stammt von den Wollsteuern. Das ist, als ob man sich
eine Kuh im eigenen Garten halten würde.»

Nan lachte auch, hörte aber gar nicht richtig zu. Im neuen Palasthof
gab es so viel zu sehen: Die Ankunft eines Bischofs in einer an zwei
Pferden befestigten Sänfte, seine Mitra wurde vor ihm hergetragen;
zwei Lords mit Falken auf den Fäusten, die gerade von einer Jagd-
übung in der Marsch zurückkehrten; Schreiber mit Tonsuren, die Pergamentrollen unter dem Arm trugen, eilten vorüber und einfache
Menschen, die Wasser aus der Leitung in der Mitte des Platzes holten.
Westminster war ein aufregender Ort.

Als sie durch das große, steinerne Tor hinausgingen, überlegte Nan,
was sie eigentlich in der Abtei wollten. Tante Isabel hatte doch gesagt,
daß Master Whittington im Auftrag des Königs unterwegs sei.

Der neue Palasthof

«Sir», wagte sie sich vor, «warum gehen wir in die Abtei?»

«Sie bauen gerade ein neues Mittelschiff für die Abteikirche, und ich
soll schauen, wie sie vorankommen. Der König hat mich als Wachhund über das Geld eingesetzt, das dafür ausgegeben werden soll. Und
ich bin ein guter Wachhund. Bis jetzt habe ich noch keinen gebissen,
aber ich rassele öfters mit der Kette, damit die Baumeister wissen, daß

es einen Wachhund gibt. Maurermeister sind alle gleich. Sie haben keine Vorstellung vom Geld.

Sie überquerten eine schlammige Straße, bogen dann links ab und gingen durch ein weiteres Tor. Nun waren sie von einer hohen Steinmauer umgeben. Nan wußte gleich, daß sie sich innerhalb der Abteimauern befanden, denn der Torwächter war ein Mönch in einer schwarzen Kutte.

Sie hatte sich alles ganz anders vorgestellt. Die Abteikirche konnte sie kaum sehen, denn sie gingen durch kleine, dunkle Gassen mit eingestürzten Häusern auf beiden Seiten. Merkwürdig aussehende Menschen lungerten in den Eingängen herum und starrten die beiden mißtrauisch an.

Nan wich nicht von Master Whittingtons Seite. Er erklärte ihr, daß sie sich gerade im Schutzgebiet der Abtei befanden. Nach dem Kirchengesetz konnte jeder, der verfolgt wurde oder sich in Gefahr befand, den Schutz der heiligen Mutter Kirche beanspruchen. In der Praxis bedeutete das jedoch, daß alle möglichen Übeltäter in das Schutzgebiet der Abtei flohen und dort weiterlebten, um ihrer gesetzlichen Strafe zu entgehen.

Endlich kamen sie aus dem dunklen Schatten heraus auf den sonnigen Friedhof. Vor ihnen stand die Abteikirche. Gegen das helle Sonnenlicht wirkte sie blau und verschwommen. Die Seite, vor der sie standen, war teilweise von einem Gerüst bedeckt.

Nan seufzte erleichtert. Hier herrschte wieder geschäftiges Treiben. Steinblöcke wurden bearbeitet, auf Schubkarren geladen und dann die Leitern heraufgetragen oder von Männern mit Seilen und Flaschenzügen aufwärts zu ihren Kollegen gezogen, die so hoch oben auf dem Gerüst standen, daß sie wie Fliegen wirkten.

All die Arbeiter schienen Nans Begleiter zu kennen. Sie grüßten ihn respektvoll und freundlich lächelnd. Ein Mönch, der sich seine Kapuze über den Kopf gezogen hatte, stand mit dem Rücken zu ihnen und unterhielt sich mit einem Mann in einer Lederschürze. Der Mann sagte etwas, woraufhin der Mönch sich umdrehte.

«Ah, Master Whittington», rief er und murmelte einen lateinischen Segen. «Der Maurermeister hält seine Pläne bereit. Ihr könnt sie ansehen.»

Master Whittington bekreuzigte sich als Antwort auf den Segen. «Ich danke Euch, Pater Prior», sagte er. «Ich hätte schon früher kommen sollen, aber gestern wünschte Seine Gnaden, daß ich ihn am Tower empfange. Wo finde ich die Pläne? In der Kammer des Herrn Abtes?» Der Prior nickte. «Sie sind bereits ausgelegt. Master Colchester ist auch dort.» Dann sah er Nan an. «Wer ist dieses kleine Mädchen? Eure Enkelin?»

«O nein, ich habe keine Kinder. Nan war so nett, mich zu adoptieren. Aber da unser Herrgott aus ihr ein Mädchen und keinen Jungen gemacht hat, werde ich sie lieber nicht mit ins Kloster hineinnehmen. Wir lassen sie hier bei Peter. Das ist Peter, der Klempner. Er kümmert sich um alles am Dach, was aus Blei ist. Wenn Pater Prior es erlaubt, wird er sich um dich, Nan, kümmern. Hier gibt es eine Menge für dich zu sehen, und ich werde nicht lange bleiben.»

Nan, die vor einer so wichtigen Person wie dem Pater Prior ihr bestes Benehmen zeigen wollte, flüsterte: «Ja, Sir.» Sie fühlte sich wie Knopf, wenn er vor emer Kirche angebunden wurde, in die Hunde nicht mit hinein durften. Als sie zu Master Whittington aufschaute, war sie sich sicher, daß sie ihn mit ebenso bittenden Augen anblickte wie Knopf. Aber in der Ferne konnte sie mehrere schwarzgekleidete Mönche sehen. Da spürte sie, daß sie sowieso zu schüchtern war, um weiterzugehen.

Der Mann mit der Lederschürze hatte ein freundliches Gesicht. Sowie der Prior und Master Whittington fort waren, fragte er Nan, ob sie Lust habe, sich die Kirche anzusehen. Als sie bejahte, führte er sie in das neue Mittelschiff und half ihr, über Stapel von rechteckigen Steinen zu steigen. Nan fühlte sich merkwürdig in einer Kirche, die nur ein halbes Dach hatte. Die Wände waren schon fast fertig, und die Säulen und Bögen wuchsen wie Bäume im Wald. Die Kirche war so hoch, daß Nan schwindelig wurde, als sie hochschaute und bemerkte, daß die Männer dort oben wie balancierende Zwerge aussahen.

Peter, der Klempner, war sehr nett. Als sie wieder draußen standen, erzählte er ihr, daß er auf der anderen Seite des Flusses, in Lambeth, wohne und jeden Tag mit der Fähre zur Arbeit fahre.

«Lambeth?» fragte Nan, um freundlich zu sein. «Dort war ich noch nie. Das ist doch in der Nähe von Southwark, oder?»

In der Ferne konnte sie schwarzgekleidete Mönche sehen

«Nein, ganz woanders», entgegnete der Klempner entrüstet. «Es liegt hinter der Marsch, gar nicht so weit von hier entfernt. Manchmal laufe ich quer durch die Marsch zur Brücke. Lambeth ist ein eigenes Dorf, und die Menschen, die dort leben, haben nichts mit den Bewohnern von Southwark zu tun.»

Plötzlich hatte Nan eine Idee. Das war eine gute Gelegenheit, etwas herauszufinden.

«Ich habe von jemandem gehört, der in Southwark lebt, im Grünen Falken. Kennst du dieses Wirtshaus?»

Peter sah Nan entsetzt an. «Der Grüne Falke, das ist eine Schenke in Southwark. Wen kennt ein junges Mädchen wie du, der in einer solchen Schenke wohnt?»

Nan erschrak. Vielleicht würde er Master Whittington etwas erzählen!

«Ach, niemanden», antwortete sie leichthin. «Dort wohnt nur ein armer Lehrling, von dem ich mal gehört habe.» Dann sprach sie schnell von etwas anderem. «Kann ich dort drüben beim Steinhauen zuschauen?»

Aber bevor sie die Hütte des Steinmetzen erreicht hatten, kam Master Whittington auf sie zu. Er war in Begleitung eines Mannes mit einer flachen Kappe, von dem Peter sagte, er sei Master Colchester, der Maurermeister. Ihnen folgte ein Laienbruder, der einen Korb trug.

«Sieh mal, was wir bekommen haben», rief Master Whittington fröhlich. Er nahm den Korb des Laienbruders und zeigte ihn Nan. Darin lagen sechs glitzernde Forellen, in grüne Blätter gebettet. «Was hältst du davon? Der Pater Kellermeister sagte mir, daß sie heute morgen frisch aus dem Tyborn geholt worden und nur ein paar Stunden im Fischteich des Abtes geschwommen seien. Wir werden sie zusammen verspeisen. Wir benachrichtigen deinen Großvater, daß du heute bei mir zum Abendessen sein wirst.»

Master Colchester führte sie durch eine kleine Nebentür aus dem Kirchhof hinaus und dann durch ein Netz kleiner Gäßchen wieder auf den neuen Palasthof. Die beiden Männer waren so sehr ins Gespräch vertieft, daß sie zu Nans Enttäuschung nicht in Westminster anhielten. Am Anlegesteg blieben sie auf der obersten Stufe stehen und redeten immer weiter. Also sprang Nan schon einmal in die Barkasse. Sie vertrieb sich die Zeit damit, nach der Fähre Ausschau zu halten, mit der Peter, der Klempner, immer den Fluß überquerte, als plötzlich hinter ihr jemand flüsterte: «Ihr Brote und Fische!»

Sie schaute sich um. Das hatte sie doch schon von Dickon gehört. Einer der Ruderer hatte es gesagt, aber sie wußte nicht, welcher. Während sie sich umschaute, hörte sie aus einer Gruppe von Männern, die am Kai herumlungerten, eine Stimme, die leise antwortete: «Das Netz ist voll!» Aber bevor mehr geschehen konnte, kletterte Master Whittington in die Barkasse. Kurz darauf begaben sie sich stromabwärts auf ihren Weg.

Master Whittington wirkte gedankenverloren, und auch Nan war mit Überlegungen beschäftigt. «Ihr Brote und Fische!» Sie hätte zu gerne gewußt, ob es ein sehr böser Fluch war. Vorsichtig versuchte sie auszuprobieren, wie er auf Master Whittington wirkte.

«Ihr Brote und Fische!» murmelte sie verhalten.

Sie hatte erwartet, daß er schockiert sein würde, aber auf sein erstauntes Gesicht war sie nicht vorbereitet.

«Was hast du gesagt?» fragte er streng und erhob die Stimme, um das Klatschen der Ruder beim Eintauchen ins Wasser zu übertönen. «Sag das nochmal! Ich bin nicht böse, aber ich möchte mich vergewissern, ob ich dich richtig verstanden habe.»

«Ihr Brote und Fische!» wiederholte Nan schüchtern. Sie bereute bereits, damit begonnen zu haben. «O Sir, entschuldigt bitte. Ist es ein sehr böser Fluch?»

Er lächelte sie an. «Es ist keine Todsünde, die du beichten mußt. Wo hast du das aufgeschnappt? Kannst du dich daran erinnern?»

Nan nickte fröhlich. Sie war erleichtert, daß sie Dickon nicht erwähnen mußte. «Gerade eben hat es einer der Ruderer gesagt, und am Kai hat jemand geantwortet: ‹Das Netz ist voll!› Was bedeutet das?»

«Das weiß ich selbst nicht. Hast du bemerkt, welcher der Ruderer es gesagt hat? Wenn du leise sprichst, können sie dich bei diesem Wind nicht hören.»

Nan schüttelte den Kopf. Vielleicht war es Jenkyn gewesen, aber sie wollte ihm keinen Ärger einhandeln.

«Schade», sagte Master Whittington wie zu sich selbst und versank wieder in tiefes Schweigen.

Aber der Gedanke an Dickon und Jenkyn und die Erinnerung an die gestrige Situation am Kai, in der Dickon so rätselhaft geflucht hatte, brachten sie auf eine ganz andere Idee. Ihr Herz begann wild zu klopfen. Wenn sie es nur wagen würde, Master Whittington zu fragen, könnte sie Dickon eine große Freude bereiten. Sie holte tief Luft, legte eine Hand auf sein Knie und begann, bevor sie Zeit hatte, wieder Angst zu bekommen.

«Geehrter Sir, Jenkyn hatte Dickon versprochen, ihn mit nach Ratcliffe-below-Tower zu nehmen, um ihm die Katharine, das Schiff des Königs, zu zeigen, bevor sie fortsegelt. Darf er mitfahren?»

«Was meinst du?» fragte Whittington erstaunt. «Um das Schiff des Königs anzusehen? Und wer ist Jenkyn? Ah, natürlich, der Bursche, der dort am Bug sitzt. Ich vergaß, daß er euer Freund ist. Aber, meine Kleine, wann soll Dickon dort hinfahren? Vergiß nicht, daß er gerade eine Lehre begonnen hat. Ein Lehrling kann nicht einfach seine Arbeit liegenlassen und auf Reisen gehen.»

«An einem Feiertag schon», antwortete Nan, die über ihren eigenen Mut erstaunt war. Sie wünschte, Dickon könnte sie hören. Er würde sie nie wieder Angsthase nennen.

«Sicher, es gibt Feiertage.» Er zwinkerte ihr zu. «Bis Fronleichnam, zum Beispiel, ist es nicht mehr lange hin. Hast du daran vielleicht gedacht?»

Nan schüttelte den Kopf. Sie hatte tatsächlich an nichts anderes gedacht, als daran, wie sie Dickon diese Freude bereiten könnte.

«Na, wir werden sehen», meinte Master Whittington gutmütig. Aber mach dir nicht zu viele Hoffnungen. Ich habe Dickon Will Appleyard übergeben, und der ist ein strenger Lehrherr. Er lächelt nicht über leichtfertige Lehrlinge. Schau mal, jetzt können wir die Brücke sehen. Oh, die Zugbrücke ist offen. Das ist die deutsche Hansekogge, die den Fluß hinunterfährt. Ihr Kapitän ist Hans Stein aus Hamburg. Ich habe gehört, daß er heute gen Heimat segeln wird.»

Nan nickte. Auch sie hatte es gehört, sagte aber nichts. Nur im stillen überlegte sie, ob Master Hans Stein Adams Auftrag erhalten hatte und das seltene Silbersalz mitbringen würde.

Kehr um, Whittington

Abendessen zu zweit

Statt Großvater eine Nachricht zu schicken, kehrte Master Whittington mit Nan zusammen zurück zu Granthams Gasthaus und bat um Erlaubnis, sie mit zu sich nach Hause zu nehmen. «Wir haben uns im Tyborn ein paar Forellen zum Abendessen gefangen», meinte er augenzwinkernd. Großvater lachte herzlich, und Tante Isabel eilte mit Nan die Treppe hinauf, um ihr Schleier und Haare zu ordnen. Auch die Hände mußten gewaschen werden, und Joanna wurde in die Küche geschickt, um Wasser aus dem Kessel zu holen. Nan genoß den Luxus von warmem Wasser und Olivenseife in der Zinnschüssel, denn sonst mußte sie sich mit kaltem Wasser aus dem Waschzuber waschen. Tante Isabel überprüfte die Hände ihrer Nichte genau, denn es wäre schlimm, wenn sie die Finger in das Schälchen auf dem Tisch tunken und dann beim Abtrocknen schwarze Flecken auf der Serviette hinterlassen würde.

Einige Minuten später lief Nan sauber und frisch neben Master Whittington den Hang hinauf. Kurz vor dessen Haustür kam ihnen Madame Eglantine entgegen. Sie maunzte, schnurrte und schmiegte sich vergnügt an die Beine ihres Herrn.

«Du kleines schlaues Luder», rief er und nahm sie auf den Arm. «Hast du den Fisch schon von weitem gerochen? Nan, halt den Korb gut fest, sonst sind wir unser Abendessen los. Meine liebe, schmeichelnde Madame Eglantine, du bist eine Heuchlerin. Du liebst die Forellen mehr als deinen alten Herrn und Meister.»

Es schien, als ob er ihr Unrecht getan hätte. Madame Eglantine wollte wirklich nur gestreichelt und geklopft werden. Erst als sie im Haus waren und Master Whittington dem Tafelmeister die Forellen zum Rösten übergeben hatte, ließ sie sich dazu herab, den Fisch zu bemerken. Nachdem ihr Herr sie auf den Boden gesetzt hatte, schnupperte sie genießerisch in der Luft und folgte dem Korb in die Küche.

«Heute nachmittag wäre sie am liebsten mitgekommen», lachte Whittington. «Ich nehme sie manchmal mit in die Stadt, aber mein Herr Abt hätte sich sicher gewundert, wenn der Beauftragte des Königs in Begleitung seiner Katze erschienen wäre.»

Nan wollte schon seit längerer Zeit eine Frage an Master Whittington stellen, doch bisher hatte sie es nicht gewagt. Als das Abendessen beendet war und die beiden sich den letzten Rest der Forellen in Buttersoße von den Fingern leckten, schien ihr die Gelegenheit günstig zu sein.

Abendessen mit Master Whittington

Sie nahm all ihren Mut zusammen: «Sir, warum nennt Ihr Eure Katze Madame Eglantine?»

«Weil sie mich an Madame Eglantine erinnert», lächelte er und reichte seinem Liebling ein Stück Fisch. «Madame Eglantine heißt die Nonne in den *Canterbury Erzählungen*. Kennst du diese Erzählungen?»

Nan nickte. Natürlich hatte sie davon gehört. Großvater zitierte häufig daraus. Aber trotzdem konnte sie keine Ähnlichkeit zwischen einer Nonne und einer Katze feststellen.

«Sie war die Priorin eines Klosters», fuhr er fort, «eine sehr feine Dame. Sie war immer schwarz gekleidet und trug einen weißen Schleier, so wie die meisten Nonnen. Schade, daß ich die Stelle nicht auswendig weiß. Master Chaucer beschreibt sie sehr genau, besonders ihre Tischsitten. Sie war so gut erzogen, daß ihr niemals ein Brotkrümel von den Lippen fiel oder gar ein Tropfen Bratensoße auf die Brust spritzte. Niemals tunkte sie das Fleisch zu tief in die Soße, und wenn sie mit dem Essen fertig war, wischte sie sich so sorgfältig den Mund, daß keine Spur von Fett mehr zu sehen war. Diese Beschreibung paßt genau für meine Madame Eglantine.» Er schaute auf die Katze herunter und fing an zu lachen. «Komm und sieh sie dir an, dann wirst du verstehen, was ich meine.»

Chaucers Madame Eglantine

Nan sprang vom Stuhl herunter und lief um Master Whittingtons Platz herum. Madame Eglantine, die gerade ihren Fisch genossen hatte, saß aufrecht neben ihrem Herrchen und putzte sich Gesicht und

Schnurrbart. Und tatsächlich sah sie mit ihrem weichen, schwarzen Fell und der weißen Brust aus wie eine kleine Nonne.

«Stimmt», meinte Nan. «Sie ist wirklich eine feine Dame.»

«Einfach und geziert», vertiefte er den Vergleich, «so hat Geoffrey Chaucer Madame Eglantine beschrieben. Die Dame und die Katze haben beide eine näselnde Stimme und eine Schwäche für Mäuse. Hinsichtlich ihrer Einstellung zu kleinen Hunden unterscheiden sie sich ein wenig, aber das ist nicht so bedeutend. So, Kleine, wir sollten ihrem Beispiel folgen und uns nach dem Essen reinigen.» Er tunkte seine Finger in die Wasserschale und trocknete sie mit seiner Serviette. Nachdem auch Nan sich die Hände gewaschen hatte, sprach Master Whittington das Dankgebet und führte seinen kleinen Gast in den Garten.

Der Garten wirkte recht klein, denn auf der einen Seite wurde er von St. Michael Paternoster begrenzt und auf der anderen von dem halbfertigen Altenheim. Trotzdem war gerade noch genügend Platz für einen kleinen Fischteich und ein paar Kräuter- und Blumenbeete. In einer Ecke stand ein Taubenschlag und schräg davor eine steinerne Bank. Wer sich dort ausruhte, konnte ein wenig vom Fluß und der Brücke sehen.

Master Whittington polsterte die Bank mit Kissen aus und pflückte zwei duftende Sträußchen aus Rosmarin und Levkojen, um von dem unangenehmen Geruch des kleinen Stadtgrabens abzulenken, der hinter dem Gärtchen entlangfloß. Kaum hatten sie sich niedergelasssen, da kamen auch schon die Tauben herbeigeflogen und bettelten um Futter. Master Whittington warf ihnen ein paar Brotstückchen zu, die beim Abendessen übriggeblieben waren. Madame Eglantine sprang auf den Schoß ihres Herrchens und beobachtete die Tauben gelassen. Sie hatte es nicht nötig, sich mit denen einzulassen.

«Es ist herrlich hier am Ende eines heißen Tages», meinte Master Whittington und schnupperte an einem Blumenstrauß. «Wenn du noch nicht müde bist, können wir bis zum Abendläuten hier sitzen bleiben. Ich werde dich dann nach Hause bringen. Bei der kurzen Entfernung werden uns die Nachtwächter sicher nicht erwischen und ins Gefängnis stecken, weil wir ohne Licht auf der Straße sind.»

«Euch werden sie sicher nicht einsperren», meinte Nan, die den Spaß nicht verstanden hatte.

Die Tauben flogen herbei

«Vielleicht nicht», antwortete er ernst. «Horch mal, die Glocken von Bow. Die Lehrlinge haben Feierabend. Und die Angelusglocke läutet auch. Sprich dein Ave-Maria ruhig im Sitzen. Du hast einen langen Tag hinter dir. Die heilige Mutter Gottes wird dir vergeben, daß du nicht aufstehst.»

Während Nan betete, dachte sie an Dickon. Er hatte wirklich einen langen Tag hinter sich. Sicher war er jetzt todmüde. Ihr schien es, als ob er schon mindestens seit einer Woche fort wäre.

Als Master Whittington neben sich einen leisen Seufzer vernahm, schaute er seinen kleinen Gast prüfend an.

«Du bist müde, meine Kleine», sagte er mit sanfter Stimme. «Soll ich dich jetzt nach Hause bringen?» Als Nan mit dem Kopf schüttelte, lächelte er. «Oder soll ich dir eine Geschichte erzählen? Was für eine möchtest du denn hören?»

«Eine Geschichte über Madame Eglantine, bitte.»

Als Master Whittington zu erzählen begann, schnurrte die Katze behaglich auf den Knien ihres Herrchens, und Nan kuschelte sich zufrieden in die Kissen.

Sie hatte erwartet, daß die Geschichte von der Nonne aus den Erzählungen von Canterbury stammen würde, aber das war nicht der Fall. Es ging um einen armen Jungen, der nur mit einem Bündel auf dem Rücken nach London kam, um dort sein Glück zu machen, denn er hatte gehört, daß die Straßen dieser Stadt mit Gold gepflastert wären.

«Wie hieß der Junge?» fragte Nan schläfrig.

«Dick», lautete die Antwort.

«Dieser arme Junge hatte bald heraus, daß in den Straßen noch nicht einmal Brot zu finden war, geschweige denn Gold. Ein reicher Kaufmann stellte ihn als Küchenjungen ein, aber der Koch stieß ihn herum und schlug ihn, und die anderen Dienstboten machten sich über ihn lustig. Seine einzige Freundin war eine kleine schwarze Katze mit einem weißen Fleck auf der Brust. Sie fing die Ratten und Mäuse in der Dachstube, in der er schlief. Nach einiger Zeit hielt er es in diesem Hause nicht mehr aus. Er entschloß sich fortzulaufen. Er schnürte sein Bündel, nahm seine Katze und schlich sich davon. Durch das Krüppeltor verließ er die Stadt. Er lief und lief, bis er oben auf einem Hügel anlangte und eine Pause einlegte. Von dort aus konnte er ganz London mit all seinen Türmen und Giebeln überblikken. In diesem Augenblick begannen die Glocken von Bow zu läuten und alle fleißigen Lehrlinge zur Arbeit zu rufen. Er konnte sie recht deutlich hören. Ihm war, als ob sie ein kleines Lied spielten. Der Text des Liedes lautete:

> Kehr um, Whittington,
> dreimal wirst du Bürgermeister von London sein!»

Nan, die schon fast eingeschlafen war, richtete sich ruckartig auf und rief: «Die Geschichte handelt ja von Euch!»

«Leise», mahnte Master Whittington. «Du weckst Madame Eglantine. Mach es dir wieder bequem und laß mich zu Ende erzählen.»

Gehorsam kuschelte Nan sich wieder in die Kissen. Sie wünschte sich, weniger müde zu sein, denn die Geschichte war wunderschön.

«Wo war ich stehengeblieben?» fragte Master Whittington. «Oh, ich weiß schon. Dort, wo Dick auf dem Hügel saß und den Glocken von Bow lauschte. Den Glocken von Bow, weißt du, was das bedeutet? Er war doch ein geflüchteter Lehrling, und die Glocken von Bow riefen ihn zurück an die Arbeit. Sie erinnerten ihn daran, daß er vielleicht Bürgermeister von London werden könnte, wenn er zurückkehren und seine Pflicht erfüllen würde.»

Er machte eine Atempause und Nan fürchtete schon, die Geschichte sei zu Ende. «Erzählt weiter», bat sie, denn sie fühlte sich sehr wohl und wollte nicht, daß er aufhörte.

Aber die Geschichte war noch lange nicht zu Ende; sie wurde sogar immer spannender. Es ging um die Abenteuerfahrt des Handelsschiffes «Einhorn», für die viele Menschen ihr Geld zur Verfügung stellten, in der Hoffnung, reich zu werden. Der arme Dick hatte nichts zu geben außer seiner Katze. So gelangte das Tier an Bord des Schiffes und fing Ratten und Mäuse für den König von Nordafrika. Zu dem Zeitpunkt, als die wunderschöne Tochter des Kaufmanns, dem das Schiff gehörte, auftauchte, schlief Nan bereits tief und fest.

Sie erwachte, als Master Whittington ihr die warme verschlafene Madame Eglantine auf den Schoß legte. Jemand war in den Garten gekommen. Nan erkannte die Stimme des Tafelmeisters, der Master Falconer ankündigte.

Sie blinzelte vorsichtig um die Ecke. Master Falconer war der Bürgermeister. Sie müßte eigentlich einen Knicks machen, aber das war nicht möglich, ohne Madame Eglantine zu stören; also schloß sie lieber die Augen wieder. Wenn sie sich schlafend stellte, würde niemand von ihr erwarten aufzustehen.

Sie hörte Master Whittington flüstern: «Leise, lieber Thomas, weck das kleine Mädchen nicht. Sie ist die Schwester des neuen Lehrlings, den du heute morgen gesehen hast. Wir haben zusammen zu Abend gegessen.»

Die beiden Männer gingen auf und ab und unterhielten sich leise dabei. Nan fing nur ein paar Gesprächsfetzen auf, sie handelten von Geschäften und waren sehr langweilig. Nach einer Weile hörte sie etwas über Rebellen und fühlte sich an das Gespräch erinnert, das sie gestern beim Abendessen geführt hatten, als Master Whittington von dem Auftrag erzählte, den ihm der König erteilt hatte. Aber sie war zu schläfrig, um richtig zuzuhören. Doch plötzlich sagte Master Whittington etwas, das sie aufmerken ließ. «Thomas, kennst du vielleicht den Fluch: ‹Ihr Brote und Fische!› oder so ähnlich?»

«Ja», antwortete Master Falconer. «Warum fragst du? Ich habe ihn oft gehört, weiß aber nicht mehr, wo. Das scheint mir keine allzu schlimme Gotteslästerung zu sein.»

«Ich habe nicht an Gotteslästerung gedacht, sondern überlegt, was diese Worte wohl bedeuten könnten.»

«Das ist sicher nichts weiter als eine Anspielung auf die Geschichte der Speisung der Fünftausend im Neuen Testament. Mir fällt keine andere Bedeutung ein.»

«Da bin ich mir nicht so sicher.» Master Whittingtons Stimme klang ernst. «Ich habe mehrmals eine Antwort darauf gehört und immer dieselbe: ‹Das Netz ist voll.› Das klingt zunächst bedeutungslos, aber wir sollten darauf achten und versuchen, mehr darüber zu erfahren.»

Master Falconer blieb ganz in der Nähe der Bank stehen. «Glaubst du, daß es sich um eine Losung handelt?»

«Vielleicht. Auf jeden Fall gibt es ein geheimes Einverständnis zwischen den Menschen, die diese Worte benutzen.»

«Das müssen wir herausfinden», sagte der Bürgermeister entschieden. «Wenn du recht hast, ist die Anzahl der Verschwörer groß. Wir sollten mal ein paar von ihnen genauer fragen.»

«Nein, bitte nicht», entgegnete Master Whittington eindringlich. «Tu so, als ob du nichts merkst, dann werden wir am ehesten herausfinden, wer alles dazugehört. Notiere dir nur die Namen von denen, die diese Worte austauschen, und gib mir die Liste. In seichten Gewässern liegt die Strömung direkt unter der Oberfläche. Wir brauchen nur die Lehrlinge zu beobachten, dann werden wir schon sehen, in welche Richtung die Strömung fließt.»

«Gibt es Verschwörer unter deinen Jungs?»

«Ich glaube nicht. Will Appleyard ist ein scharfer Beobachter, und er hat noch nichts Schlechtes berichtet. Wie sieht es bei deinen Lehrlingen aus?»

«Tja, wenn ich darüber richtig nachdenke», antwortete der Bürgermeister gedehnt, «muß ich sagen, daß einer der Burschen diesen Fluch sehr häufig gebraucht. Es ist ein großer, ungeschlachter, rothaariger Bursche namens Kurt Bladebone, ein rauher Tölpel, der in jedem Kampf mittendrin steckt. Gerade gestern kam er mit einer blutigen Nase zurück. Außerdem fehlten ihm zwei Vorderzähne.»

Nan war inzwischen hellwach und so aufgeregt, daß sie kaum still sitzen konnte.

«Gestern? Und du sagst, er sei rothaarig?» Dick Whittington fing an zu lachen. «Ich glaube, ich weiß, wie er diese Vorderzähne verloren hat. Erinnerst du dich, daß Dickon, mein neuer Lehrling, gestern auch gekämpft hat? Du hast es selber heute morgen bemerkt.»

«Gott behüte uns!» rief Master Falconer. «Ich habe geglaubt, daß Kurt mit einem halben Dutzend Lebensmittelhändlern gekämpft hat. So hat er es mir erzählt.»

«Dann hat er gelogen, zumindest was das halbe Dutzend betrifft. Soweit ich weiß, hat er nur gegen einen halben Lebensmittelhändler gekämpft. Das geschah, kurz bevor Dickon erfuhr, daß er bald zu den Tuchhändlern gehören würde. Er sah sich bereits in der Tracht der Lebensmittelhändler. Es war ein merkwürdiger Zufall, der die beiden in den Kampf gegeneinander geführt hat. Ihre Schutzengel hatten sicher etwas zu lachen.»

«Du siehst in allem einen Spaß, mein lieber Dick», entgegnete der Bürgermeister. «Aber ich denke, es wäre am besten, wenn die beiden sich erstmal eine Zeitlang nicht sehen würden. Wir wollen kein Blutvergießen innerhalb unserer Zunft.»

«Das läßt sich arrangieren», meinte Whittington. «Ich werde darauf achten, daß Dickon eine Weile in der Nähe des Krüppeltors bleibt und zu verhindern wissen, daß er das Haus in der Hart Street besucht. Unterdessen solltest du deine Jungs in Aldgate halten. Nach einiger Zeit werden sie sich wieder beruhigt haben.»

«Gut, aber wie ist es mit den Feiertagen?» fragte Master Falconer. «Die Lehrlingsvereinigung trifft sich an Feiertagen. Dort wird sich das Unheil zusammenbrauen. Sie treffen sich, um ihre Führer zu wählen, genau wie ihre Vorbilder in der Gilde. Fronleichnam werden Kurt und Dickon einander begegnen.»

«Hm», murmelte Whittington gedankenverloren. «Fronleichnam? Da fällt mir etwas ein.» Er lachte in sich hinein. «Du hast mich gescholten, weil ich zuviel Spaß mache. Aber findest du es nicht auch lustig, daß wir beide ernsthaft beraten, und zwar nicht über Angelegenheiten der Stadt, sondern darüber, wie wir unsere Lehrlinge davon abhalten können, sich gegenseitig umzubringen?» Er legte eine Hand auf den Arm des Bürgermeisters. «Bevor du gehst, möchte ich dir gerne noch einen Brief zeigen. Es geht um die Bestellung von Segeln, die mit dem Wappen des Königs bemalt sind.»

«Leise, lieber Thomas, weck das kleine Mädchen nicht.»

Nan hörte, wie das Türschloß zuschnappte. Kurz nachdem die beiden Männer im Haus verschwunden waren, läuteten die Abendglocken. Über den Garten senkte sich langsam die Dunkelheit. Wie auf ein Signal hin flatterten die Tauben nacheinander in den Taubenschlag. Nan bewegte sich nicht. Sie fühlte sich sehr wohl, und die Katze auf dem Schoß hielt sie warm. An diesem Abend hatte sie so viel gehört, daß sie ziemlich durcheinander war. Morgen wollte sie sich an alles genau erinnern, um es Dickon zu erzählen. Inzwischen wurde sie wieder sehr schläfrig. Als Master Whittington nach ein paar Minuten zurückkehrte, schlief sie bereits wieder fest.

«Wach auf, Kleine», weckte er sie und berührte ihre Hände, um sich zu versichern, daß sie nicht kalt waren. «Du holst dir hier draußen den Tod. Ich sollte mich schämen, dich so lange hier alleine gelassen zu haben.» Doch als sie sich aufrichtete, nahm er Madame Eglantine und setzte sich neben Nan.

«Ich habe noch einmal darüber nachgedacht», meinte er. «Ich werde dir die Bitte erfüllen, mit der du dich heute nachmittag an mich gewandt hast. Dickon darf sich an Fronleichnam das Schiff des Königs ansehen.»

Schatten in der Nacht

Als Master Whittington Nan nach Hause begleitete, waren die Straßen dunkel und verlassen. Im Sommer läuteten die Abendglocken immer erst um neun Uhr. Um diese Zeit lagen die meisten Menschen schon im Bett. Sie mußten ja bereits bei Sonnenaufgang aufstehen, und es wäre pure Verschwendung gewesen, die wertvollen Kerzen zu benutzen, die sie so dringend im Winter brauchten.

In einem Haus brannte jedoch noch Licht. Durch das kleine Fenster seiner Stube konnten sie Großvater erkennen. Mit einer Brille auf der Nase beugte er sich über seine Bücher. Sein weißer Bart leuchtete im Kerzenschein.

Master Whittington überreichte ihm seine Enkelin und wünschte ihm kurz eine gute Nacht. So stand Nan neben ihrem Großvater und wartete darauf, daß er sie segnete und ins Bett schickte. Tante Isabel hatte sich anscheinend schon zurückgezogen. Aber Nan war inzwischen wieder hellwach und sehr aufgeregt. Bisher war sie in ihrem ganzen Leben noch nicht so lange draußen gewesen.

John Sherwood hatte sich wieder den Rechnungen zugewandt. Sein

Federhalter kratzte auf dem Pergament. Erst als Nan mit den Füßen raschelte, erinnerte er sich an ihre Anwesenheit. Er legte Stift und Brille zur Seite und sah sie freundlich an.

«Nun», meinte er, «was soll das nur geben, wenn unsere kleinen Mädchen noch während des Abendläutens auf der Straße herumlaufen? War das Abendessen gut? Ich hätte auch Appetit auf eine dieser Forellen gehabt. Und was habt ihr danach gemacht? Backgammon gespielt?»

Nan schüttelte den Kopf. «Wir haben im Garten gesessen, und Master Whittington hat mir eine sehr schöne Geschichte erzählt. Sie spielte in der Zeit, in der er als kleiner Junge nach London kam. Kennt Ihr die Geschichte? Soll ich sie Euch erzählen?»

Großvater lächelte sie an. Er goß sich aus einer silbernen Kanne etwas Wein ein und reichte ihr einen Schluck. Während er den Wein im Glas schwenkte und an dem Aroma schnupperte, begann sie zu erzählen. Irgendwie war Großvater bei Kerzenlicht zwischen den Schattenwänden, die sie umschlossen, ein anderer als der Großvater, der sie am Tag anbrummte. Sie erzählte ihm die Geschichte so genau, wie sie sich daran erinnerte. Offensichtlich genoß er das Zuhören, denn auf seinem Gesicht zeigte sich ein Lächeln.

Großvater bei Kerzenschein

«Das war eine schöne Geschichte», meinte er schließlich. «Aber sie handelt nicht von Master Whittington. Er war niemals ein armer Küchenjunge. Er ist der Sohn eines Ritters aus dem Westen, eines Edelmannes, der ein Wappen trug und in zwei Grafschaften Ländereien besaß. Sein Bruder ist der oberste Sheriff von Gloucestershire. Du hast etwas durcheinandergebracht, mein Kind. Diese Geschichte handelt von einem anderen Jungen.»

Nan schüttelte den Kopf. «Sie muß von Master Whittington handeln», beharrte sie. «Er hat es selbst gesagt. Er hörte. wie die Glocken von Bow läuteten und sangen: ‹Kehr um, Whittington. Dreimal wirst du Bürgermeister von London sein.› Madame Eglantine kam auch in der Geschichte vor.»

Großvater lachte in sich hinein und streichelte ihr die Wange.

«Das ist nur eine seiner Launen. Er hat sich die Geschichte sicher ausgedacht, um dir eine Freude zu bereiten. Schau mal, ich kenne ihn seit unserer Lehrlingszeit, und ich kann dir schwören, daß er niemals als Küchenjunge gearbeitet hat. Allerdings war er wirklich dreimal Bürgermeister von London. Er hat Wahres und Erfundenes vermischt, so etwas hat ihm schon immer Spaß gemacht.»

Plötzlich fiel sein Blick auf die Sanduhr, die auf dem Tisch stand. Der ganze Sand war bereits durchgelaufen. «Es muß schon sehr spät sein», rief er. «Ich habe vergessen, die Uhr umzudrehen. Du mußt schnell ins Bett, sonst gibt es Ärger mit Tante Isabel.»

Er hielt die Kerze hoch, um die Wendeltreppe für Nan zu erleuchten. Während sie hinaufstieg, tanzte ihr eigener Schatten in den absonderlichsten Formen vor ihr her.

Auch im Zimmer von Tante Isabel brannte noch Licht. Die Tante selbst kniete im Nachthemd vor dem Gebetstisch und hielt ihr Stundenbuch unter eine flackernde Binsenkerze. Als ihre Nichte den Raum betrat, bekreuzigte sie sich und legte das Buch zur Seite. Nan hoffte, daß sie jetzt erzählen dürfe, denn sie platzte fast vor Mitteilungsbedürfnis. Aber die Tante gestattete es nicht. «Es ist schon nach zehn», rief sie ärgerlich. «Seit dem Abendläuten ist schon über eine Stunde vergangen. Was hat sich Master Whittington eigentlich dabei gedacht, ein Kind so lange wach zu lassen? Knie nieder, bete ein Vaterunser und ein Ave-Maria und dann verschwinde ins Bett!»

Nan seufzte. Sie hätte die Geschichte von Master Whittington so gerne noch einmal erzählt. Jetzt mußte sie bis morgen warten. Als sie neben Tante Isabel im Federbett zwischen den nach Lavendel duftenden Laken lag, ging sie die Geschichte noch einmal in Gedanken durch. Dabei ergänzte sie die Passagen, die sie in ihrer Schläfrigkeit nicht mitbekommen hatte, bis die Geschichte vollendet war. Es war dumm von Großvater zu sagen, daß die Geschichte nicht stimmen würde. Master Whittington hatte sie doch selbst erzählt, und er mußte es schließlich am besten wissen.

Jetzt war sie überhaupt nicht mehr müde. Sie hatte einen aufregenden Tag hinter sich. Seit Dickons Umzug war so viel geschehen. Vormittags war sie mit Tante Isabel auf dem Markt gewesen, und von dort aus hatten sie Goody auf der Brücke besucht. Der arme Lob war mit seiner Mutter bei ihnen gewesen, und Großvater hatte ihr erlaubt, in den Speicher zu gehen. Dort war sie Adam und dem Alchimisten begegnet und hatte von dem Allheilmittel gehört, der Erfindung ihres Bruders Adam. Nachdem der abscheuliche Mann verschwunden war, hatte Adam ihr sein Geheimnis verraten und sie gefragt, ob sie für ihn beten könne. Obwohl es um sie herum dunkel war, kniff sie die Augen zusammen und betete noch ein Vaterunser. Schaden würde es bestimmt nichts.

Am Nachmittag waren sie mit dem Boot nach Westminster gefahren. Sie hatte die große Halle und die Abtei gesehen und mit Peter, dem Klempner, gesprochen, der in Lambeth lebte. Ganz oben auf dem Gerüst hatten winzige Männer gestanden. Auch die silbrig glänzenden Forellen kamen ihr wieder in den Sinn. Aber an diesem Tag war so viel geschehen, daß sie sich nicht an alles erinnern konnte. Sie fühlte sich unwohl. Zum Einschlafen war es viel zu heiß, denn Tante Isabel brauchte immer mehrere Bettdecken. Nan konnte in dem großen Federbett keinen kühlen Platz finden. Sie richtete sich ein wenig im Kissen auf, um tief durchzuatmen. Das war's, was ihr fehlte: frische Luft. Der Raum war wie ein Ofen. Wenn sie nur frische Luft atmen könnte.

Am liebsten wäre sie aufgestanden, um eines der Fenster zu öffnen. Die Fensterläden waren natürlich fest geschlossen, denn an der kühlen Nachtluft könnte man sich erkälten. Aber schließlich war es mindestens ebenso schlimm zu ersticken wie an Fieber zu sterben, das durch das Einatmen kühler Nachtluft hervorgerufen worden war.

Leise wie ein Mäuschen schlüpfte Nan aus dem Bett und schlich auf Zehenspitzen durch den Raum. Sogar die Binsen auf dem Fußboden fühlten sich herrlich kalt an den Zehen an. Es war so dunkel, daß sie nicht die Hand vor Augen sehen konnte. Aber an dieser Seite des Raumes standen keine Möbel, über die sie stolpern würde. Mit ausgestreckter Hand tastete sie sich an der Wand entlang bis zum Fenster. Der Riegel war nicht schwer zu bewegen; sie kannte ihn gut, denn es war ihre Aufgabe, morgens die Fenster zu öffnen.

So vorsichtig wie möglich zog sie ihn zurück. Der untere Teil des Fensters war nicht verglast, nur der obere, der sich nicht öffnen ließ. Als die Fensterläden aufsprangen, schlug ihr die kalte Nachtluft entgegen und jagte ihr einen angenehmen Schauer über den Rücken. Sie sah sich um, aber Tante Isabel hatte schon angefangen zu schnarchen. Hinter den Bettvorhängen würde sie die Zugluft sicher nicht bemerken.

Nan griff nach ihrem Umhang, der bequemerweise direkt neben dem Fenster hing. Sie wickelte ihn um die Schultern und lehnte sich etwas hinaus. Die Nacht war dunkel und still. Das Fenster befand sich an der Südseite, und die Luft, die von der Themse herüberwehte, roch nach Teer und Flußschlamm.

Ganz in der Nähe schrie ein Käuzchen, aber ansonsten war es so ruhig, daß sie sogar das Pfeifen der Wasservögel in der Ferne vernahm. Ein weiteres schwaches Geräusch drang an ihr Ohr. Es klang, als ob jemand über den Fluß ruderte.

Als sie genauer hinhorchte, wurde das Geräusch deutlicher. Das mußte jemand sein, der von Southwark her den Fluß überquerte. Allein der Gedanke an Southwark ließ ihr den Atem stocken. Das Geräusch kam immer näher. Ihr war zumute, als ob das Boot durch die Gasse direkt auf sie zusteuern würde. Dann wurde es still, doch kurz darauf hörte Nan einen gedämpften Schlag. Das Boot legte an Granthams Kaimauer an, dessen war sie sicher.

Obwohl Nans Herz wie wild klopfte, behielt sie einen kühlen Kopf. Wer hatte so spät noch etwas auf dem Fluß zu tun? Nachts waren zwar Wachboote unterwegs, um die Handelsschiffe und ihre Frachten zu schützen, aber sie fuhren den Fluß hinauf und hinunter und überquerten ihn nicht. Außerdem waren sie lauter. Nan überlegte, wie spät es wohl sein könnte, aber sie hatte keine Möglichkeit, es herauszufinden. Von diesem Fenster aus konnte sie den Ruf des Nachtwächters nicht hören.

Weil sie noch immer gespannt lauschte, vernahm sie Schritte auf der Straße, die an Granthams Gasthaus vorbeiführte. Obwohl Nan sie erwartet hatte, waren sie so leise, daß sie manchmal glaubte, sich zu täuschen. Kurz darauf hörte sie, wie jemand unter ihrem Fenster vorbeiging. Das mußte Adam sein. Er kam aus Southwark zurück.

Nan schloß die Fensterläden und schlich sich ins Bett zurück. Mit gespitzten Ohren versuchte sie, ein Geräusch auf der Treppe oder in der Dachstube über ihrem Zimmer wahrzunehmen. Einmal glaubte sie, das Knarren einer Diele zu hören, aber sie war sich nicht sicher.

So unauffällig wie möglich schlüpfte sie unter die Bettdecke. Nun war ihr das warme Bett sehr angenehm. Regungslos verharrte sie dort, weil Tante Isabel sich bewegt hatte. Jetzt war sie noch wacher als zuvor, denn sie machte sich Sorgen. Sicher würde Adam nichts Böses tun, aber alle sagten so schreckliche Dinge über Southwark, und was tat Adam dort mitten in der Nacht? Sie versuchte, darüber nachzudenken, aber schließlich war es doch so gemütlich im Bett, daß sie einschlief.

Am anderen Ende von London lag Dickon ebenfalls wach, aber er hatte weder ein Federbett noch nach Lavendel duftende Laken. Sein Los war eine Strohmatratze auf dem Fußboden der Dachstube in der Grub Street. Zwischen den Stoffballen war es stickig, und einer der Jungen schnarchte laut. Außer ihm schliefen noch drei andere Lehrlinge in der Dachstube: Owen, der ihm alles gezeigt hatte; Robert, der ruhige, breitschultrige junge Mann, der seine siebenjährige Lehre schon fast beendet hatte, und Toby, der dicke Sohn eines reichen Müllers aus Henley-on-Thames, der sich dadurch bessern sollte, daß er ein Londoner Tuchhändler wurde.

Der Tag schien endlos gewesen zu sein, und Dickon konnte kaum glauben, daß er noch nicht einmal vierundzwanzig Stunden von zu Hause fort war. Nach seiner Vereidigung war er zum Mittagessen in die Grub Street zurückgekehrt. Dort wurde er von einer lärmenden

Gesellschaft erwartet. Er hatte mit mindestens zwölf Gesellen und Lehrlingen um einen Klapptisch herum gesessen. Alle hatten ihn neugierig angesehen. Während er sein deftiges Kotelett, das Will Appleyard am Ende des Tisches von einem großen Stück Hammelfleisch abgeschnitten hatte, und die klebrige Masse aus süßem gekochtem Weizen, die Mistress Appleyard am anderen Ende in Schüsseln gefüllt hatte, in Empfang nahm, schaute er schnell die Gesichter der Reihe nach an und überlegte, was sie wohl von ihm wußten. Er fühlte sich unsicher, denn er konnte sich nicht vorstellen, wie sie ihn einschätzten.

Nach dem Mittagessen hatte er bei der nachmittäglichen Arbeit geholfen. Die Weber vom Lande hatten Packpferde geschickt, die mit Stoffballen aus der Umgebung beladen waren. Diesen Stoff mußten die Lehrlinge die Treppe hinaufhieven.

Im Gegensatz zu den anderen Jungen wußte Dickon nicht, wie er sie möglichst geschickt anpacken sollte. Nach dem zwölften Ballen fiel Will Appleyards Blick auf Dickons rotes, schweißüberströmtes Gesicht. Er rief ihn zu sich und forderte ihn auf, beim Zählen mit dem Kerbholz zu helfen. Dickon kannte Kerbhölzer nur dem Namen nach, denn sie wurden in Großvaters Geschäft kaum benutzt. Will Appleyard erklärte ihm, daß es sich hierbei um eine sehr altmodische Art der Buchführung handele, die aber noch immer gut geeignet für Menschen sei, die weder lesen noch schreiben könnten. Das System war einfach: Für jeden gelieferten Ballen Stoff wurde eine Kerbe in ein längliches Stück Holz geritzt. Wenn es um Geld ging, standen die Kerben für Pfunde, Schillinge und Pennies. Dann wurde das Holz der Länge nach in zwei Hälften geteilt. Die eine Hälfte bekam der Führer des Packpferdes, um sie dem Weber als Empfangsbestätigung zurückzugeben, und die andere Hälfte behielt der Tuchhändler. Wenn der Weber sein Geld verlangte, brauchte er dem Tuchhändler nur seinen Holzstock vorzulegen. Paßten die Einkerbungen auf den beiden Hälften zusammen, erhielt er seine Bezahlung.

Als Dickon seine Lektion über die Kerbhölzer gelernt hatte, zeigte Will Appleyard ihm die großen, in Leder gebundenen Bücher, in denen die Einnahmen und Ausgaben schriftlich festgehalten wurden. Anscheinend hatte Master Whittington angeordnet, daß er ausführlich

Stoffballen mußten die Treppe hinaufgehievt werden

über die Buchhaltung informiert werden sollte. Das war eine Ehre, und Dickon war sehr stolz, als er auf einen hohen Stuhl kletterte und begann, mit einem neuen Federhalter eine lange Zahlenliste abzuschreiben. Nach zwei Stunden jedoch wurde ihm diese Aufgabe langweilig. So sehr er sich auch anstrengte, seine Schrift sah nicht halb so sauber und schön aus wie die von Robert. Er war erleichtert, als Will Appleyard ihm anstelle des Federhalters einen Besen in die Hand drückte und anordnete, das Haus nach beendeter Tagesarbeit durchzufegen.

Doch jetzt, als er sich im Bett herumwarf und vergeblich versuchte, eine bequeme Lage zu finden, dachte er nicht mehr an die Arbeit, sondern an seine Stellung bei den anderen Jungen. Er bereute es bitter, daß er verschwiegen hatte, aus einer Lebensmittelhändlerfamilie zu kommen. Jetzt war ihm klar, daß es einfacher gewesen wäre, wenn sie von Anfang an über seine Herkunft Bescheid gewußt hätten. Noch war es nicht zu spät. Er könnte es beiläufig Robert oder Owen gegenüber erwähnen und es ihnen überlassen, die anderen aufzuklären. Doch leider hatte er nicht widersprochen, als die anderen glaubten, sein geschwollenes Auge, das noch immer in allen Farben schillerte, wäre im Kampf auf Seiten der Tuchhändler entstanden. Natürlich hatte er den Kampf nicht so dargestellt, denn dann hätte er eine Lüge verbreitet und somit eine schwere Sünde begangen. Doch als sie selbst diese Schlußfolgerung zogen und ihn daraufhin sehr herzlich empfingen, hatte ihm der Mut gefehlt, zu widersprechen und ihnen die Wahrheit zu sagen.

In den langen, dunklen Nachtstunden gingen ihm diese Gedanken wieder und wieder durch den Kopf, bis sie sich in einem Alptraum zu einer riesigen Lawine formten, die langsam und unbarmherzig auf ihn zurollte, um ihn zu zermalmen. Er kämpfte und keuchte, um sich zu befreien, und stellte im Erwachen fest, daß Toby ihn schüttelte. Das bleiche Licht der Morgendämmerung schimmerte durch die Fensterläden aus Horn, und die Glocken von St. Giles kündigten den Beginn der Morgenmesse an. Er fühlte sich besser, als sie sich alle in der Küche trafen, um das Frühstück einzunehmen, das aus Brot, Käse und einem kleinen dünnen Bier bestand. Heute war Samstag. Bis zum Mittagsläuten mußten sie noch arbeiten, und am Nachmittag sollte auf den Moorfeldern Sport getrieben werden.

«Im Sommer spielen wir meist Schlagball», meinte der große Robert, der anscheinend die Führung übernahm, «oder kannst du mit einem Bauernspieß umgehen? Zum Ringen bist du zu leicht; du siehst eher wie ein Läufer aus. Wir könnten in unserer Mannschaft gut noch einen Kurzstreckenläufer gebrauchen.»

Dickon gab zu, daß er mit dem Bauernspieß nicht besonders gut umgehen konnte. Er würde lieber mit einem Langbogen schießen. Unter den Jungen in St. Anthony's war er der schnellste Läufer gewesen, doch das erwähnte er nicht, denn er wollte unnötige Fragen vermeiden. Bei den

Bogenschützen würde er nicht so sehr auffallen, wenn Kurt Blade-bone auftauchen würde.

Aber von dem Rotschopf war an diesem Nachmittag nichts zu sehen, und Dickon war das nur recht. Bei den Bogenschützen war er so erfolgreich, daß nur zwei seiner sechs Pfeile die Zielscheibe verfehlten, obwohl er aus der Entfernung für erwachsene Männer schoß, und die betrug immerhin etwa vierhundert Meter. Und beim Schlagball hielt er sich so wacker, daß man ihm vorschlug, bei den größeren Jungen mitzuspielen. Auf dem Heimweg, zwischen Robert und Owen, stellte er fest, daß das Leben doch gar nicht so schlecht wäre.

Während sie sich über dem Brunnen die Gesichter wuschen, fragte Robert plötzlich: «Hast du eigentlich schon deinen Knüppel bekommen?»

Dickon schüttelte sich das Wasser aus dem Haar. «Nein. Muß ich denn einen haben? Von wem bekomme ich ihn?»

«Von Will Appleyard», antwortete Robert. «Jeder Lehrling hat einen. Offiziell wird die Vergabe der Knüppel damit begründet, daß der Lehrling seinen Meister abends auf der Straße beschützen kann, aber diese Waffen werden natürlich meist für Lehrlingskämpfe gebraucht. Du mußt ihn immer bei dir tragen. Wenn du dann den Ruf ‹Knüppel!› hörst, kannst du hinlaufen und sehen, was los ist. Wenn es nur ein Kampf zwischen zwei anderen Zünften ist, kannst du dich heraushalten. Wenn es allerdings darum geht, einen anderen Tuchhändler zu unterstützen, wirst du auf jeden Fall von deinem Knüppel Gebrauch machen.»

«Auch dann, wenn es um die Verteidigung eines Lehrlings aus einem anderen Zweig des Stoff- oder Kleiderhandels geht», fügte Owen grimmig hinzu.

Beide sahen Dickon an. «Ja klar», antwortete dieser so ruhig wie möglich. Er spürte, daß er auf ein gefährliches Gebiet gelangte.

«Ich selbst werde dich zum nächsten Tuchhändlertreffen mitnehmen», sagte Robert in einer Art, die deutlich zeigte, daß er Dickon damit eine besondere Gunst erwies. «Ich denke, du weißt über die Kameradschaft unter den Lehrlingen Bescheid. Innerhalb der Zünfte halten sie zusammen und sind notfalls bereit, ihre Knüppel zu benutzen, um ihre Rechte zu verteidigen.»

Jeder Lehrling hat einen Knüppel

Dickon murmelte in sein Handtuch, während er sich das Gesicht abtrocknete. Er war froh, sich verstecken zu können.

Robert rollte sich die Ärmel herunter und war bereit, ins Haus zu gehen. «Das nächste Treffen findet Fronleichnam statt, dort wirst du alle Tuchhändlerlehrlinge kennenlernen.»

Mit dieser angenehmen Aussicht ging Dickon zum Abendessen.

Der nächste Tag war ein Sonntag. Die Jungen in der Grub Street wechselten sich damit ab, frühmorgens Wasser aus dem Brunnen zu holen und das Herdfeuer für Mistress Appleyard in Gang zu halten. Dickon und Owen waren für diese Aufgabe eingeteilt worden, während Robert und Toby ausschlafen konnten. Nach dem Hochamt gab es ein großartiges Mittagessen: ein am Spieß geröstetes Lamm. Es erfüllte die Küche mit dickem Dunst und einem ausgesprochen appetitanregenden Duft.

Nach dem Essen ging jeder seine eigenen Wege. Robert war in Kensington zu Hause. Mit Erlaubnis von Will Appleyard begab er sich auf den vier Meilen langen, über Wiesen und Felder führenden Weg zu seiner Familie. Owen ging mit ein paar Jungen aus der Nachbarschaft in die Stadt. Dickon wußte nicht, ob er nach Hause gehen durfte, und er mochte auch nicht fragen. Er hatte auch keine Lust, in der Stadt herumzulungern, um zu sehen, ob es irgendwo Ärger gab.

So entschloß er sich, die bewaldeten Hügel im Norden zu erkunden, und machte sich mit Toby zusammen auf den Weg. Aber sie verliefen sich und landeten nach einer Wanderung über feuchte Wiesen schließlich in der Nähe des kleinen Dorfes Islington. Dickon war noch nie zuvor in dieser Gegend gewesen. Begeistert genoß er den wunderbaren Blick auf St. Paul's mit dem geliebten Fluß im Hintergrund.

Dabei stellte er fest, daß er mit Toby etwas gemeinsam hatte: den Fluß. Obwohl Tobys Themse bei Henley im Vergleich zur Londoner Themse schmal war, handelte es sich doch immerhin um denselben Fluß. Auf den sechzig Meilen dazwischen verkehrten Lastkähne, und ein Großteil des Mehls, das in der Mühle von Tobys Vater gemahlen wurde, gelangte nach London, um dort von den Hausfrauen zu Brot verbacken zu werden.

Auf dem Heimweg kam ihnen Owen in der Grub Street entgegen. Er sollte nach ihnen Ausschau halten. Dickon wurde von Mistress Appleyard gebeten, sich zu beeilen, weil seine Schwester auf ihn wartete.

Er war nicht besonders erfreut. Nan? Hier? Was dachte sie sich eigentlich? Er wünschte, daß sie fortbleiben würde. Ihre Anwesenheit könnte zu Fragen über seine Familie führen, die er momentan lieber nicht beantworten wollte.

Nan schlug in der Küche Eier für Mistress Appleyard auf, während Joanna, die in ihrer Sonntagskleidung überlegen wirkte, am Küchentisch saß und die Hände in den Schoß legte.

Wenigstens war Nan vernünftig genug, nicht auf ihn zuzustürzen und ihn zu küssen. Sie stellte nur die Schüssel auf den Tisch und begrüßte ihn mit einem kleinen Freudenschrei.

«Master Whittington bat mich zu kommen», erklärte sie, «und Tante Isabel schickt dir ein frisches Hemd.»

Dick Whittington? Was war los? Er schaute sich um. Toby war gerade in der Küche erschienen, um seine schlammigen Schuhe auszuziehen. Was Nan ihm auch immer zu sagen hatte, er wollte nicht, daß Toby es hörte.

«Laß uns hinausgehen», schlug er vor. «Hier ist es viel zu heiß.»

Seine Schwester folgte ihm zufrieden und ließ Joanna zurück. Dickon führte sie durch den Garten bis an den Rand der Moorfelder. Um die

Zielscheiben für die Bogenschützen hatten sich einige Menschen versammelt, aber keiner konnte sie hören. Nan schwatzte auf dem Weg wie ein Spatz auf dem Dach über ihre Bootsfahrt nach Westminster. «Ob wohl alle Mädchen soviel reden?» überlegte Dickon verwundert.

Bei der ersten Möglichkeit, das Wort zu ergreifen, hakte er ein: «Was solltest du mir von Master Whittington bestellen?»

Nan holte tief Luft und sah ihn mit strahlenden Augen an.

«Ich habe Master Whittington darum gebeten, daß du dir Fronleichnam mit Jenkyn zusammen das Schiff des Königs ansehen darfst. Und er hat es erlaubt.»

Dickon starrte sie verständnislos an.

«Fronleichnam?» wiederholte er.

«Ja, du darfst dir das Schiff des Königs ansehen.» Für Nan war das die wichtigste Mitteilung. «Ich habe Master Whittington gefragt.»

Einen Moment lang vergaß er, wo sie waren und küßte sie schnell auf die Wange. Das war zu schön, um wahr zu sein. «Bist du sicher, daß er Fronleichnam sagte?» fragte er vorsichtshalber noch einmal nach.

«Ja, denn zuerst wollte er es nicht erlauben, weil du gerade erst mit deiner Lehre begonnen hast. Dann schlug ich ihm einen Feiertag vor, und schließlich versprach er, daß du Fronleichnam gehen dürftest. Heute morgen meinte er, ich sollte dich besuchen, um es dir zu erzählen.»

Nan schaute ihren Bruder an, in der Hoffnung, daß er sie für ihre Tapferkeit loben würde, aber nach der ersten, begeisterten Umarmung hatte er sie schon wieder vergessen. Hätte sie Gedanken lesen können, hätte sie erfahren, daß Dickon diesen Vorschlag für ein solches Wunder hielt, daß er glaubte, sein Schutzengel habe ihm geholfen. Doch Nan fiel etwas ein, womit sie seine Aufmerksamkeit zurückgewinnen konnte:

«Ich habe einiges über den rothaarigen Lehrling erfahren, den kräftigen Burschen, mit dem du gekämpft hast.»

«Was denn?» fragte er schnell.

«Er heißt Kurt Bladebone und ist Lehrling des Bürgermeisters. Er wohnt in der Nähe von Aldgate.»

«Das weiß ich längst.» Er wollte nicht unfreundlich sein, aber die Neuigkeit über Fronleichnam stellte alles andere in den Schatten.

Nan schwieg. Sie entschloß sich, ihm nichts weiter zu erzählen. Sie war an dem Abend in Master Whittingtons Garten sowieso so schläfrig gewesen, daß sie das meiste wieder vergessen hatte.

Ihr Schweigen weckte Dickons Gewissen. Er lächelte sie an. «Du bist ein prima Mädchen. Wie sieht es zu Hause aus? Hast du Jenkyn mal gesehen?»

«Daheim ist es sehr ruhig.» Sie schaute sich vorsichtig um. Jetzt war es an ihr aufzupassen, daß niemand sie hörte. «Dickon, ich habe einiges über Southwark gehört. Es ist wirklich eine üble Gegend.»

«Ja und! Das weiß doch jeder.»

«Adam fährt spät abends noch dorthin.»

Diesmal war er wirklich erstaunt. «Woher weißt du das?» Nan erzählte ihm, wie sie in der vorletzten Nacht die Fensterläden geöffnet und ihn gehört hatte. Sie war überzeugt, daß er sich im Grünen Falken mit dem Alchimisten getroffen hatte.

Dickon runzelte die Stirn. Innerlich war er sehr erschrocken über diese Neuigkeit, aber er ließ sich der Schwester gegenüber nichts anmerken. Adam und er hielten immer zusammen.

«Adam weiß schon, was er tut. Warum sollte er nicht dorthin gehen? Misch dich nicht immer in alles ein!»

Als er ihr enttäuschtes Gesicht sah, lenkte er wieder ein. «Du hast mir einen großen Gefallen getan, das werde ich nicht vergessen. Wenn du jetzt nach Hause gehst, begleite ich dich bis zum Krüppeltor.»

Einige Zeit später stand er im Tor und winkte, bis seine Schwester und Joanna um die Ecke der Wood Street verschwanden. Auf dem Rückweg war er sehr nachdenklich.

Was hatte Adam vor? Wenn sein Master Gross wirklich so ein besonderer Mensch war, warum lebte er dann in einer Taverne in Southwark?

Doch seine Unruhe hielt nicht lange vor. Die Erleichterung darüber, daß er nicht zum Lehrlingstreffen mußte, war groß genug, um jeden anderen Gedanken zu verdrängen.

An diesem Abend erzählte Mistress Appleyard ihrem Mann, daß der neue Lehrling sich recht gut eingewöhnt hätte. Sie hatte ihn nämlich singen hören, als er den Krug im Brunnen füllte.

Die Katharine vom Tower

Nachdem die erste Woche in Grub Street vorbei war, verging die Zeit schnell. Jetzt, da Dickon sich nicht mehr vor Corpus Christi fürchtete, verschwanden auch seine anderen Sorgen allmählich. Niemand fragte nach seiner Familie; er war der Patensohn von Dick Whittington, und das war in Ordnung.

In den ersten Tagen wagte sich Dickon kaum hinaus, ohne vorher zu schauen, ob der unheilverkündende Rotschopf in der Nähe war. Aber nicht nur ihm fiel Kurt Bladebones Abwesenheit auf.

«Was ist eigentlich mit Bladebone los?» fragte Robert eines Abends, als sie zu Bett gingen. «Ich habe ihn schon seit einiger Zeit nicht mehr gesehen.»

«Er kommt nicht mehr auf die Moorfelder», antwortete Owen. «Sie spielen jetzt in Mile End; warum, weiß ich auch nicht.»

Dickon strahlte, als er das hörte. Ein zweites Wunder war geschehen. Er durfte nicht vergessen, ein Dankgebet zu sprechen. Doch eines Tages mußte er Bladebone begegnen. In Zukunft würden sicher mehrere Lehrlingsversammlungen stattfinden, und er konnte sich nicht um alle drücken. Aber vielleicht hatte er Glück, und der Kampf an der Kaimauer würde bis dahin vergessen sein. Wenigstens im Moment war die Gefahr gebannt; was in Zukunft geschehen würde, mußte er abwarten.

Dickon begann, sein neues Leben zu genießen. Er konnte bald verschiedene Stoffqualitäten unterscheiden und lernte schnell die Namen der Vertreter, die durch das Land reisten und den Stoff bei den Webern erwarben. Er hatte sich gut in die Buchhaltung eingearbeitet und durfte schon eigenverantwortlich Eintragungen machen. Das Tuchhändlerdasein, das er sich so langweilig vorgestellt hatte, erwies sich als recht interessant und abwechslungsreich.

An manchen Tagen wurde er nach Cheap geschickt, um dort an einem Tuchhändlerstand zu lernen, wie man Hauben, Tücher, Bänder und Nähseide an Londoner Hausfrauen verkauft, die sich in großer Zahl mit Körben in der Hand auf dem Markt drängten. Das machte ihm viel Spaß, denn es bedeutete, vor dem Stand in der Menge zu stehen und so laut wie möglich zu rufen: «Was wollt ihr haben? Was fehlt euch? Kauft! Kauft! Kauft!» Dabei stellte er fest, daß er mindestens ebenso laut wie die anderen Lehrlinge brüllen konnte, wenn nicht noch lauter, und daß es ihm gelang, Waren zu verkaufen, die die anderen nicht loswurden. Er war richtig stolz auf seine Begabung als Verkäufer. Es machte Spaß, eine schmucke, junge Dame, die fest entschlossen war, einen blauen Hut zu kaufen, mit einem roten zufrieden nach Hause zu schicken oder eine stämmige Hausfrau davon zu überzeugen, daß ein neuer, mit Hörnern verzierter Kopfputz ihr besser stehen würde als ihr schlichter Schleier.

Er beobachtete die Lehrlinge der anderen Zünfte und bemitleidete sie, weil sie alle Schürzen tragen mußten: die Fleischer und Fischhändler gestreifte, die Waffenschmiede und Schuhmacher lederne und die Lebensmittelhändler Schürzen aus Segeltuch. Tuchhändler brauchten keine Schürzen. Er schob sich die Kappe auf die Seite und begann, ein wenig großspurig auf und ab zu gehen.

Fronleichnam fühlte er sich bereits so sicher, als ob er sein Leben lang ein Tuchhändler gewesen wäre. Er folgte dem Banner der Tuchhändler in der Gemeindeprozession von St. Giles und nahm gemeinsam mit anderen Zunftmitgliedern am Hochamt teil. Doch dann sauste er,

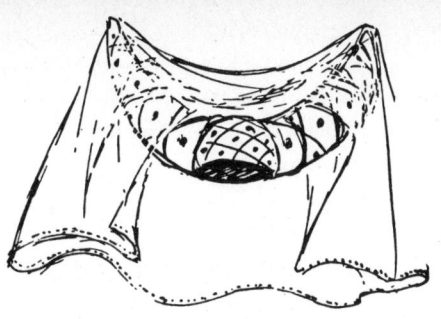

Ein mit Hörnern verzierter Kopfputz

nachdem er Master Appleyards Erlaubnis erhalten hatte, so schnell er konnte nach Hause.

Gleich nach dem Mittagessen stiegen Dickon und Adam in Jenkyns Boot. Alles hatten sie im voraus bedacht, die Gezeiten, den Wind und die Mondphasen. Jenkyn hatte noch zwei weitere Flußschiffer mitgebracht. An Bord befanden sich vier zusätzliche Ruder für den Fall, daß Adams und Dickons Mithilfe erforderlich sein würde. Nan hatte vergeblich darum gebeten, mitfahren zu dürfen. In Begleitung von Joanna eilte sie zu Goody, um dort aus dem Fenster zu schauen und dem Boot zuzuwinken, während es unter der Brücke hindurchfuhr.

Jenkyn begrüßte Dickon mit einem freundschaftlichen Lächeln: «Ihr habt Glück, junger Herr. Wißt Ihr, daß die Katharine heute nachmittag Segel setzt?»

«Heute nachmittag?» Dickon schnappte nach Luft. «Woher soll ich das wissen? Werden wir überhaupt rechtzeitig dort sein?»

«Genau rechtzeitig», antwortete der Flußschiffer. «Sie wird nicht fortsegeln, bevor Wind und Gezeiten für sie am günstigsten sind. Es ist ein wunderbarer Anblick, wenn ein so großes Schiff zum ersten Mal Segel setzt.»

«Wohin wird sie segeln?» fragte Adam, der es sich im Heck der Fähre bequem gemacht hatte.

«Nach Southampton», sagte Jenkyn kurz. «Dort wird sie liegen, bis der König sie braucht.»

Dickon kauerte sich im Bug zusammen. Das war ja noch besser, als er erwartet hatte. Sie glitten sanft mit der Flut flußabwärts. Unter der Brücke müßten sie gut darauf achten, das Boot im Gleichgewicht zu halten, warnte Jenkyn, denn die Strömung unter der Brücke sei stark. Kurz vor dem Hochwasser und besonders gleich danach sei die Gefahr am größten, denn dann rausche das Wasser heftig unter den Brückenbögen hindurch.

Auf dem oberen Teil des Flusses war es sehr ruhig. Die Sonne schien, so daß die Spiegelbilder der Anlieger und Fachwerkhäuser schwarzweiß glitzerten. Während sie flußabwärts glitten, wurde die Brücke immer größer und türmte sich schließlich wie eine hohe Wand vor ihnen auf. Sie spürten die Strömung bereits hundert Meter vorher. Aufgeregt hielt sich Dickon an den Seiten des Bootes fest. Die Pfeilerköpfe, die bootsförmigen Brückenpfeiler, standen plötzlich in bedrohlicher Größe vor ihnen. Sie waren aus kräftigen Ulmenpfählen gefertigt und mit Schutt und Eichenbalken gefüllt. Vom Ufer aus wirkten sie wie eine Linie von Pflastersteinen am Brückenfundament. Aber jetzt, als sie daraufzuruderten, erschienen sie wie eine mächtige Barrikade, durch die das kleine Boot sich den Weg bahnen mußte. Über den Pfeilerköpfen türmten sich die mächtigen Strebepfeiler und Brückenbögen auf. Darauf standen die Häuser, die immer größer wurden, je näher das Boot auf sie zuglitt.

Dickon sah hinauf, um Nan, die sicher aus Goodys Fenster schaute, eine Freude zu machen. Dabei glaubte er, winzige Gesichter und winkende Taschentücher zu erkennen. Plötzlich wurde es dunkel um sie herum. Jetzt war der Augenblick gekommen. Dickon hörte nur noch das Tosen des Wassers. Er holte tief Luft und fühlte sich wie ein fliegender Pfeil. Das Boot schoß schnell und gerade auf der schäumenden Strömung dahin. Noch bevor er wieder ausatmen konnte, waren sie schon auf der anderen Seite.

«Das habt ihr gut gemacht», rief Jenkyn, sobald man seine Stimme wieder hören konnte. «Es war schon fast Hochwasser, aber wir mußten es riskieren, sonst hätten wir die Katharine verpaßt.»

Das Getöse verebbte hinter ihnen, während sie in den breiten Flußabschnitt bei Billingsgate getrieben wurden.

Dickon entspannte sich und schaute sich eifrig um. Hier war alles anders. Hohe Häuser standen dicht nebeneinander. An den Anlegern ankerten fast nur hochseetüchtige Schiffe. Die Kaimauer war mit Kränen und Flaschenzügen ausgestattet, um schwere Lasten auf- und abladen zu können. Dickon schaute zur Brücke zurück. Auch sie wirkte von dieser Seite ganz anders. Die Kapelle, die auf einem Pfeilerkopf errichtet worden war, sah aus, als ob sie sich direkt aus dem Wasser erheben würde. Dickon hatte noch nie zuvor gesehen, daß sich im unteren Teil der Kapelle auf der Höhe des Flusses eine kleine Tür befand, so daß die Menschen mit dem Boot zur Kirche kommen konnten.

«Ich glaube, die Fahne des Königs flattert auf dem Tower», verkündete Adam.

Dickon schaute sich schnell um. Der Tower war noch ziemlich weit weg. Adam mußte Adleraugen haben, wenn er eine solche Einzelheit auf die Entfernung erkennen konnte. Auf jedem Türmchen flatterten Fahnen. Aber als sie auf die Mitte des Flusses zusteuerten, sah er, daß Adam recht hatte. Auf dem weißen Tower, dem Bergfried, wehten drei Standarten: das rote Kreuz von St. Georg, das Banner von England – eine gefesselte Antilope, das persönliche Wappen des Königs – und die königliche Standarte mit den englischen Löwen und den französischen Lilien.

Der Tower wirkte vom Fluß weitaus beeindruckender als von der Stadt aus. Dickon legte sich die Hand über die Augen und starrte ihn an, als ob sein Blick durch die dicken, steinernen Wände dringen könnte.

«Ich wußte nicht, daß der König heute da ist», sagte er mit verhaltenem Atem.

«Er ist heute hier und morgen dort, wie ein Hampelmann», entgegnete Jenkyn knapp. «In Eltham, Sheen oder Westminster, man weiß nie genau, wo er steckt.»

Dickon warf einen kurzen Blick auf seinen Freund. Es war häßlich, so über den König zu sprechen. Aber gerade in diesem Augenblick verhakten sich ihre Ruder mit denen einer anderen Fähre. Fast wären sie ins Wasser gezogen worden.

Der Fluß wimmelte von kleinen Booten, die auf dasselbe Ziel zusteuerten. Anscheinend wußten alle, daß die Katharine bereit war fortzu-

Der Tower vom Fluß aus gesehen

segeln. Für die kleine Fähre war es unmöglich, mit den anderen Booten mitzuhalten. Dickon war darüber nicht traurig, denn so blieb ihm mehr Zeit, sich umzuschauen. Adam wollte ihm die Abtei von Bermondsey zeigen, die zwischen den Bäumen am Südufer stand, aber Dickon interessierte sich mehr für das Marschland auf der Seite von Essex. Der Fluß umrundete in einem großen Bogen ein schlammbedecktes Gebiet, das mit grobem, vom Wind niedergedrücktem Gras bedeckt war. Weit und breit war keine menschliche Behausung zu sehen. Warum segelten und kreisten darüber große Raubvögel, Gabelweihen und dunkelgefiederte Möwen? Während Dickon nach einer Antwort suchte, sah er eine Reihe von Galgen am Flußufer stehen. Einige waren leer, aber an anderen hingen die grausigen Überreste von Leichen.

«Das sind die Niederungen von Wapping», erklärte Jenkyn und hörte auf zu rudern. «Dort werden Piraten gehängt. Die Plünderungen von Schiffen wären unbegrenzt, wenn das Gesetz kein Beispiel setzen würde.»

Dickon starrte voller Entsetzen auf die Knochen, die sanft an den knarrenden Ketten hin- und herschwangen. Plötzlich brach Adam die grausige Stimmung.

«Seht mal», rief er, «das große Segel dort! Ist das die Katharine?»

Vor ihnen ragte eine niedrige Landzunge ins Wasser, hinter der bunte Dächer und Masten zu sehen waren. Aus diesem kleinen Hafen lief langsam und majestätisch ein großes Schiff aus. Eines der riesigen, bemalten Segel wurde gerade hochgezogen.

«Gott, behüte uns! Das ist die Katharine», schrie Jenkyn. «Entweder ist sie zu früh dran oder ich habe das Hochwasser falsch berechnet. Kommt, Jungs, laßt uns aus der Menge herausrudern! Wir werden dort in der Nähe des Ufers bleiben. Von da aus haben wir die beste Sicht. Wenn wir versuchen, die Landzunge zu umrunden, ist die Katharine schon fort, bevor wir an sie herangekommen sind.»

Damit hatte er allerdings recht. Die Katharine wurde schon schneller, als der Wind das Segel aufblies. Die Landzunge war nichts weiter als ein Wall aus morastigen Erhebungen, der so niedrig war, daß er kaum die Wasserlinie des Schiffes verbarg. An Land liefen Gruppen von jubelnden Menschen neben dem Schiff auf und ab. Die fröhlichen Antworten der Seeleute waren schon von weitem über das Wasser hin zu hören. Dutzende kleine Figuren eilten auf Vorderdeck und Heck, kletterten an der Takelage zu den Ausgucks empor und winkten der Menge zu. Flaggen und Wimpel wurden zum Abschied hoch- und wieder heruntergezogen, und die eisernen Hellebarden auf dem Oberdeck glitzerten in der Sonne.

«Würdet ihr nicht auch am liebsten mitfahren?» rief Dickon, vom Augenblick überwältigt. «Was ist das für ein Bild auf ihrem Segel? Ich kann es von hier aus nicht erkennen. Irgend etwas Rundes, oder?»

«Das Rad der Heiligen Katharina natürlich», verkündete Adam. «Oben auf dem Masttopp ist nochmal ein goldenes Emblem.»

«Die Stocklaterne und die Antilope, zwei Wappen des Königs», sagte Jenkyn. «Die großen, neuen Schiffe tragen alle königliche Wappen, die Cog John beispielsweise einen gekrönten Löwen und die Holy Ghost einen Schwan.»

Die Katharine fuhr langsam den Fluß herunter. Sie beobachteten, wie das große Schiff die kurvenreiche Wasserstraße entlangsegelte. Viele kleine Boote folgten ihr, und Dickon wäre am liebsten dabeigewesen. Aber Jenkyn schüttelte den Kopf.

«Dazu ist unser Boot zu schwer. Vergeßt nicht, daß wir auf dem Rückweg gegen das ablaufende Wasser anrudern müssen. Wenn ihr wollt,

Langsam und majestätisch lief das große Schiff aus

bleiben wir hier und beobachten die Katharine noch eine Weile. Sie wird mindestens noch eine Stunde lang sichtbar sein.»

Um zu zeigen, daß er Zeit hatte, packte er Angelhaken und Köder aus, befestigte beides an einer Schnur und warf sie ins Wasser. Dann streckte er sich auf dem Boden des Bootes aus und schlief ein.

Adam und Dickon schauten hinter der Katharine her. Während sie dem kurvenreichen Flußlauf folgte, wurde sie mal auf der einen, mal auf der anderen Seite von der Sonne beschienen. Entweder glitzerten die Schilde, die am Heck befestigt waren, oder das geschnitzte und bemalte Steuerruder wurde im Sonnenlicht sichtbar. Das helle Segel verschmolz allmählich mit der Farbe des Himmels, und das letzte, was sie von ihr sahen, war das Glitzern der goldenen Antilope am Masttopp.

Als sie in der Ferne verschwunden war, wandte sich Dickon zufrieden um und schaute flußaufwärts. Um sie herum sah es eher so aus, als befänden sie sich fernab von jeglicher menschlichen Behausung und nicht in der Nähe des Towers. Nur eine dünne Rauchschicht über den Niederungen und die Silhouetten der Kirchturmspitzen, aus denen die von St. Paul's herausragte, erinnerten an die Nähe der Stadt.

Die kleinen Boote waren alle verschwunden, so daß sie den ganzen Fluß für sich alleine hatten. Jenkyn erhob sich gähnend, zog die Angelschnur ins Boot und freute sich über den schönen, großen Aal, der daran hing. Er schlug ihm auf den Kopf und warf ihn ins Heck, wo er noch einige Male zuckte. Bis zur Brücke war es nicht mehr weit. Das Wasser an den Brückenpfeilern floß viel ruhiger als auf dem Hinweg. Diesmal kostete es allerdings viel Kraft, das Boot voni unteren auf den oberen Teil des Flusses zu befördern. Jenkyn rief: «Eins, zwei, drei!», damit seine Männer im Takt ruderten und das Boot gut vorankam.

Die Durchfahrt gelang ihnen ohne weitere Schwierigkeiten, abgesehen davon, daß etwas Wasser ins Boot lief. Oberhalb der Brücke fühlten sie sich wieder wie auf einem ruhigen See. Adam lehnte sich nach vorne und flüsterte Jenkyn etwas ins Ohr. Dickon stellte überrascht fest, daß sie weder auf Dowgate noch auf Granthams Anleger zusteuerten, sondern auf das Ufer von Southwark.

«Wo wollen wir hin?» fragte er, als das Boot auflief. Adam erhob sich. «Ich habe Neuigkeiten für Master Gross. Es wird nicht lange dauern.

Oder möchtest du mitkommen? Zum Grünen Falken ist es nicht weit.»

«Ich komme mit», antwortete Dickon fröhlich. Er war immer für etwas Neues aufgeschlossen, und Adams bisher sorgfältig gehütetes Geheimnis könnte sich als sehr interessant erweisen. Außerdem gab es noch einen weiteren Vorteil: Je später er nach London zurückkehrte, desto geringer war die Gefahr, mit dem Lehrlingstreffen etwas zu tun zu bekommen.

Der Grüne Falke

Im Grünen Falken

Von der anderen Seite des Flusses aus gesehen, wirkte Bankside recht nett. Es erstreckte sich direkt am Rande der Themse, denn dort war der Erdboden so hoch, daß darauf gebaut werden konnte. Von nahem sah es jedoch ganz anders aus. Am Fuße der Brücke gab es schöne Kirchen und Paläste, doch allmählich wurden die verstreut liegenden Häuser immer unscheinbarer, bis sie schließlich nur noch als schäbige Hütten bezeichnet werden konnten, die in schmutzigen, schlammigen Gassen standen.

Adam führte seinen Bruder über den Flußstrand, an dem die Flut, die von keiner Kaimauer gestoppt wurde, ihre Abfälle hinterlassen hatte. Hier hatte Dickon schon oft mit Jenkyn gestanden und auf Passagiere gewartet, denn an dieser Stelle legte die Fähre nach Dowgate ab. Das war der älteste Weg über den Fluß. Aber Dickon hatte sich nie zuvor weiter ins Landesinnere gewagt. Nun folgte er Adam durch die schmalen Gassen. Dabei achtete er genau darauf, wo er hintrat und hielt sich manchmal sogar die Nase zu. Jeder war in London an unangenehme Gerüche gewöhnt, aber ein solcher Gestank wäre in der In-

nenstadt verboten worden. Gab es in Southwark keine Straßenkeh-
rer?

Schließlich standen sie unter einem Schild, auf dem ein grüner Vogel
zu sehen war, und betraten kurz darauf den Innenhof des Grünen Falken. Er wirkte zwar sehr ärmlich, war aber immerhin gepflastert. In
der Mitte stand ein Wassertrog, der einigermaßen sauber aussah.

Eine Außentreppe führte zu einer hölzernen Galerie empor. Zwei
Männer lehnten über dem Geländer und unterhielten sich. Der eine
hatte ein rotes Gesicht, war sehr dick und trug die Schürze eines
Schankwirtes. Der andere war Master Saloman Gross, der Alchimist.
Beide begrüßten Adam so, als ob sie ihn bereits erwarteten. Der
Schankwirt erzählte einen Witz, den Dickon nicht verstand, und brach
darauf in ein schnaufendes, gröhlendes Gelächter aus, während Adam
die Stufen heraufsprang und sofort ein ernstes Gespräch mit dem Alchimisten begann.

Dickon, der plötzlich alleine dastand, fühlte sich veralbert und über-
flüssig. Doch fast im selben Augenblick kam der Schankwirt die
Treppe herunter, die unter seinem Gewicht knarrte und stöhnte.

«Was kann ich für dich tun, junger Herr?» rief er heiter. «Wie wär's mit
einem Krug Bier? Oder möchtest du lieber einen guten, aufmuntern-
den Met? Du siehst aus, als ob du was vertragen kannst. Du bist doch
der junge Held, der die Riesen an Granthams Kaimauer niederge-
streckt hat, stimmt's?»

Dickon starrte ihn an. Woher wußte dieser fette, alte Wirt etwas über
seinen Kampf?

«Wir haben es von Lob gehört, dem armen, kleinen Kerl, dem du das
Leben gerettet hast», antwortete der Wirt, als wenn er seine Frage
gehört hätte. «Seine Mutter wäscht hier die Bierkrüge ab. Er ist ein
schmächtiges Bürschlein, sie hätten ihn sicher umgebracht, wenn du
ihm nicht geholfen hättest.»

Dickon straffte die Schultern und lächelte. Er hatte sich schon daran
gewöhnt, den Kampf als etwas anzusehen, das man lieber verschweigen sollte. Es tat gut, dafür auch einmal gelobt zu werden. Nachdem
Adam sich über das Geländer gelehnt und ihm zugerufen hatte, er solle
noch ein paar Minuten warten, folgte er dem Wirt in eine Stube, in der
es sehr stark nach abgestandenem Bier roch. Er bekam ein Horn, das

mit einer schäumenden Flüssigkeit gefüllt war, und probierte einen Schluck. Es schmeckte mild und erfrischte ihn nach dem langen Nachmittag.

Ein Bierhorn

«Du bist jetzt ein Lehrling», bemerkte sein Gastgeber. «Ich bin sicher, daß du geschickt mit deinem Knüppel umgehen kannst. Du hast die Eigenschaften eines guten Kämpfers. Hast du jemals überlegt, mit der Armee nach Frankreich zu gehen?» Dickon war überrascht. Auf die Idee, antwortete er, wäre er noch nie gekommen.

«Dort werden Jungen wie du gebraucht», meinte der Wirt und bewegte den Kopf hin und her, bis seine fette Wamme zitterte. «Die Truppe, die in der Stadt ausgebildet wird, würde dich sicher gerne dabeihaben.»

«Das ist unmöglich. Ich bin ein vereidigter Lehrling.»

«Es gibt da auch andere Wege. Die besten Aufstiegsmöglichkeiten haben die Söldner, die sich einfach der Truppe eines großen Führers anschließen. Einer von ihnen ist gerade hier bei uns, Thomas Bason, ein Soldat aus dem Westen. Er gehört zu den Leuten von Lord Scrope, und Lord Scrope ist der Lieblingsvetter von König Harry. Du kannst mir glauben, unser Thomas wird bald zu den wichtigsten Herren Englands zählen. Er schläft noch, denn er war die ganze Nacht unterwegs, aber er wird jeden Moment runterkommen.»

Dickon starrte auf seinen letzten Rest Bier. Der Wirt füllte ihm das Horn zum zweiten Mal und schenkte auch sich selbst etwas ein, allerdings aus einem anderen Krug.

«Ich bin auch lange Soldat gewesen», erzählte er. «In König Richards Zeiten war ich bei der Kavallerie. Ich heiße Benedict Wolman. Seinerzeit übte ich viele verschiedene Berufe aus. Unter anderem war ich Aufseher im Marshalsea-Gefängnis. Deshalb habe ich mich entschlossen, auf meine alten Tage eine Schenke vor den Gefängnistoren zu eröffnen, denn hier sind meine Einnahmen gesichert.»

Dickon schaute sich um, als ob der Schatten des Marshalsea-Gefängnisses den Raum verdunkeln würde.

«Es befindet sich auf der anderen Seite des Hofes, hinter der Steinmauer», meinte Wolman, als ob er Dickons Gedanken erraten hätte. «Nachts kann man das Stöhnen der Gefangenen hören, wenn die Gäste nicht allzu lebhaft sind. In Southwark gibt es Gefängnisse genug: das Marshalsea, das King's Bench und das Clink. Hier leben Bischöfe und Mönche zwischen Schurken und Vagabunden. Die Stadt wird gesäubert, damit die Feiglinge sich nicht fürchten müssen. Ach ja, zu König Richards Zeiten sah die Welt ganz anders aus.»

«Das sagt mein Großvater auch immer», meinte Dickon, dem keine bessere Antwort einfiel.

Benedict Wolman neigte sich nach vorn: «Hast du schon gehört, daß König Richard noch am Leben sein soll?» fragte er in einem vertraulichen Ton.

«Am Leben?» Dickon schnappte nach Luft. «Das kann nicht sein, König Harry hat seine Leiche nach Westminster gebracht. Dort wurden Messen für seine Seele gehalten.»

«Trotzdem geht das Gerücht um, daß er lebt und am schottischen Hof gefangengehalten wird. Es sollen ihn einige dort gesehen haben. Aber vielleicht ist das nur eine Lügengeschichte. Berufe dich nicht auf mich. Ah, da kommt Thomas Bason. Ich habe dir ja schon von ihm erzählt. Er steht im Dienst von Lord Scrope.»

In diesem Augenblick betrat ein Mann durch eine niedrige Hintertür die Stube. Er war klein und untersetzt. Über eine Seite seines pockennarbigen Gesichtes lief die lange rote Narbe eines Schwerthiebes und entstellte Mund und Nase. Haare und Bart sahen so borstig aus wie Dachsfell. Das Kopfhaar war zu kurz und der Bart zu lang. Zuerst starrte er Dickon an, und dann warf er dem Wirt einen bedeutungsvollen Blick zu.

«Ihr Brote und Fische», brummelte er. «Beinah hätte ich den ganzen Tag verschlafen.»

«Das Netz ist voll», entgegnete Benedict Wolman heiter. «Du bekommst gleich ein Bier. Wenn du das getrunken hast, wird es dir bessergehen. Hier haben wir einen jungen Mann, der Soldat werden will. Ich habe ihm erzählt, daß du ihm einen Sonderplatz in Lord Scropes Truppe beschaffen kannst.» Er kümmerte sich nicht um Dickons Widerspruch, sondern fuhr einfach fort: «Das sei das beste, was er tun könne, habe ich ihm geraten. Lord Scrope steht dem König sehr nahe.»

«Der König liebt ihn wie seinen Bruder», ergänzte der pockennarbige Mann. Dabei wischte er sich mit einer Hand den Bierschaum vom Mund und schüttelte ihn in die Binsen. «Seine Gnaden will nicht ohne ihn sein. Auf den Feldzügen teilt er das Bett des Königs.»

Endlich gelang es Dickon, das Wort zu ergreifen. «Ich möchte nicht Soldat werden», sagte er mit fester Stimme. «Wenn alles gutgeht, wird Master Whittington mich mit den kaufmännischen Überseespekulanten segeln lassen.»

«Whittington», rief Wolman schneidend. «Was hat Whittington damit zu tun?»

«Er ist mein Meister. Ich bin bei ihm in der Lehre.»

«Lehrling bei Whittington?» wiederholte der Wirt. Er war offensichtlich verblüfft. «Das wußte ich nicht. Niemand hat es mir erzählt.»

Während Dickon sich wunderte, warum es ihm jemand erzählt haben sollte, plapperte der Wirt bereits weiter:

«Dick Whittington ist ein großer Mann. Ich habe gehört, daß er ein neues Büro eröffnet haben soll, um Verräter aus der Stadt zu jagen. Stimmt das?»

Dickon starrte ihn an. Woher wußte der Mann das bloß? Dick Whittington hatte doch damals gesagt, daß es ein großes Geheimnis sei. Er entschloß sich, Wolman zu täuschen.

«Das ist ja eine tolle Geschichte», lachte er und leerte einen nicht vorhandenen letzten Schluck aus seinem Bierhorn. «Von wem habt Ihr das gehört?»

«Daran kann ich mich nicht erinnern», antwortete Wolman ruhig. «In einer Schenke wird immer viel geklatscht.»

In diesem Moment kündigten Schritte auf der Treppe die Ankunft des Alchimisten und Adams an. Master Gross warf einen kurzen Blick in die Runde, um zu sehen, wer alles da war. Er begrüßte Dickon mit einem Kopfnicken und lud Adam zu einem Krug Bier ein. Aber der meinte, sie müßten jetzt gehen, denn der Fährmann habe lange genug gewartet.

Der Wirt und der Soldat erhoben ihre Krüge, um sich von Dickon zu verabschieden. Der lächelte ihnen zu, als er hinausging, war aber heilfroh, den Ort verlassen zu können.

Er folgte dem Alchimisten und seinem Bruder über den Hof. Kurz vor der abstoßenden Mauer des Marshalsea-Gefängnisses kippte ein Junge Schweinefutter in einen Trog. Er stellte den Eimer auf den Boden und schaute die drei mit großen Augen an. Das blasse, hutzelige Gesicht kam Dickon bekannt vor, aber er wußte nicht woher. Doch als der Junge ihn schüchtern anlächelte, fiel es ihm ein, und er lächelte zurück. Natürlich, das war Lob, der Fischhändlerlehrling.

Jenkyn saß ganz alleine im Boot und wartete. Er schnitzte geduldig mit seinem Taschenmesser an einem Stock. Master Gross nickte ihm zu und drückte ihm eine Münze in die Hand. Dickon wunderte sich, warum der Alchimist ihren Fährmann bezahlte. Adams Besuch mußte ihm viel wert gewesen sein, wenn er Jenkyn für das Warten belohnte. Aber er verabschiedete sich respektvoll von Master Gross, als Antwort auf dessen müdes Lächeln, und setzte sich zu Adam ins Boot.

Beide schwiegen, während sie den Fluß überquerten. An Granthams Kaimaner fiel Dickon gerade noch rechtzeitig seine gute Erziehung ein. Er nahm sich ein Beispiel an Adam und dankte Jenkyn für den schönen Nachmittag. Als der Fährmann fortruderte, folgte er seinem Bruder in dessen kleine Ecke im Speicherhaus.

Wie an jedem Feiertag war im ganzen Haus kein Mensch zu sehen. Adam ging sofort an seinen Arbeitsplatz, zog ein kleines silbernes Fläschchen aus der Tasche, schüttete daraus ein paar Kristalle in seinen kleinen Mörser und zerrieb sie mit dem Stößel.

Dickon beobachtete ihn. Er war vollkommen durcheinander. Der Grüne Falke war eine üble Spelunke. Dort herrschte eine verschwörerische Stimmung. Wenn ganz Southwark so war, wunderte er sich

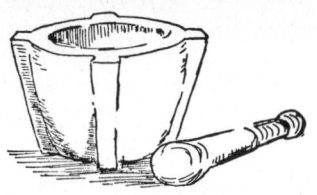

Mörser und Stößel

nicht, daß es einen schlechten Ruf hatte. Die Worte des Wirtes bereiteten ihm am meisten Kopfzerbrechen. Was sollte dieses merkwürdige Gerede von Broten und Fischen? Ihm war schon öfter aufgefallen, daß auf den Ausspruch: «Ihr Brote und Fische» die Antwort: «Das Netz ist voll!» erfolgte. Was hatte das zu bedeuten? Zunächst hielt er es für ein beliebtes Wortspiel, aber jetzt kamen ihm böse Ahnungen.

Woher wußte Wolman von dem Auftrag, den Master Whittington vom König bekommen hatte? Das war wirklich unheimlich. Er erinnerte sich daran, wie vorsichtig Master Whittington gewesen war, als er ihnen davon berichtet hatte. Nach dem gemeinsamen Mittagessen bei Großvater hatte er Nan sogar gebeten zu schauen, ob ihnen auch wirklich niemand zuhören konnte. Und trotzdem wußten es bereits die Menschen in Southwark. Dickon beobachtete Adams sorgfältiges Abwiegen mit gerunzelter Stirn. Obwohl er es nicht wahrhaben wollte, mußte er doch daran denken, daß Adam gleich nach dem Mittagessen in den Grünen Falken gegangen war. Er hatte das Gefühl, Adam fragen zu müssen, komme was wolle. Doch er wußte nicht, wie er es anfangen sollte. Adam war sein älterer Bruder. Bis jetzt war er noch nie darauf gekommen, etwas in Frage zu stellen, was dieser getan hatte.

Dickon holte tief Luft und wagte den ersten Schritt:

«Was machst du da?»

Adam schaute sich um, seine Augen leuchteten vor Eifer. «Das ist Antimon», antwortete er. «Ich habe es von Master Gross bekommen, es ist besonders wertvoll. Er meinte, es könne das Quecksilber in meinem Allheilmittel ersetzen, wenn man es mit dem Bodensatz von Weißwein vermischt. Du weißt von meinem Allheilmittel, oder?

145

Mein Gott, ich habe vergessen, daß du von zu Hause fortgegangen bist, bevor alles begann.»

«Bevor was begann?» fragte Dickon. Hier mußte etwas Geheimnisvolles geschehen sein. Gespannt lauschte er Adams ausführlichen Erklärungen über sein Experiment und den zukünftigen Erfolg, den ihm der Alchimist versprochen hatte. Natürlich war der Gedanke aufregend, ein Mittel zu erfinden, das jede Krankheit heilen konnte. Dickon wunderte sich nicht, daß Adam sich selbst vergaß, wenn er darüber nachdachte. Und trotzdem war er nicht beruhigt. Er wagte es nicht zu sagen, aber ihm schien es zu schön, um wahr zu sein.

«Und nun», meinte Adam am Ende seines langen Vortrags, «brauchen wir nur noch das Silbersalz, und das wird frühestens in einem Monat hier sein, wenn nicht später.»

Dickon, der sich noch immer Sorgen machte, fragte unmittelbar: «Was machst du im Grünen Falken? Wo warst du, als ich in der Wirtsstube saß?»

«In Master Gross' Werkstatt», antwortete Adam, ohne zu zögern. «Ich habe bei ihm schon eine Menge gelernt. Er hat einen Ofen, in dem man Metalle ausschmelzen kann, und die feinsten Schmelztiegel und Destillierkolben, die ich je gesehen habe. Ich werde ihn fragen, ob er sie dir zeigen kann, wenn du möchtest.»

Adams Worte klangen so offen, daß es unmöglich war, etwas Falsches dahinter zu vermuten. Trotzdem schüttelte Dickon mit dem Kopf.

«Mir gefällt der Grüne Falke nicht», meinte er. «Der Wirt weiß, daß Dick Whittington Auftrag erhalten hat, nach Verrätern zu suchen.»

«Ah ja», antwortete Adam ungerührt. Er füllte die Kristalle zurück in das Fläschchen.

«Hast du es ihm erzählt?»

«Natürlich nicht.» Seine Stimme klang ganz normal. Er war nicht einmal ärgerlich.

«Ich glaube, sie sind Rebellen», sagte Dickon mutig. «Ich möchte nicht, daß du dort hingehst.»

Adam stellte das Fläschchen auf den Tisch und sah seinen Bruder an.

«Sei nicht albern», sagte er, als ob er mit einem kleinen Kind sprechen würde. «Das ist die Chance meines Lebens. Master Gross ist ein großer Wissenschaftler. Er hat keine Zeit für kirchliche Angelegenheiten.»

«Es geht nicht um kirchliche Angelegenheiten, sondern um Verrat», entgegnete Dickon hitzig. «Wir sollten Master Whittington davon erzählen.»

Nun verfinsterte sich auch Adams Gesicht. «Hör mir mal gut zu! Ich gestatte nicht, daß du meine Pläne mit deinen Schuljungenphantasien durchkreuzt. Ich habe mein Geheimnis mit dir geteilt, und du darfst es nicht weitererzählen. Es wird dir schlecht bekommen, wenn du weiterhin in diesem Ton mit mir sprichst. Obwohl du jünger bist als ich, hat Dick Whittington dich erwählt, denn du bist sein Patensohn. Du hast die Chance, deinen Platz in der Welt zu finden, während ich hier bleiben muß, um Großvater zu dienen und seine Launen zu besänftigen. Als Krönung beschwerst du dich darüber, wo ich hingehe und was ich tue. Ich kümmere mich keinen Pfifferling um das, was Master Gross über Kirchenangelegenheiten denkt. Danach frage ich ihn nicht. Er zeigt mir einen Weg, den ich gehen kann. Nichts soll mich daran hindern, mein Wissen zu erweitern.»

Dickon schwieg. Wenn Adam den Fall so betrachtete, konnte er nichts mehr dazu sagen.

«Nun?» drängte sein Bruder schließlich. «Wirst du mein Geheimnis trotzdem bewahren?»

Dickon sah ihn an und grinste. Schließlich war Adam ihm am wichtigsten. «Na klar!»

Trotz dieses Versprechens fühlte sich Dickon noch lange nicht erleichtert, als er nach einem gemütlichen Abendessen in der Familie zurück zum Krüppeltor lief.

Die Idee, daß Master Whittington ihn Adam vorgezogen hatte, indem er ihn als Lehrling einstellte, war ihm vorher nie gekommen. In seinen Augen war Adam der glücklichere gewesen, der in Ruhe unter Großvater im Familienbetrieb arbeiten konnte und immer den Anblick und die Geräusche des Flusses um sich hatte. Aber jetzt sah er es mit anderen Augen. Ihm öffnete sich die Welt, während Adam noch immer wie ein Kind unter Großvaters Fuchtel lebte.

Die Schweine von St. Anthony's

Ungeachtet dessen schien ihm der Grüne Falke noch immer verdächtig. Nun war er sich zwar sicher, daß nicht Adam Master Whittingtons Geheimnis verraten hatte, aber die Tatsache, daß es dort bekannt war, ließ sich nicht leugnen. Und was sollte diese merkwürdige Geschichte von König Richard? Er dachte noch einmal über das ganze Gespräch nach, während er durch die Londoner Straßen schlenderte, in denen es noch immer von Menschen wimmelte, die den Feiertag ausnutzten. Was sollte er tun? Er konnte Master Whittington nichts erzählen, ohne Adam zu verraten. Er durfte nicht einmal seine Gedanken zu dem Ausspruch: «Ihr Brote und Fische!» preisgeben. Master Whittington würde ihn ausquetschen wie eine Zitrone und die ganze Geschichte erfahren. Dann dürfte Adam nicht mehr dorthin gehen, und seine Erfindung geriete in Gefahr.

Er mußte sich entscheiden zwischen seiner Pflicht gegenüber Dick Whittington und seiner Treue zu Adam. Doch eigentlich war es klar, er stand auf Adams Seite.

Während er diese Entscheidung fällte, überquerte er Cheap. Es wurde bereits dunkel, und er fühlte sich sehr müde. Der Tag war lang und aufregend gewesen. Er stapfte gerade durch die Wood Street, als plötzlich vertraute Geräusche an sein Ohr drangen: Ein mehrstimmiges Grunzen, das von klingenden Glöckchen begleitet wurde. Dickon erkannte es sofort. Das waren die Schweine von St. Anthony's, die in einem Abfallhaufen an der Ecke wühlten. Die Mönche von St. Anthony's Hospiz, der alten Schule, genossen das Vorrecht, Schweine zu halten, die durch die Straßen streiften und sich unter den Marktständen oder anderswo etwas zu fressen suchten. Das waren die einzigen Schweine in der ganzen Stadt, die frei herumlaufen durften, alle anderen wurden in Ställen gehalten. Er war schon oft mit einem Stock hinausgeschickt worden, um sie zusammenzutreiben. Das Geräusch der Glocken, die sie um den Hals trugen, führte ihn in seine Kindheit zurück und tröstete ihn. Er lief um die Ecke, um sie anzusehen: eine alte, dicke Sau mit ihren Jungen. Sie alle bekamen einen freundschaftlichen Schlag aufs Hinterteil als Erinnerung an alte Zeiten. Dabei sah er, daß die Ferkel schon fast so groß wie ihre Mutter waren. Er erinnerte sich noch genau an ihre Geburt. So schnell verging die Zeit.

Plötzlich begann das Abendläuten, während er noch bei den Schweinen herumtrödelte. Er sauste los. Der Wächter des Krüppeltores sah Dickon kommen und wartete mit einer Laterne unter dem Torbogen auf ihn. Die eine Hälfte der schweren Tür hielt er offen. Nachdem Dickon hindurchgeschlüpft und das Gitter hinter ihm heruntergerasselt war, rannte er so schnell er konnte und hielt erst in der gemütlichen Küche von Mistress Appleyard wieder an.

Die marschierende Wache

Johanni

Als Dickon wieder bei der Arbeit war, dachte er kaum noch an den Grünen Falken. Jetzt beschäftigten ihn andere Fragen.

Auf dem Lehrlingstreffen war anscheinend nichts Aufregendes geschehen. Die anderen Lehrlinge sprachen kaum darüber, waren aber ihrerseits sehr daran interessiert, Dickons Geschichte über die Katharine zu hören. Dickon war sehr zufrieden mit seinem neuen Leben. Er verstand sich gut mit den anderen Jungen und lernte mit großem Eifer. Master Whittington begegnete er nicht. Auch die versprochene Einladung in «Whittington's Palace» in Hard Street ließ auf sich warten. Aber darüber war Dickon nur froh, denn zur Zeit mochte er seinem Paten nicht gegenübertreten.

Die Junisonne strahlte. Im Sommer waren die Arbeitstage lang, denn die Sonne ging früh auf und spät unter. Die Menschen nutzten das Tageslicht, von dem im Winter so wenig zu sehen war. Aber Mutter

Kirche, die nicht wollte, daß ihre Kinder all die schönen Tage mit Arbeit verschwendeten, hatte die Sommermonate mit Feiertagen gesegnet: Christi Himmelfahrt, Fronleichnam, Johanni und eine Woche später Peter und Paul.

Johanni war das schönste Fest des Jahres. Auf jedem freien Platz wurden Freudenfeuer angezündet, und die Häuser wurden mit Girlanden geschmückt und in der Nacht beleuchtet. Die Menschen stellten Tische vor ihre Türen und boten Kuchen und Bier an. Den Höhepunkt bildete die marschierende Wache, eine lange Prozession von Fackelträgern, die am Fest selbst und am Abend zuvor durch die Londoner Straßen zog. Alle Zünfte nahmen daran teil, und die Mitglieder, die mit Fackeln und Bannern mitlaufen durften, wurden von ihren Kollegen beneidet. Grub Street war in heller Aufregung, weil der große Robert dazu auserkoren worden war, eine flammende Stocklaterne in den Reihen der Tuchhändler zu tragen.

Dickon zählte bereits die Tage bis Johanni, weil er dann nach Hause gehen durfte. Er wollte sich mit Adam zusammen einen guten Aussichtspunkt suchen, um die marschierende Wache zu beobachten. Da gab es viele Möglichkeiten, denn die Prozession begann am Stadttor St. Paul's. Sie führte durch die ganze Stadt bis zum Aldgate und auf einem anderen Weg zurück. Keine Prozession im ganzen Jahr konnte mit der marschierenden Wache verglichen werden. Der Bürgermeister und der Sheriff ritten mit, und ungefähr tausend flammende Fackeln und Stocklaternen bewegten sich wie eine große, glitzernde Schlange durch die Straßen.

Am Vormittag des 23. Juni wurde in der Grub Street wenig gearbeitet. Dickon sollte eine Lieferung Bettlaken aus Witney, die Owen und Toby gerade auspackten, in das Hauptbuch eintragen. Aber wer mochte sich an einem strahlenden Mittsommerabend schon mit Bettlaken beschäftigen? So warteten alle drei sehnsüchtig auf das Mittagläuten, als Robert plötzlich erschien. Er war erhitzt und verärgert. Sein Blick fiel sofort auf Dickon.

«Hast du Lust, mit mir an der Prozession teilzunehmen?» fragte er. «Ich soll einen Helfer mitbringen, der meine Stocklaterne auffüllt, und der Junge, der für diese Aufgabe bestimmt war, liegt mit Sommergrippe im Bett.»

Dickons Freudenschrei wurde von den Protestrufen der anderen beiden erstickt. Robert erhob eine Hand.

«Ich weiß, ich weiß, er ist erst seit kurzem bei uns. Aber keiner von euch beiden kann diese Aufgabe übernehmen. Sie ist nicht leicht, das könnt ihr mir glauben. Owen ist nicht stark genug, und Toby ist zu klein. Er reicht nicht bis an die Laterne.»

Die Protestrufe verebbten. Nach dem Mittagessen wurde Dickon der Umhang der Tuchhändlertracht überreicht, und Robert zeigte ihm, was er zu tun habe.

Dickon konnte sein Glück kaum fassen. Seit Jahren hatte er der Prozession zugeschaut, hatte aber niemals zu träumen gewagt, daß er schon so bald mitlaufen würde. Als er zusammen mit Robert in der Grub Street loslief, freute er sich, daß Großvater, Tante Isabel und Nan von einem Haus in Cheapside aus die marschierende Wache beobachten konnten.

Die Prozession formierte sich in den Straßen um St. Paul's. Robert und Dickon trafen auf ein ungeheures Durcheinander, das so wirkte, als ob es sich niemals ordnen ließe. Einige hundert Männer der Stadtwache waren dabei: Pikeniere mit glänzenden Brustpanzern, Trompeter zu Pferde, Trommler, Flötenspieler und Bogenschützen in weißen, mit dem Stadtwappen geschmückten Waffenröcken. Dazu kam die Parade der Gilden und Zünfte mit ihren Bannern und Fackeln.

Robert hatte genaue Anweisungen bekommen, so daß sie die Abteilung der Tuchhändler ohne Schwierigkeiten fanden. Bei Einbruch der Dämmerung wurden die Stocklaternen angezündet. Dickon trug eine Tasche voller Werg und eine Zunderbüchse mit glimmenden Leinenfetzen. So war er jederzeit bereit, Roberts Laterne wieder aufzufüllen. Nachdem die Fackeln und Laternen angezündet waren, breitete sich ein erstickender, beißender Rauch aus. Alle husteten und spuckten, bis endlich der Befehl zum Abmarsch durch die Reihen lief. Als die Fackeln hochgehoben wurden und entflammten, stieg auch der Rauch allmählich höher.

Die einzelnen Gruppen setzten sich langsam in Bewegung und wurden dann in die richtige Reihenfolge gebracht. Beim Tor von St. Paul's schloß sich ihnen der Sonderumzug des Bürgermeisters an. Dazu gehörten natürlich der Bürgermeister selbst, dem sein Schwertträger in voller Rüstung voranritt, die Polizisten in scharlachroten Umhängen und schließlich, zur großen Freude der Zuschauer, die Spielleute, Komödianten und Moriskentänzer.

Als sie Cheap betraten und die Musik der Flöten, Trompeten, Handglocken und Trommeln die Luft erfüllte, war Dickon glücklich und aufgeregt. Aber während sie Cornhill hinaufstiegen, fühlte er bereits, daß Robert recht hatte, als er sagte, daß dies keine leichte Aufgabe sei. Durch die vielen brennenden Fackeln und Laternen waren die Straßen heiß wie Backöfen. Die Menge drängelte. Der Lärm war ohrenbetäubend. Dickons Umhang erwürgte ihn fast, und er mußte kämpfen, wenn er zu Roberts Stocklaterne hinaufreichen wollte, um sie aufzufüllen. Kurz vor Aldgate wäre er vor Hitze und Erschöpfung fast umgekippt. Doch als er Robert anschaute, der sein Licht mit zusammengepreßten Lippen tapfer hochhielt, entschloß er sich durchzuhalten. Wenn Robert das konnte, würde er es schon auch schaffen.

Als sie nach Cheap zurückkehrten, wo die Menge am größten und lautesten war, konnte er nicht einmal mehr den Kopf heben, um nach seiner Familie Ausschau zu halten. Als endlich alles vorbei war, ließ er sich auf die nächste Treppenstufe fallen, als ob er sich nie wieder erheben könnte.

«Tja», meinte Robert und wischte sich den Schweiß von der Stirn, «ich habe dich gewarnt, oder? Die Menschen werden über dich stolpern, wenn du da sitzen bleibst. Ich würde dir raten, dich zum Brunnen von Cheap zu schleppen und dort den Kopf unter den Wasserstrahl zu halten.»

Das war eine gute Idee, besonders weil Dickon zu Hause in Granthams Gasthof schlafen wollte. Er brauchte sich also nicht zu beeilen, um rechtzeitig beim Krüppeltor zu sein. Robert bot ihm gutmütig an, seinen Umhang mitzunehmen. Für die Prozession am nächsten Abend verabredeten sie sich am selben Ort zur selben Zeit.

Als Dickon den schweren Umhang abgegeben hatte, fühlte er sich schon viel besser. Es war sehr aufregend in einer solchen Nacht auf dem großen Marktplatz. Er blieb stehen, um Komödianten zuzusehen, die sich vor dem Cheap Cross etwas Platz zum Spielen geschaffen hatten. Ganz in der Nähe fand eine weitere Vorführung statt:

Einige Akrobaten zeigten ihre Kunststücke auf einer Bühne, die sie aus unbenutzten Marktständen errichtet hatten.

Als er endlich beim Brunnen angelangt war, sah er, daß er gar nicht an die Wasserfontäne herankam. Anscheinend war er nicht der einzige Lehrling, der schwitzte und Durst hatte. Zwei Jungen waren am Wasserbecken hinaufgeklettert und verspritzten das kühle Naß. Dickon bahnte sich den Weg zum Brunnen, wölbte die Hände und schüttete sich, genau wie die anderen, das Wasser über den Kopf.

Das war herrlich kühl und erfrischend. Zufrieden wischte er sich das Wasser aus den Augen und hob den Kopf.

Direkt neben ihm stand, ebenso pudelnaß, Kurt Bladebone.

Sie starrten einander verblüfft an. Einen Moment lang hoffte Dickon, daß Kurt ihn nicht erkannte, aber vergebens. Der rothaarige Lehrling griff plötzlich nach ihm, doch Dickon war zu schnell. Er wandte sich um und verschwand in der Menge.

Der Versuch, sich durch dieses Gedränge einen Weg zu bahnen, erinnerte an einen Alptraum. Er war gerade erst ein paar Meter weit gekommen, als er über all dem Lärm plötzlich Kurts Schrei hörte: «Hey Knüppel! Tuchhändler, zieht eure Knüppel! Haltet den Schurken! Tuchhändler!»

Der Ton erschreckte Dickon. Das klang nicht nach einem guten, ehrlichen Lehrlingskampf. Er war alleine, ohne Hilfe, und er kannte Bladebones Methoden. Also drängelte, schob und kletterte er unter Ellbogen hindurch. Die Menschen sahen ihn ärgerlich an. Ein Mann versuchte, ihm ein Bein zu stellen. Dann sah er eine Ecke der Spitze von Cheap Cross, kämpfte sich nach links durch und befand sich am Anfang der Friday Street.

Als er sich umsah, erschien gerade ein Rotschopf in seinem Blickfeld. Sie waren ihm noch immer auf der Spur. Mit einer ungeheueren Anstrengung kämpfte er sich seinen Weg durch die Menge am oberen Ende der Straße und lief dann hinunter.

Friday Street war hell erleuchtet, denn die Anwohner hatten Stocklaternen in den Boden gesteckt und kleine Laternen aufgehängt. An der Kreuzung zur Watling Street schaute er sich noch einmal um. Drei von ihnen verfolgten ihn noch immer. Er entschloß sich, zum Fluß hinunterzulaufen. Dort würde es dunkel sein. Wahrscheinlich kannte

Dickon schaute sich um

er die kleinen, verzweigten Gassen besser als die drei, so daß er sie abschütteln und nach Hause laufen konnte. Während er den Hügel hinunterraste, ermüdet und atemlos von der anstrengenden Prozession, kam ihm plötzlich der Gedanke, daß sich die Geschichte wiederholte. Würden sie ihn an der Kaimauer erwischen, genau wie sie damals Lob erwischt hatten?

Plötzlich entdeckte er auf der linken Seite eine dunkle Gasse. Er kannte sie, Five Foot Lane, eine Abkürzung zur Thames Street. Dort lief er hinein, obwohl er kaum etwas sehen konnte, denn es war stockfinster und der Schweiß rann ihm in die Augen. Er stolperte und rutschte die schmale Gasse entlang. Dabei stieß er erst gegen die eine, dann gegen die andere Häuserreihe. Hatten sie ihn gesehen? Er wagte nicht, stehenzubleiben und sich umzuschauen. Direkt vor ihm hing eine vereinsamte Binsenlaterne an einem hin- und herschwingenden Schild. Die Schatten wirkten jetzt noch dunkler als zuvor. Als er mit letzter Kraft weiterlief, stieß er plötzlich mit einer gutgenährten Gestalt in einem weiten Umhang zusammen.

Blind kämpfte er darum, sich zu befreien, doch da packte ihn eine kräftige Hand am Genick.

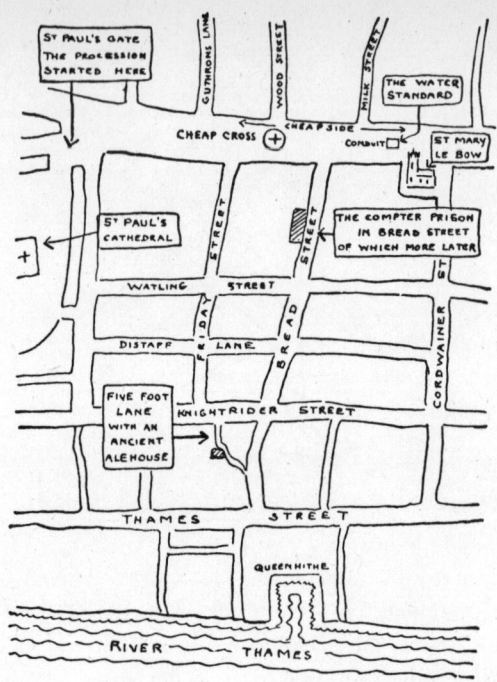

«Wen haben wir denn hier?» röhrte eine kehlige Stimme. «Einen Taschendieb? Es hat keinen Sinn zu kämpfen, mein Freund, ich habe dich im Griff.»

Dickon wurde in eine Passage gezogen, an deren Ende ein schwach erleuchtetes Wirtshaus zu sehen war. Er wehrte sich nicht, im Gegenteil, er war froh, daß er von dem weiten Umhang geschützt wurde. Vielleicht würden seine Verfolger an ihm vorbeilaufen, ohne ihn zu sehen.

Der Mann stieß ihn in das Wirtshaus hinein. Er stolperte und wurde gegen ein Faß gelehnt.

Bevor er Atem holen konnte, donnerte die barsche Stimme wieder los: «Gott-verdamm-mich! Das ist doch der junge Riesentöter! Was für eine Missetat planst du denn jetzt, du Schlingel? Willst du tatsächlich Geldbeutel stehlen, oder bist du deinem vornehmen Meister fortgelaufen?»

Erschöpft wie er war, begriff Dickon nur langsam, daß er dem Wirt

156

aus dem Grünen Falken in die Arme gelaufen war. Er konnte noch immer nicht sprechen, aber er nickte in Richtung Tür. Benedict Wolman deutete seinen Blick richtig und schloß sie mit einem Fußtritt.

«Du bist also verfolgt worden? Ruh dich aus. Jetzt bist du in Sicherheit.» Er sah Dickon an.

«Du bist noch nicht am Ende deiner Kräfte», rief er. «Hey Meg, bring mir ein Bier. Junge, setz dich und komm erst mal wieder zu Atem. Du wirst uns gleich alles erzählen.»

Dickon griff nach dem Krug, den Wolman ihm hinhielt. Trotz seiner Erschöpfung dämmerte ihm, daß er riesiges Glück gehabt hatte. Er trank ein paar große Schlucke und schaute sich um. Das Wirtshaus war kaum größer als eine Hütte, mit einem Herd in der Mitte und einem Rauchabzug im Dach. In den Lehmfußboden hatten sich alte Binsen und Abfall eingedrückt. Der ganze Raum roch säuerlich und wurde nur von ein paar Binsenlichtern erhellt, die auf einem Klapptisch standen.

Master Wolman zog eine Bank hervor und ließ sich rittlings darauf nieder. Sein massiger Körper reichte auf beiden Seiten weit über die Sitzfläche hinaus. Er klopfte einladend auf die Bank, und Dickon, der sich schwach und elend fühlte, ließ sich nieder und stellte seinen Krug auf den Klapptisch. Seine Umgebung gefiel ihm überhaupt nicht. Er mochte weder Master Wolman noch die Wirtin, ein schmutziges, altes Weib, mindestens ebenso fett wie sein Retter. Aber er war wenigstens vor Kurt und seinen Kumpanen in Sicherheit. Er mußte auf jeden Fall so lange bleiben, bis er annehmen konnte, daß sie fort waren. Er nahm einen langen Schluck aus seinem Krug, spürte, wie ihm angenehm warm wurde, und trank noch mehr.

Wolman plauderte über Alltäglichkeiten. Dickon, der jetzt etwas zur Ruhe gekommen war, schaute sich ein zweites Mal um. Im Dämmerlicht erkannte er eine Leiter, die durch die Dachsparren hindurch auf den Dachboden führte. An der Wand standen ein paar Fässer, in deren Schatten die Umrisse von zwei oder drei Männern sichtbar waren.

Nach einer Weile fragte Wolman ihn, warum er so verzweifelt die Five Foot Lane heruntergelaufen sei. Wer hatte ihn verfolgt? Dickon wollte gerade anfangen zu erzählen, als ihm plötzlich Lob einfiel. Er sollte auf keinen Fall erfahren, daß Dickon, sein mutiger Retter, in dieselbe Situation geraten war wie er. Also schwieg er. Master Wolman sagte nichts dazu. Statt dessen füllte er Dickons Krug erneut. Dickon protestierte schwach, aber begann gleichzeitig zu trinken. Diesmal war es etwas anderes, dickflüssig und süß, aber es schmeckte gut. Er leckte sich die Lippen und trank weiter.

Doch dann war er ganz durcheinander. Ihm war, als ob der Wirt ihm alle möglichen Fragen stellte, über Großvaters Geschäft, über Master Whittington, ja besonders über Master Whittington. Aber er war sich nicht sicher. Langsam wurde es voll um sie herum. Menschen kamen und gingen, und alle schienen immer wieder zu sagen: «Das Netz ist voll, das Netz ist voll, das Netz ist voll.» Er fürchtete, sie würden ihn überrollen wie die schreckliche Lawine, von der er geträumt hatte.

Plötzlich hörte er ein lautes Geräusch und fühlte sich einen Moment lang hellwach. Irgendwer rief draußen auf der Gasse. Die Wirtin blies sofort die Lichter aus. Wolman beschimpfte sie: «Was soll das? Willst du, daß wir uns die Knochen brechen?»

«Die könnt ihr euch draußen brechen», entgegnete sie schlagfertig. «Das war die Wache. Die nehmen mir meine Lizenz weg, wenn ich nicht sofort schließe. Mittsommernacht dürfen nach dem Abendläuten keine Getränke mehr ausgegeben werden. Und die Abendglocken haben schon längst geläutet.»

Dickon wußte nicht mehr, wie er aus dem Wirtshaus hinausgekommen war. Aber er erinnerte sich, daß er von Benedict Wolman und irgend jemand anderem auf dem Weg durch die Thames Street gestützt wurde und daß er dabei gesungen hatte. In Granthams Gasthaus schien Licht durch die Fenster der Halle. Er lallte noch etwas zu Wolman, das wie «Gute Nacht» klang und ging hinein.

Großvater und Master Whittington saßen zusammen am Tisch. Zwischen ihnen stand eine Kerze. Auf Whittingtons Schulter hockte Madame Eglantine, ihre Augen funkelten wie Smaragde. Plötzlich kam es Dickon komisch vor, daß der große Master Whittington mit einer Katze auf der Schulter am Tisch saß. Er fing an zu lachen und konnte nicht mehr aufhören.

Die beiden Männer starrten ihn an.

«O Gott», rief Großvater. «Der Junge ist betrunken.»
Dickon hörte ihn und stellte fest, daß er recht hatte. Er war tatsächlich betrunken, aber auch das war lustig. Also lachte er noch mehr.
«Was machen wir jetzt?» fragte Master Whittington. «Er ist dein Enkel, aber mein Lehrling. Wer von uns soll es übernehmen?»
«Überlaß das mir», antwortete Großvater grimmig.

Ein Stock, der durch einen Fingerring paßt

Als Dickon am nächsten Morgen in seinem alten Bett neben Adam erwachte, tat ihm alles weh. Sein Kopf schmerzte so sehr, daß er ihn kaum vom Kissen erheben konnte. Mit seinem Rücken war es so schlimm, daß ihm keine Lage bequem war. Er wünschte sich, Dick Whittington hätte ihn geschlagen und nicht Großvater. Großvaters Stock würde niemals durch Master Whittingtons Fingerring passen.
Trotzdem war es besser für ihn, zu Hause zu sein als in der Grub Street. Großvater schlug zwar kräftig zu, hielt seinen Ärger aber nicht lange aufrecht. Dickon war betrunken nach Hause gekommen, aber er wußte, daß dieses Thema nicht mehr berührt werden würde. Als zusätzliche Strafe hatten Großvater und Dick Whittington entschieden, daß er in der nächsten Nacht nicht wieder an der Prozession teilnehmen dürfe. Es würde sich schon jemand anders finden, der an seiner Stelle Roberts Laterne auffüllen konnte. Im stillen war Dickon über diese Bestrafung heilfroh. Zum einen brauchte er die schreckliche Hitze nicht noch einmal zu ertragen, und zum anderen wollte er keine dritte Begegnung mit Kurt Bladebone riskieren.
Der Tag war ziemlich langweilig, obwohl Dickon mit seiner Familie die Johanni-Hochmesse besuchte, die Sonne schien, die Straßen geschmückt waren, viele leckere Eßwaren angeboten wurden und an jeder Ecke Komödianten und Spaßmacher ihre Possen rissen. Aber sein Kopf schmerzte so sehr, daß er nichts davon genießen konnte. So

verbrachte er den größten Teil des Tages damit, an der Kaimauer zu sitzen.

Adam leistete ihm Gesellschaft, und so erzählte Dickon ihm von der Begegnung mit Kurt Bladebone und der wilden Jagd. Auch das merkwürdige Zusammentreffen mit Master Wolman verschwieg er nicht. Er mußte zugeben, daß der Wirt ihm geholfen hatte. Irgendwie meinte er, es Adam schuldig zu sein, davon zu erzählen, denn letztes Mal hatten sie sich über Adams Freunde im Grünen Falken fast gestritten. Doch von dem Wirtshaus erzählte er wenig, hauptsächlich deshalb, weil er sich kaum noch daran erinnern konnte. Er wußte, daß er dort gewesen war und zuviel getrunken hatte, aber ansonsten schien es ihm im nachhinein wie ein böser Traum.

In diesem Augenblick gesellte sich Nan zu ihnen, voller Mitgefühl für Dickons Kopfweh. Um ihn wieder aufzuheitern, erzählte sie ihm eine Geschichte. Sie handelte von Dick Whittington, Madame Eglantine und den Glocken von Bow. In Dickons Ohren war das ein solcher Blödsinn, daß er nach einer Weile meinte, sie solle den Mund halten. Nan widersprach ihm; die Geschichte sei wahr, Master Whittington selbst habe sie ihr erzählt. Dickon, der langsam die Geduld verlor, riet ihr, lieber zur Beichte zu gehen, weil sie Lügen verbreitet habe. Als Nan anfing zu weinen, war der friedliche Nachmittag endgültig verdorben.

Schließlich kündigte Adam an, daß er zum Bartholomäus-Hospital gehen wollte. Er hatte vor kurzem geholfen, einen Mann mit einem Sandsack zu betäuben, damit er operiert werden konnte, und wollte nun hören, ob der Mann überlebt hatte. Dickon bot an, ihn zu begleiten. Er sehnte sich zwar überhaupt nicht nach den Gerüchen und Anblicken des Krankenhauses, aber in seiner augenblicklichen Verfassung war das immer noch besser als hierzubleiben und sich mit Nan herumzustreiten. Dort angelangt, besuchte er brav den Abendgottesdienst, während Adam sich im Krankenhaus nützlich machte.

Als sie nach Granthams Gasthof zurückkehrten, wurden sie bereits von Nan erwartet. «Adam, komm schnell!» rief sie. «Master Whittington fragt nach dir.»

Sie eilten ins Haus. Master Whittington befand sich mit Großvater in der Halle. Neben ihnen saß ein gutgebauter junger Mann in einem

Lederwams. Er trug hohe Reitstiefel, von denen der eine bis unter sein einbandagiertes Knie herabgerollt war.

Während die Jungen ihren Großvater ehrfürchtig begrüßten, winkte Master Whittington Adam heran.

«Das ist mein Neffe, Guy», stellte er den jungen Mann vor. «Er ist mit einer offenen Wunde den ganzen Weg von Gloucester bis hierher geritten. Der Dickkopf will nicht, daß ich einen Arzt rufe. Schau dir das Knie an und sage mir, was du davon hältst. Du siehst, daß ich nicht vergessen habe, wie geschickt du den Tafelmeister behandelt hast.»

«Nur zu», nickte Großvater anerkennend, «zeig uns, was du kannst.»

Guy Whittington schob seine Kappe zurück und lachte Adam zu.

«Mein Onkel möchte mich hier festhalten, während ich am liebsten so schnell wie möglich wieder auf dem Pferderücken säße. Mein Vater und ich sind von Halsabschneidern betrogen worden und haben ein Unrecht erlitten, das nur der König wieder in Ordnung bringen kann. Ich bin nach London geeilt und mußte nun erfahren, daß der König nach Winchester gereist ist. Ich muß so schnell wie möglich mit ihm sprechen. Wenn ich einen Knochenflicker zu Rate ziehe, wie mein Onkel es gerne hätte, nimmt der mir nachher noch das Bein ab.»

«Du redest zuviel», unterbrach ihn Master Whittington. «Deine Geschichte kannst du später erzählen. Adam, sag mal ehrlich, was hältst du von der Wunde?»

Adam wirkte ruhig und sicher. Er holte einen Stuhl für das verletzte Bein, schickte Nan los, um frisches Wasser und Leinentücher zu holen, und beauftragte Dickon, bestimmte Kräuter aus dem Lagerhaus mitzubringen.

Als sie zurückkamen, hatte er bereits die Bandagen von einer scheußlichen, klaffenden Wunde an einem stark angeschwollenen Bein abgewickelt. Er legte ein paar Kräuter in ein Stück Leinen und reinigte die verletzte Stelle vorsichtig damit. Guy Whittington fuhr mit seiner Geschichte fort. Ab und zu unterbrach er sich, um über den Schmerz zu fluchen.

«Ihr werdet Euch erinnern, daß mein Vater ein Gut in Herfordshire besitzt. Es heißt Solers Hope. Wir hatten ein paar Monate dort ver-

bracht und ritten gerade zurück nach Pauntley, das liegt bei Gloucester. Ihr kennt Pauntley, Sir?»

«Ich sollte es kennen», antwortete sein Onkel knapp. «Ich bin dort
aufgewachsen.»

«Entschuldigt bitte. Ihr seid schon vor so langer Zeit von zu Hause
fortgegangen, daß ich es vergessen habe. Paß doch auf, Junge, das tut
verdammt weh!»

«Mach weiter!» befahl Master Whittington mitleidslos und meinte damit sowohl Adam als auch seinen Neffen.

«Wir ritten durch eine einsame Gegend, mein Vater und ich und vier
Diener. Plötzlich stürmte eine Räuberbande, dreißig Mann stark, aus
dem Wald hervor. Sie überwältigten uns mühelos. Wir wurden gefesselt und nach Drymore Hill gebracht, einer unwegsamen Gegend.
Dort steht eine verfallene Kapelle. Ich glaube, es ist eine alte Einsiede-
lei. Sie beraubten uns und sperrten uns in die Ruine.» Mit einem
Schmerzensausruf unterbrach er seinen Bericht: «Verdammt nochmal, wie lange muß ich das denn noch aushalten?»

«Sollen wir nicht lieber einen Apotheker holen?» brummte Großvater.
«Adam ist doch nur ein Lehrling.»

«Laß ihn in Frieden, er ist ein kluger Kopf», sagte Master Whittington
entschieden. «Mein lieber Neffe, die Krönung der Geschichte hast du
noch verschwiegen. John, was glaubst du, wer diese Räuber waren?»

«Woher soll ich das wissen?» fragte Großvater gereizt. «Ich kenne
mich in Hereford nicht aus.»

«Ich versichere dir, daß du einen aus der Gegend kennst. Schnell, Guy,
erzähle weiter!»

«Die Räuber sind Anhänger von Richard Oldcastle.»

«Oldcastle!» rief Großvater, und Master Whittington lachte in sich
hinein. «Nicht von Sir John Oldcastle?»

«Nein, nicht von Sir John selbst, sondern von seinem Verwandten,
Richard Oldcastle.» Nun erzählte Master Whittington die Geschichte
weiter. «Die Oldcastles sind eine alte Familie in Herefordshire. Ich
habe dir doch erzählt, daß sie die Nachbarn meiner Vorfahren waren.
Sir John hält sich irgendwo im Westen des Landes versteckt, denn er
hat den Prior von Wenlock veranlaßt, Münzen mit seinem Portrait zu

prägen. Er braucht so dringend Geld, daß er wahrscheinlich seinen Verwandten dazu gebracht hat, es für ihn zu stehlen.»

«Aber ihr hattet sicher keine Wertgegenstände bei euch», wandte Großvater sich an Guy, «wenn ihr nur mit vier Dienern unterwegs wart, oder?»

«Sie wollten keine Wertgegenstände, sondern Lösegeld. Entweder sollten wir sechshundert Pfund Lösegeld zahlen oder wählen, auf welche Art wir sterben wollten – schnell durch einen Schwerthieb oder langsam, indem wir gefesselt in den wilden Bergen von Wales auf den Hungertod warteten.»

Ein Murmeln ging durch den Raum. Dickon war viel zu aufgeregt, um den Mund zu halten. «Und wie habt ihr euch entschieden?» fragte er atemlos.

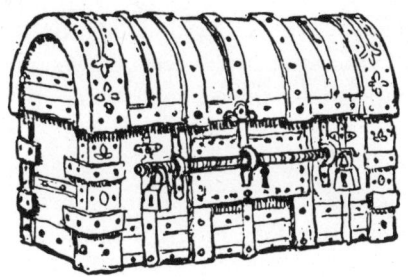

Der Geldkoffer

Guy Whittington grinste ihn an. «Was hättest du an meiner Stelle getan, junger Mann? Mir persönlich ist das Leben mehr wert als sechshundert Pfund, auch wenn das eine große Summe ist. Natürlich konnten wir das Geld nicht so schnell zusammenbekommen, aber nachdem ich den Räubern feierlich geschworen hatte, sie nicht zu verraten, ließen sie mich nach Solars Hope reiten, um alles zu holen, was wir dort in Geldkästen aufbewahrt hatten. Als ich zurückkehrte, unterschrieb mein Vater gerade einen Vertrag, in dem er versprach, das restliche Geld zu bezahlen, sowie wir frei seien.»

«Natürlich ist die Unterschrift unter einem Vertrag, der mit Gewaltanwendung erzwungen wurde, nicht verbindlich», meinte Master Whittington. «Trotzdem ist Guy nach London geritten, um den König zu bitten, den Vertrag für null und nichtig zu erklären. Ich bin sicher, daß der König alles zurückzahlen wird, wenn er hört, daß Oldcastle im Spiel ist.»

«Ich bin nicht nur deswegen hierhergekommen», unterbrach ihn sein Neffe. «Als wir in Pauntley ankamen, trafen wir auf die Beauftragten des Königs, die nach kampfbereiten Männern Ausschau hielten. Ich habe vier Bogenschützen und zwei Reiter mitgebracht. Sie sind direkt nach Southampton geritten.»

«Und du würdest sie am liebsten begleiten, was? Aber dein Bein sieht nicht so aus, als ob du reiten könntest. Was meinst du dazu, Adam?» Adam schüttelte den Kopf. Das sei eine eiternde Wunde. Master Guy sollte in einer Trage nach St. Bartholomäus oder in das Marienhospital vor dem Bischofstor gebracht werden. Master Guy verkündete sofort, daß keine zehn Pferde ihn in ein Krankenhaus bringen könnten. Dort würden sie ihm doch nur das Bein abnehmen, und er wollte lieber mit Bein im Sattel sterben als ohne Bein weiterleben.

Master Whittington sah Adam an und lächelte. «Was sollen wir mit ihm machen? Sollen wir ihn mit einem Sandsack betäuben und hintragen? Das kannst du doch gut, wie ich gehört habe. Nein, es ist ungerecht, darüber Witze zu machen. Hör mal zu, mein lieber Neffe! Wir behalten dich für ein paar Tage hier, und Adam wird sich um dich kümmern. Wenn du in der Zwischenzeit sterben solltest, werden wir ein wundervolles Requiem für dich aussuchen. Sollte es dir noch schlechter gehen, bringen wir dich ins Krankenhaus. Geht es dir aber wieder besser, dann reite los und schließe dich dem König an.»

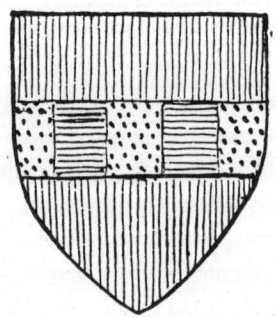

Das Wappen von Dick Whittington

Mit dem Segen seines Großvaters ritt Adam davon

Adam reist nach Frankreich

Am nächsten Tag kehrte Dickon im ersten Morgengrauen in die Grub Street zurück. Insgeheim fürchtete er sich davor, von den anderen feindselig empfangen zu werden. Hatte Kurt Bladebone die Neuigkeiten über ihn bereits verbreitet? Wie würden seine Lehrlingskollegen reden?

Großvater wollte ihn zwar schon vor der zweiten Prozession nach Hause schicken, aber er sah noch immer so erschöpft aus, daß Tante Isabel ein gutes Wort für ihn einlegte. So durfte er noch eine zweite Nacht in seinem eigenen Bett schlafen, während die anderen sich auf den Weg nach Cheapside begaben.

Als er am nächsten Morgen in der Grub Street ankam, war alles wie immer. Anscheinend war die Mitteilung eingetroffen, daß er krank sei und kein zweites Mal mitmarschieren könne. Robert fragte nur, ob es ihm besserginge, und meinte dann, daß er nichts verpaßt habe, denn in der zweiten Nacht sei es noch heißer gewesen als in der ersten.

So begann das Alltagsleben wieder, und Dickons Befürchtungen, daß Kurt Bladebone an jeder Ecke auftauchen könnte, verschwanden allmählich. Ein paar Tage später ritt Guy Whittington nach Winchester. Sein Bein war fast wieder geheilt.

Die heißen Julitage vergingen langsam. Der Stadt fehlte Regen, und aus den Leitungen lief so wenig Wasser, daß der Verbrauch eingeschränkt werden mußte. Jeder Familie stand am Tag ein Eimer Wasser zu. Frauen trafen sich, um ihre Wäsche in der Themse oder im Turnmill-Bach zu waschen.

Wo sie sich trafen, wurden Gerüchte verbreitet. Man wußte bereits, daß der König in Winchester französische Gesandte empfangen hatte. Würde er die Tochter des Königs von Frankreich heiraten, um einen Krieg zu vermeiden? Die Londoner waren von dieser Idee nicht sehr begeistert, denn die französische Prinzessin war die jüngere Schwester des unglückseligen achtjährigen Mädchens, das mit Richard II. vermählt worden war. Wenn das kein schlechtes Omen war?

Aber es gab noch finsterere Gerüchte, über die nur im Flüsterton gesprochen wurde. Gerüchte über Oldcastle, der angeblich an vielen Orten zu gleicher Zeit gesehen wurde, über Aufstände in Wales und Kent. Hinter vorgehaltener Hand wurde darüber gesprochen, daß Richard II. noch am Leben sei und darauf wartete, in London einzumarschieren, sobald der König der Stadt den Rücken gekehrt habe.

An einem Sonntag gegen Ende des Monats rief Will Appleyard Dikkon zu sich und bestellte ihm, daß Master Whittington ihn in seinem Haus in The Royal erwarte. Dickon, der seinen Paten seit Johanni nicht mehr gesehen hatte, erfuhr nicht, warum er kommen sollte. Er befragte sein Gewissen nach Missetaten, die ans Tageslicht gekommen sein könnten. Hatte diese Einladung vielleicht mit dem Grünen Falken oder dem merkwürdigen Wirt zu tun? Er sorgte sich manchmal, wenn er versuchte, sich zu erinnern, was damals in dem Wirtshaus in der Five Foot Lane geschehen war. Alles war nebulös, aber er wußte, daß man ihm viele Fragen gestellt hatte und daß Master Whittingtons Name mehr als einmal gefallen war.

Der Verdacht, daß die Einladung mit dem Grünen Falken zu tun haben könnte, verdichtete sich, als er in Master Whittingtons Stube auf Adam stieß. Sein Bruder war also auch herbestellt worden.

Dickon sah Adam prüfend an. Er hätte gerne gewußt, ob Adam bereits irgendwelche Fragen beantwortet hatte, und wenn ja, was er gesagt habe. Hinter dem Rücken drehte er nervös seine Finger und sprach ein schnelles Gebet.

Richard Whittington sah besorgt und müde, aber nicht böse aus. Er begrüßte Dickon mit einem freundlichen Kopfnicken und deutete auf den Stuhl neben Adam. Dann erklärte er, daß er sie herbestellt habe, weil er ihre Hilfe brauche. Erinnerten sie sich daran, daß er sie vor vielen Wochen gebeten hatte, in ihren Zünften auf Anzeichen zu achten, die auf eine Bereitschaft zur Rebellion unter den Lehrlingen hindeuteten? Er wollte sie nicht zu Spionen machen, die ihre Arbeitskollegen verraten, aber die Zeiten seien gefährlich. Ärger braue sich zusammen, und es sei seine Pflicht, alles zu tun, um die Gefahr im Keim zu ersticken.

Dickon dachte kurz nach. Zum Glück hatte Master Whittington nur nach Lehrlingen gefragt, also brauchte er seinen Verdacht über den Grünen Falken nicht zu äußern. Trotzdem wünschte er sich von ganzem Herzen, daß Adam es selbst erzählen würde. Aber der antwortete nur, daß er keine Lehrlinge gesehen habe, außer denen von Großvater, und die seien alle anständige Kerle.

Master Whittington schien nicht überrascht zu sein. Er wandte sich an Dickon.

«Und wie sieht's bei den Tuchhändlern aus? Ist dir bei unsern Jungs etwas Verdächtiges aufgefallen?»

«Nein, Sir», antwortete Dickon prompt. Owen hatte zwar den Brote-und-Fische-Schwur benutzt, aber das sagte ja noch nichts. Er hatte es schließlich selbst schon getan, deshalb war es besser, diesen Punkt gar nicht erst zu erwähnen.

«Mir bleibt ein weinendes und ein lachendes Auge», seufzte Master Whittington. «Haltet eure Augen offen, ihr beiden. Im Untergrund geschieht einiges. Hiermit kann ich euch beweisen, daß ich nicht wegen nichts und wieder nichts Theater mache.»

Aus einem Kasten auf seinem Tisch holte er eine Kalbspergamentrolle hervor. Sie sah genau aus wie jene, die die Herolde und Sheriffs trugen, wenn sie etwas zu verkünden hatten.

«Ich weiß nicht, ob ihr sie lesen könnt», meinte Master Whittington und breitete sie aus. «Da stehen nur ein paar unsauber geschriebene Zeilen. Sie ist an die Bevölkerung von London gerichtet und fordert sie auf, sich zu erheben und sich für das Unrecht zu rächen, das an ihr begangen worden ist, jetzt, da der König – der ‹Prinz der Priester›, so nennen sie ihn – jetzt, da der König fort sei.»

Erstaunt und erschreckt reckten die Jungen die Hälse, um auf das Pergament zu schauen.

Master Whittington tippte auf die Rolle. «Sie wurde im Morgengrauen an der Tür von St. Magnus bei der Brücke gefunden. Das ist schon das zweite Mal. Vor zwei Tagen wurde an der Tür von St. Mildred's in der Bread Street eine ähnliche Nachricht entdeckt. Der Schreiber irrt sich natürlich. Der König befindet sich noch nicht auf dem Weg nach Frankreich. Aber das zeigt, was wir zu erwarten haben, wenn er wirklich dort ist.»

Nachdem er ihnen noch einmal eingeschärft hatte, auf alles Verdächtige zu achten, schickte er sie nach Hause. Dickon folgte Adam, entschlossen, ihn noch einmal zu bitten, nicht mehr in den Grünen Falken zu gehen, auch wenn er Master Whittington nichts davon berichtet hatte. Doch als er gerade die Tür hinter sich schließen wollte, hörte er seinen Namen. Er kehrte in die Stube zurück. Master Whittington lächelte ihn an.

«Will Appleyard hat mir erzählt, daß du in der Buchführung sehr sorgfältig bist. Würde es dir etwas ausmachen, hierzubleiben und ein paar Briefe für mich abzuschreiben? Zum Teil geht es um geschäftliche und zum Teil um private Angelegenheiten. Ich habe keine Zeit, mich darum zu kümmern, und ich würde sie nicht gerne einem Fremden überlassen.»

Dickon fühlte sich geschmeichelt. Voller Arbeitseifer setzte er sich mit einer frisch gespitzten Feder an den Schreibtisch am Fenster und begann zu schreiben. Er fertigte die Abschriften in seiner schönsten Schrift an. Master Whittington freute sich und gab ihm neue Briefe. Er schrieb, bis es so spät wurde, daß er sich sputen mußte, um zum Abendläuten zu Hause zu sein. Die Gelegenheit, mit Adam zu sprechen, war verpaßt. Aber er dachte auch kaum noch an das, was er ihm sagen wollte, denn Master Whittingtons Briefe hatten seine Aufmerksamkeit gefesselt. Sie handelten von den Geschäften der Überseespekulanten in fremden Ländern. Und Master Whittington hatte seine Arbeit gelobt und gesagt, er könne wiederkommen.

Ein paar Tage später, als Dickon gerade mit dem Frühstück beginnen wollte, überreichte Will Appleyard ihm einen Brief. Ein Bote von Großvater hatte ihn in dem Moment gebracht, als das Krüppeltor geöffnet wurde.

Dickon blieb die Sprache weg. Er hatte noch nie in seinem ganzen Leben einen Brief bekommen. Er erbrach das Siegel und entrollte das Papier. Der Brief war nicht von Großvater, sondern von Adam. Er schrieb:

«Lieber Bruder,
ich grüße dich im Namen der Dreieinigkeit und möchte Dir mitteilen, daß ich mit der Armee des Königs nach Frankreich gehen werde. Großvater hat seine Erlaubnis gegeben und mich beauftragt, Dir zu schreiben, damit Du sofort kommen kannst und wir uns noch einmal sehen, bevor ich abreise. Dein Pate, der verehrungswürdige Master Whittington, ordnet an, daß Du Master Appleyard diesen Brief zeigen sollst, damit er Dich so schnell wie möglich hierherkommen läßt. Gott und Seine Engel mögen Dich schützen.

Dein Bruder.»

Auf dem Heimweg glühte Dickon vor Aufregung. Was war geschehen, daß Adam nach Frankreich gehen durfte? Hatte er sein Allheilmittel fertiggestellt und den Erfolg erzielt, den der Alchimist ihm versprochen hatte? Die Gedanken wirbelten ihm im Kopf herum, während er sich den Weg durch Straßen bahnte, die sich, wie jeden Morgen, mit geschäftigen Menschen füllten. Die Ladenbesitzer zogen die Fensterläden auf und bereiteten die Ladentische vor. Lehrlinge schleppten Wassereimer herbei, um die Pflastersteine vor den Geschäften ihrer Meister zu reinigen. Alle Kirchenglocken läuteten. Fleißige Händler eilten aus der Frühmesse, während die feinen Damen gemütlich zu einem späteren Gottesdienst spazierten.

In Granthams Gasthaus wurde Dickon bereits von seiner Schwester erwartet.

Sobald er in Hörweite war, rief sie: «Weißt du schon, daß Adam mit Master Whittington nach Frankreich gehen wird?»

Er starrte sie an, denn er traute seinen Ohren nicht. «Mit Dick Whittington?» schrie er, halb krank vor Ärger und Eifersucht.

«Nein, nicht mit Dick Whittington, du Dummkopf, mit Guy Whittington. Er ist letzte Nacht zurückgekehrt. Es hat einen Aufstand gegeben. Jemand hat versucht, den König zu töten. Komm herein. Es sind schon alle da.»

Damit hatte sie zweifellos recht. Die Halle war voller Menschen. Es schien, als ob sich alle großen Männer der Stadt unter Großvaters Dach eingefunden hätten. Kleine Gruppen von Ratsherren standen beieinander. Sie alle trugen kostbare, pelzbesetzte Mäntel, denn der Morgen war noch frisch. Dickon schaute zwischen ihnen hindurch und sah den Bürgermeister selbst zwischen Großvater und Master Whittington auf dem Ehrenplatz sitzen. Guy Whittington stand daneben und erzählte der ganzen Versammlung eine unglaubliche Geschichte. Dickon blieb, wo er stand, und hörte zu.

Es war nicht so leicht, den Faden aufzunehmen. Aber nach einer Weile verstand er, daß drei Lords – der Graf von Cambridge, Sir Thomas Grey und Lord Scrope von Masham – geplant hatten, den König zu töten. Irgendwer hatte sie verraten, und nun war ihnen der Tod sicher. Großvater und all die großen Männer um ihn herum wiegten ihre Köpfe und machten ernste Gesichter. Der Bürgermeister bezweifelte nicht, daß die Franzosen dahintersteckten. Ein anderer meinte, es seien die Schotten, und Großvater behauptete, daß es Sir John Oldcastle sein müßte. Master Whittington, in seiner praktischen Art, schlug vor, zuerst eine Dankesmesse abzuhalten und dann die eigene Stadt nach Verrätern zu durchkämmen. Alle stimmten begeistert zu, und das Treffen begann sich aufzulösen.

Dickon suchte seinen Bruder. Der wartete an der Trennwand zur Küche, um Großvater noch mehr Wein zu bringen, falls er danach verlangen sollte.

«Was ist hier los?» fragte Dickon. «Ich weiß von der Verschwörung gegen den König, aber was tun die anderen alle hier? Und wo kommt Guy Whittington so plötzlich her?»

«Pscht!» Adam legte den Finger auf den Mund. «Der Rat des Bürgermeisters hat sich heute hier getroffen. Master Guy hat Neuigkeiten aus Southampton mitgebracht. Er ist zu uns gekommen, weil Master

Whittington gestern bei Großvater zu Abend gegessen hat. Ohne Pause ist er hierhergeritten. Als er ankam, war er halb tot. Damit er sich nicht noch einmal aufraffen mußte, haben sie den Bürgermeister zu uns bestellt. Die ganze Nacht über wurde beratschlagt.»

Dickon ging zu der Frage über, die ihn am meisten beschäftigte: «Und weshalb gehst du nach Frankreich? Was hat das mit der ganzen Angelegenheit zu tun?»

«Gar nichts», antwortete Adam einfach. «Ich gehe nur, weil Master Guy mich darum gebeten hat.»

Dickon runzelte die Stirn. Das klang nach Unsinn. «Hast du das Allheilmittel fertig?»

«Nein, das Silbersalz ist noch nicht da. Du kannst mir ruhig glauben, daß Master Guy es wollte. Sein Bein ist schon fast wieder in Ordnung, und er meint, daß ich es geheilt habe. Er sagt, daß ich der Armee des Königs nützlich sein könnte, und so werde ich ihn begleiten.»

Dickon atmete tief durch. Wie konnte Adam dabei nur so ruhig bleiben?

«Wann geht's denn los?» fragte er.

«Morgen, bei Sonnenaufgang. Horch! Großvater ruft mich.»

Er griff nach seinen Flaschen und eilte davon.

Schließlich machten sich auch der Bürgermeister und die Ratsherren auf den Heimweg. Master Whittington und sein Neffe gehörten zu den letzten. Als Dick Whittington an seinem Patensohn vorbeikam, zwickte er Dickon kameradschaftlich in den Arm und flüsterte ihm zu, daß er hierbleiben dürfe, bis Adam fort sei. Dickon wurde warm ums Herz, als er ihm dankte. Er hätte schwören können, daß Master Whittington, trotz all der wichtigen Dinge, die ihn beschäftigten, verstand, was mit ihm los war.

Natürlich genoß Dickon es, zu Hause zu sein, aber von Adam sah er nicht viel. Der wurde zuerst von Tante Isabel beansprucht, die mit einem Riesenwirbel seine Satteltaschen packte, und dann von Großvater, der ihn zum Waffenschmied, zum Strumpfwarenhändler und zum Schuhmacher schleppte, um ihn ordentlich auszurüsten. Dickon verbrachte den Tag mit Nan ohne eine vernünftige Beschäftigung und fühlte sich so gelangweilt und traurig, daß er sich fast nach seiner Arbeit sehnte.

Adam kehrte zum Mittagessen zurück und schlug Dickon vor, mit ihm am Nachmittag auf die Brücke zu gehen, um sich von Goody zu verabschieden.

«Darf ich mitgehen?» fragte Nan sofort.

Adam meinte, sie dürfe, wenn Tante Isabel einverstanden sei. Nach dem Mittagessen, als Großvater alles gesagt hatte, was zu sagen war, machten die drei sich auf den Weg. Nan war froh. Sie durfte ohne Joanna gehen, denn ihre beiden Brüder konnten auf sie aufpassen.

Als sie weit genug von Granthams Gasthaus entfernt waren, wurde Dickon endlich eine Frage los, die ihn schon lange beschäftigte. «Was wird jetzt aus dem Allheilmittel?»

«Weiß ich nicht», antwortete sein Bruder. «Ehrlich gesagt, wollte ich nach dem Besuch bei Goody gerne noch nach Southwark gehen. Du kannst mitkommen, wenn du magst, oder mit Nan bei Goody bleiben, und ich hole euch auf dem Rückweg wieder ab.»

Dickon antwortete entschieden, daß er auf der Brücke bleiben wolle.

Adam fuhr fort, ohne darauf einzugehen: «Vielleicht kann Master Gross es für mich fertigstellen. Bis auf das Silbersalz ist alles vorbereitet. Ich weiß nur nicht, wie ich ihm das Zeug zukommen lassen soll, wenn es da ist. Vielleicht kannst du mir dabei helfen?»

Dickon runzelte die Stirn. Da hatte sich Adam ja gut aus der Affäre gezogen. «Das kann ich nicht», antwortete er gereizt. «Denk daran, daß ich nur ein Lehrling bin, der auf der anderen Seite der Stadt arbeitet.»

«Ich mach das», fiel Nan eifrig ein. «Ich werde Master Gross treffen und es ihm übergeben.»

Adam lachte. «Das ist lieb von dir, aber es geht nicht. Master Gross wird es sich selbst holen müssen.»

Bei dem Lärm auf der Brücke war es unmöglich, das Gespräch weiterzuführen.

Goody war überglücklich, die drei zu sehen, aber die Nachricht von Adams Abreise traf sie wie ein Schlag. Sie weinte ein bißchen und fragte nach jeder Einzelheit. Inzwischen hörte sie so schlecht, daß Adam ihr ins Ohr schreien mußte. Dickon vergnügte sich damit, vom Küchenfenster aus auf den Fluß zu schauen, der unter ihnen hindurchrauschte. Ganz in seiner Nähe spielte Nan mit Goodys kleinen Enkeln und erzählte ihnen Geschichten. Der Name «Whittington» ließ ihn aufhorchen. Schon wieder erzählte seine Schwester die alberne Geschichte von Dick Whittington und seiner Katze. Darüber ärgerte er sich so sehr, daß er wegging und aus dem Fenster an der Vorderfront den Straßenverkehr beobachtete. Er merkte, daß er schlechte Laune hatte, und schämte sich, weil er wußte, warum. Er war neidisch, unglaublich neidisch auf Adams Erfolg.

In diesem Augenblick berührte Adam seine Schulter. «Ich mach mich auf den Weg zu Master Gross. Du möchtest wahrscheinlich lieber hierbleiben, oder?»

Dickon zögerte. «Ich möchte nicht mitgehen, aber ich werde dich bis ans Ende der Brücke begleiten.» Er spürte plötzlich, daß er es nicht länger ertragen konnte, Goody belanglose Neuigkeiten ins Ohr zu brüllen oder Nans Geschichten mitanzuhören.

Die Brücke

Schweigend liefen sie nebeneinander her. Um zu vermeiden, daß Adam ihn bat, mit ihm zusammen weiterzugehen, gab er vor, sich besonders für die hölzernen Kornspeicher zu interessieren, die auf dem letzten Brückenbogen standen. Er lief dorthin, um sie sich näher anzusehen. Sie hatten schon einige Schiffsladungen Korn, die für Großvater bestimmt waren, im Speicher verstaut. Dickon überprüfte sorgfältig das Tauwerk und die Flaschenzüge, mit denen die Säcke hochgezogen wurden, bis Adam alleine weiterlief.

Als er außer Sichtweite war, kehrte Dickon zur Brücke zurück. Er wollte sie sich in Ruhe anschauen. Dazu hatte er vorher noch nie Gelegenheit gehabt, denn die Ladenbesitzer jagten jeden kleinen Jungen fort, der dort herumlungerte. Jetzt, als richtiger Lehrling, konnte er sich Zeit nehmen, ohne daß ihn jemand fortschickte.

Das erste, was er sah, als er London den Rücken kehrte, war das steinerne Tor, das den Weg nach London versperrte. Es war eines der Haupttore der Stadt und es schloß mit dem Abendläuten wie all die anderen Tore.

Vor ihm warteten Pferdewagen, die vom Lande kamen, darauf, ihren Zoll zu bezahlen, um die Brücke überqueren zu können. Einer davon war mit Körben voller Kirschen aus Kent beladen. Sie sahen herrlich aus. Dickon durchsuchte seine Taschen nach einer Münze, fand aber nichts. Die Bäuerin lächelte ihn an. Wahrscheinlich hatte sie ihn beobachtet, als er nach Geld suchte. Also grüßte er sie freundlich und hielt ihr Pferd, während sie den Zoll bezahlte. Nachdem sie das Tor passiert hatten, bot sie ihm an, sich die Kappe mit Kirschen zu füllen. Genau das hatte er sich gewünscht. Als er hinter ihr herwinkte, war seine schlechte Laune verschwunden.

In einer Lücke zwischen den Häusern lehnte sich Dickon über das Geländer, beobachtete eine Weile die Schiffe und schlenderte dann gemütlich die Ladenstraße entlang. Die meist recht kleinen Geschäfte gehörten Handwerkern, die an Ort und Stelle arbeiteten: Handschuhmacher, Täschner und auch einige Tuchhändler, an denen er schnell vorbeilief, ängstlich, von einem der Lehrlinge erkannt zu werden. Aber eigentlich war es herrlich, in die Werkstätten hineinzuschauen und zu sehen, wie die anderen arbeiteten, während er einen freien Tag genoß.

Dann kam wieder eine kleine Stelle, auf der keine Häuser standen: die Zugbrücke. Hier lehnte er sich an eine Wand und machte es sich bequem, um auf Adam zu warten.

Für ihn war dies das eigentliche Zentrum der Brücke. Sogar aus der Ferne wurde sein Blick von diesem Ort magisch angezogen. Oben auf dem riesigen, alten, hölzernen Zugbrückentor steckten nämlich eine Reihe von Pikenschaften, von denen ein jeder mit einem menschlichen Haupt gekrönt war. Das waren die Köpfe von Rebellen, die den König hatten stürzen wollen. Ob wohl die drei neuen Verräter auch hierher gebracht würden? Vor einem Jahr, nach Oldcastles Aufstand, waren das letzte Mal frische Köpfe aufgespießt worden.

Zunächst schaute er nicht hinauf, sondern ließ sich die Sonne ins Gesicht scheinen, betrachtete die Zugbrücke und verspeiste seine Kirschen. Er hoffte, daß ein großes Schiff kommen würde, damit er sehen konnte, wie die Klappbrücke an den schweren Ketten hochgezogen wurde. Doch der niedrige Wasserstand machte seine Hoffüungen zunichte. Er warf die Kirschkerne über das Geländer und wischte sich die Hände an der Hose ab.

Dann lehnte er sich wieder an die Wand und zwang sich, zu den Köpfen hinaufzuschauen. Bis jetzt hatte er zwar darüber gescherzt, auf sie gezeigt, Nan damit geärgert und elnmal sogar aus reinem Übermut mit einem Stein nach ihnen geworfen, aber er hatte noch nie gewagt, sie wirklich anzuschauen. Erleichtert stellte er fest, daß sie vor dem Hintergrund des Himmels kaum noch menschlich aussahen. Es hätten genausogut Rüben sein können, die als Zielscheiben für die Bogenschützen dort aufgespießt worden waren. Vor einem Jahr hatten sie bestimmt viel schlimmer ausgesehen. Nachdem er diese Mutprobe bestanden hatte, schlenderte er auf die andere Seite und untersuchte genau, wie der Mechanismus der Zugbrücke funktionierte.

Es war so interessant, daß er noch immer dabei war, als Adam mit einem schlechtgelaunten Gesicht zurückkehrte. Dickon konnte der Versuchung nicht widerstehen, ihn zu fragen, wie Master Gross die Neuigkeiten aufgenommen hatte.

«Nicht gerade freundlich», antwortete Adam kurz. «Ich habe ihm meine Formel angeboten, aber damit war er nicht zufrieden. Seine einzige Sorge bestand darin, daß er nicht wußte, wie er an das Silbersalz kommen sollte. Schade, aber ich befürchte, das Allheilmittel kann erst fertiggestellt werden, wenn ich wiederkomme.»

Dickon fühlte sich erleichtert. Hatte er sich unkameradschaftlich verhalten, weil er das Silbersalz nicht überbringen wollte? Gerne hätte er es seinem Bruder erklärt, aber den schien das gar nicht mehr zu interessieren. Auf dem Heimweg sprach Adam über alles mögliche, doch das Allheilmittel erwähnte er nicht mehr.

Die Vorbereitungen für die Abreise am frühen Morgen dauerten bis tief in die Nacht. Die Familie verbrachte nur ein paar ruhelose Stunden im Bett. Adam stand bei Kerzenlicht auf, um zu beichten und die heilige Kommunion zu empfangen. Die Sonne erhob sich gerade über den Dächern, als die ganze Familie ihn nach Cheap begleitete, um sich dort von ihm zu verabschieden.

Großvater ließ sein stattliches Pferd satteln und begleitete die jungen Männer, die nun in den Krieg zogen, ein Stück des Weges. Jetzt, da Adam sein Können bewiesen hatte, sprach er nicht mehr von Zeitverschwendung, und Adam trat seine Reise mit dem großväterlichen Segen an. Als sie Richtung Neutor verschwanden und weiteres Winken zwecklos wurde, merkte Dickon, daß er zwischen Tante Isabel, Nan und Goody zurückgelassen worden war; sie schluchzten alle drei. Er verabschiedete sich schnell und war heilfroh, daß er in die Grub Street zurückkehren konnte.

Er stürzte sich auf seine Arbeit. Der zu Hause gebliebene Adam war nun doch der erste, der das Meer überquerte. Aber Dickon beabsichtigte nicht, lange dahinter zurückzustehen. In der einen Stunde, in der er Master Whittingtons Briefe abgeschrieben hatte, waren ihm die Augen für die Abenteuer der Überseespekulanten geöffnet worden. Sie entdeckten neue Märkte und reisten in unbekannte Länder, um dort nach seltener Ware Ausschau zu halten. Das war das richtige Leben für ihn, mit weniger würde er sich nicht zufrieden geben.

Eines Tages brachte ein Viehtreiber mit einem Packpferd eine große, verschlossene und verschnürte Kiste. Will Appleyard war mit Robert unterwegs. Weder Owen noch Toby wußten irgend etwas darüber. Der Viehtreiber sagte, er könne nicht warten, weil er vor Einbruch der Dunkelheft in Uxbridge sein müsse. Also rechnete Dickon aus, was sie dem Mann schuldig waren und gab ihm ein Kerbholz.

Als Will Appleyard zurückkam, war er sehr ärgerlich. «Habt ihr den Verstand verloren?» schimpfte er. «Es ist doch offensichtlich, daß eine solche festverschlossene Kiste etwas Wertvolles beinhaltet. Sie gehört nicht hierher. Der Viehtreiber hätte sie in die Hart Street bringen müssen. Sie ist sicher schwer, oder?» Dickon versuchte, sie hochzuheben, schaffte es aber nicht einmal, sie von der Stelle zu bewegen.

«Das hilft nichts, sie muß in die Hart Street», brummte Master Appleyard, «aber ich möchte sie keinem Lastenträger anvertrauen. Also müßt ihr Jungs sie auf einem Handwagen transportieren, und zwar zu viert. Ihr könnt euch abwechseln, zwei schieben den Handwagen, während die beiden anderen mit ihren Knüppeln den Transport bewachen.»

Die Jungen mußten die Kiste auf einem Handwagen transportieren

Sobald er ihnen den Rücken zugewandt hatte, begannen Owen und Toby zu murren, denn es war Samstag. Doch Dickon freute sich insgeheim. Endlich würde er Whittingtons Palast sehen.

Will Appleyard hatte ihnen aufgetragen, den Weg zu benutzen, der innen an der Stadtmauer entlangführte, denn er war ungefährlich. Doch den Jungen kam er endlos vor. Sie drängelten sich durch Massen von Gesellen und Lehrlingen, die aus Aldgate kamen, um den schönen Samstag nachmittag zu genießen. Endlich landeten sie verschwitzt, müde und ärgerlich in der dunklen Hart Street. Die Häuser dort waren hoch und wurden oben breiter, so daß kaum ein Stück Himmel zu sehen war. Robert erzählte, daß die meisten dieser prächtigen Villen reichen Kaufleuten aus Venedig und Genua gehörten. Dickon trödelte und betrachtete die Gebäude mit offenem Mund. Zur Strafe mußte er die Kiste den Rest des Weges alleine schieben.

Whittingtons Palast stand am anderen Ende der Hart Street, in der Nähe der Kirche St. Olaf. Zu Dickons Enttäuschung war er nicht viel größer als die Nachbarhäuser. Die Balken waren mit reichem Schnitzwerk verziert, und in den Fenstern glitzerte Glas, doch Dikkon hatte fast erwartet, daß die Wände vergoldet waren. Dann wurden sie auch noch von einem brummigen, alten Mann empfangen, der sie die Kiste über den Hof schieben ließ, aber nicht ins Haus einlud. Er reichte ihnen einen Krug Bier, den sie untereinander teilen mußten, und entließ sie mit einem Kopfnicken.

Auf dem Rückweg konnten sie gehen, wie sie wollten, und Robert führte sie durch ein Netz von Straßen, in denen wenig Verkehr herrschte. Als sie bei der Fenchurch Street um eine scharfe Kurve bogen, stießen sie mit drei Lehrlingen zusammen, die Richtung Aldgate eilten. Da sie sich gegenseitig als Tuchhändler erkannten, begrüßten sie sich freundlich mit «Wie geht's?» und «Gott sei mit euch!».

Dickon erkannte den mittleren der drei zu spät: Kurt Bladebone. Er versuchte, sich hinter Robert zu verstecken, aber das war sinnlos. Kurt zeigte auf ihn. «Seht euch diesen Schurken an!» schrie er. «Was will der hier? Er ist kein Tuchhändler, er ist Lebensmittelhändler. Das ist der Schuft, der meine Zähne herausgebrochen hat.»

Er stürzte auf Dickon zu, mit zurückgezogenen Lippen, um seinen entstellten Mund zu zeigen. Dickon griff nach seinem Knüppel. Wenn Kurt es darauf anlegte, würde er ihm noch mehr Zähne herausbrechen. Robert faßte Kurt an den Schultern und hielt ihn fest.

«Was soll das?» fragte er. «War Dickon der Riese, der deiner Schönheit einen Knacks versetzt hat, junger Herr Bladebone? Der ist doch viel kleiner als du!»

«Ich will mit ihm abrechnen!» schrie Kurt. «Er ist ein Verräter und ein Feigling. Als ich ihn das letzte Mal gesehen habe, ist er um sein Leben gerannt. Ich sag dir, er ist Lebensmittelhändler. Solche stinkenden Kerle brauchen wir nicht in unserer Zunft. Frag ihn nur. Er wird es nicht leugnen können.»

«Das ist nicht der rechte Ort», antwortete Robert fest. «Ich will hier keinen Ärger haben. Er ist ein vereidigter Tuchhändlerlehrling. Wenn du Probleme mit ihm hast, fordere ihn, den Regeln gemäß, beim nächsten Treffen zum Kampf.»

Er sah die anderen beiden an, doch die schienen nicht mit ihm streiten zu wollen. So gab er Dickon ein Zeichen voranzugehen und ließ Kurt los, als der Abstand zwischen den beiden groß genug war. Vor sich hin schimpfend, verschwand Kurt mit seinen Kumpanen um die Ecke, und die vier aus der Grub Street setzten ihren Weg schweigend fort.

In Dickons Kopf wirbelten die Gedanken umher. Er wäre gerne seine ganze Geschichte losgeworden, aber Robert wirkte abweisend und streng. Erst als sie die Stadt durch das Krüppeltor verlassen hatten, gab er Dickon die Gelegenheit zu sprechen. Als sie an St. Giles vorbeigingen, schaute er zu ihm herunter und meinte: «Nun?»

Dickon verschwieg nichts. Vor Owen und Toby erzählte er Robert alles über seine Familie und über den Kampf.

Robert unterbrach ihn nicht. Schließlich nickte er freundlich.

«Du kannst nichts dafür, daß du aus einer Lebensmittelhändlerfamilie stammst. Und Dick Whittington ist dein Pate, bessere Beziehungen kann man gar nicht haben. Es war Pech, daß du dich damals auf den Kampf eingelassen hast, aber was hättest du anderes tun sollen? Ein weniger bösartiger Junge als dieser rothaarige Dummkopf hätte das sofort eingesehen. Du wirst ihm in einem fairen Kampf gegenübertreten müssen. Ich warne dich, er kann gut mit seinen Fäusten umgehen. Die Zeit wird es zeigen. An deiner Stelle würde ich deswegen keine schlaflosen Nächte verbringen.»

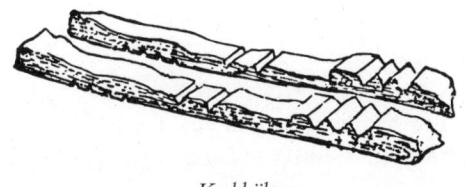

Kerbhölzer

Die Bastion in der Stadtmauer bei St. Giles

Die Krypta in der Billiter Street

uf diese Weise war endlich die Wahrheit ans Tageslicht gekommen. Obwohl Dickon sich vor den Folgen fürchtete, war er zunächst sehr froh darüber. Jetzt brauchte er wenigstens nichts mehr zu verheimlichen. Robert war freundlich wie immer, und in seiner Gegenwart wagten die anderen nicht, sich feindselig zu verhalten. Aber Dickon spürte, daß Owen ihn mied. Toby erwischte er einige Male dabei, wie er ein Lied über die Schweine von St. Anthony's vor sich hinsummte. Dickon hätte Toby am liebsten eine Kopfnuß verpaßt, aber das hätte die Sache nur verschlimmert.

Aus Angst davor, daß die anderen Lehrlinge ihn schief ansehen würden, nahm er an den Wettkämpfen auf den Moorfeldern nicht mehr teil. Statt dessen ging er alleine spazieren oder setzte sich auf die Mauer der Bastion von St. Giles und ließ die Beine baumeln wie damals zu Hause auf der Kaimauer.

In Granthams Gasthof fühlte Nan sich ebenso einsam. Es war so ruhig, seitdem beide Brüder fort waren. Um sie vom Grübeln abzuhalten, überhäufte Tante Isabel sie mit Arbeit. Sie überprüfte die Handarbeiten ihrer Nichte und war geschockt. Auch das Gewebte gefiel ihr nicht und das Gesponnene noch weniger: An einigen Stellen war der Faden grob wie ein Seil und an anderen fein wie Spinnenweben. Wenn sie sich nicht anstrengen wollte, würde sie niemals einen Ehemann finden. Selbst wenn Großvater ihr eine Aussteuer mitgeben würde, die so hoch sei wie das Lösegeld für einen König, fände sich niemand, der so ein verschwenderisches Mädchen heiraten wollte. Dann bliebe ihr nichts anderes übrig, als Nonne zu werden. Würde ihr das gefallen?

Nan überlegte und meinte dann, das wäre vielleicht gar nicht schlecht, es käme darauf an, in welches Kloster sie gehen würde. Die Armen Clarissen beim Tower schliefen auf Brettern und sprachen nie. Bei denen würde sie sich nicht wohlfühlen.

Tante Isabel lachte.

«Darüber brauchst du dir den Kopf nicht zu zerbrechen, mein liebes Kind. Die Armen Clarissen sind sehr fromm, und eine solche Frömmigkeit habe ich an dir noch nicht bemerkt. In welches Kloster du auch immer gehen magst, du wirst dort viel Zeit mit einer Spindel oder einer Nadel verbringen, und deine Oberin wird weitaus strenger sein als ich.»

Nan seufzte. Tante Isabel behielt immer recht. Aber sie setzte sich hin und gab sich mehr Mühe mit der Arbeit.

Beim Nähen und Spinnen kehrten ihre Gedanken an die Ereignisse vor Adams Abreise zurück. Plötzlich kam ihr eine Idee. Nachdem sie ein paar Tage darüber nachgedacht hatte, lief sie hinunter an die Kaimauer und hielt Ausschau nach Jenkyn. Er wartete ganz in der Nähe auf Fahrgäste. Nan prüfte schnell, ob sie auch niemand beobachtete, und winkte ihn herbei.

Als er sie sah, ruderte er auf sie zu.

«Gott schütze Euch, Mistress, was kann ich für Euch tun? Wie wär's mit einer kleinen Flußfahrt?»

Sie schüttelte den Kopf. «Kennst du den Namen der Hansekogge, die vor einiger Zeit aus London fortgesegelt ist? Ich glaube, der Kapitän hieß Hans Stein.»

Nan an der Spindel

«Ah ja! Ihr meint die Anna. Wenn ich mich nicht irre, verließ sie an dem Tag den Hafen, als Ihr in Westminster wart. Euer Bruder hat sich auch für sie interessiert, und er war nicht der einzige.»

Nan nickte. «Dieses Schiff meine ich. Mein Bruder ist in den Krieg gezogen, deshalb möchte ich von dir wissen, wann die Anna zurückkehrt.»

Jenkyn lachte. «Fangt Ihr auch schon an zu handeln, Mistress? Gut, ich werde Euch Bescheid geben, wenn sie wieder den Fluß heraufkommt.»

«Bitte behalte meine Frage für dich», bat Nan ihn aufgeregt. «Das sind die Angelegenheiten meines Bruders, und ich möchte ihm helfen. Wirst du niemandem etwas verraten?»

«Ich werde schweigen wie ein Grab. Macht Euch keine Sorgen, Mistress, Ihr könnt Euch auf mich verlassen.»

Zufrieden schlich Nan sich ins Haus zurück. Sie konnte etwas für Adam tun. Niemand würde davon erfahren, nicht einmal Dikkon.

In der Halle stieß sie auf Master Whittington, der sich gerade mit Tante Isabel unterhielt. Er war in Begleitung von Madame Eglantine. Nan nahm sie auf den Arm und streichelte sie in der Hoffüung, von den

182

anderen nicht bemerkt zu werden. Aber Master Whittington sah sie sofort.

«Na», meinte er und kniff sie in die Wange, «ein kleines Mädchen vermißt ihre Brüder, was? Vielleicht kann ich dir helfen. Dickon würde es sicher nichts schaden, sonntags nach Hause zu kommen, wenn das Wetter so bleibt. Adams Abreise war auch für ihn ein ziemlicher Schreck. Mal sehen, was sich machen läßt.»

Als Dickon von Will Appleyard erfuhr, daß er in der nächsten Zeit immer nach der Sonntagsmesse nach Hause gehen und bis kurz vor Toresschluß dort bleiben durfte, war er sehr dankbar. Er fragte sich nur, warum Dick Whittington sich so für ihn eingesetzt hatte. Zu Hause sagten sie, es sei Nan zuliebe geschehen, aber das war ihm gleich. Er war froh, eine Zeitlang nicht in der Grub Sreet sein zu müssen und Sorglosigkeit und gute Laune vorzuspielen, während er mit Schrecken auf die nächsten Ereignisse wartete.

Zu Hause erfuhr er einige Neuigkeiten. Großvater erzählte ihm, daß sich der König bereits an Bord seines Schiffes befand und bereit war fortzusegeln. Eine Woche später landete er an der französischen Küste und bereitete die Belagerung von Harfleur vor.

Dick Whittington hatte außerdem angeordnet, daß Dickon jeden Tag für ein paar Stunden zu ihm nach Hause kam, um Briefe abzuschreiben. Das hatte er sicher nicht Nan zuliebe getan.

Die meiste Zeit arbeitete er alleine, denn Master Whittington war immer beschäftigt. Der König hatte ihm eine Menge Arbeit hinterlassen. Zusätzlich zu seiner Verantwortung für den Bau in Westminster und seinem besonderen geheimen Auftrag mußte er jedesmal den Bürgermeister beraten, wenn ein Gebäude in der Stadt abgerissen werden sollte.

Dickon sah ihn nur, wenn er ihm die Arbeit zuteilte. Dann blieb er alleine auf einem hohen Stuhl zurück. Vor ihm auf dem Pult stapelten sich Pergamentrollen und Bücher.

Diesmal handelten die Briefe weder von der Tuchhändlerinnung noch von den Überseespekulanten, sondern von Master Whittingtons Privatangelegenheiten.

Jeder wußte, daß Dick Whittington hilfebedürftigen Menschen gegenüber sehr großzügig war. Doch als Dickon den Beweis dafür

Dickon saß auf einem hohen Stuhl

schwarz auf weiß in der Hand hielt, war er vom Ausmaß der Freigebigkeit seines Meisters beeindruckt.

So unterstützte er zum Beispiel den Franziskanerorden, der sich vor dem Neutor niedergelassen hatte. Ein Brief nach dem anderen handelte davon, daß Master Whittington dort zu einem schwindelerregenden Preis eine große Bibliothek errichten ließ. Sie sollte fünfzig Meter lang und mit Büchern im Werte von 400 Pfund bestückt werden. Dann ging es um den Plan, das St.-Bartholomäus-Hospital neu zu bauen. In einem weiteren Projekt setzte er sich dafür ein, das alte Gefängnis in Newgate abzureißen, in dem die meisten Insassen an Fieber starben, und durch ein neues zu ersetzen. Für das halbfertige große Rathaus bezahlte Master Whittington die Fußböden und das Fensterglas. Außerdem sollte es eine Bibliothek bekommen, wie es sie nie zuvor in London gegeben hatte, denn jeder Bürger durfte die Bücher benutzen.

Neben diesen großen Projekten gab es kleinere. Mit besonderem Interesse schrieb Dickon eine Auflistung von Zahlen ab, die das Altenheim und die Studienstätte neben St. Michael's Paternoster betrafen, der Kirche, die genau neben Whittingtons Haus stand. Der nächste Brief stammte vom Abt von Gloucester und handelte von Geldern für die Reparatur der dortigen Kathedrale. Dickon mußte lächeln, als er ein kleines Stück Pergament in Master Whittingtons Handschrift vor sich hatte, das mit ‹Kleine Ideen› überschrieben war. Die Notizen handelten von einem Frischwasserbehälter für Billingsgate und einer Wasserleitung von St. Giles zum Krüppeltor. Dickon dachte an die Bitte seines Paten, ihn daran zu erinnern. Offensichtlich war das nicht mehr nötig.

Als Dickon eines Abends nach Erledigung seiner Schreibarbeiten in die Grub Street zurückkehrte, traf er auf Robert, der am Anfang der Straße auf ihn wartete.

«Ich muß dir was erzählen», rief er, als Dickon näher kam. «Am Fest von St. Bartholomäus findet in der Krypta in der Billiter Street ein Treffen aller Tuchhändlerlehrlinge statt. Die älteren Mitglieder haben erfahren, daß du schon seit über zwei Monaten ein vereidigter Lehrling bist und noch immer kein Mitglied in unserer Vereinigung. Ich habe ihnen versprochen, dich mitzubringen.»

Dickon nickte so beiläufig wie möglich. Niemand sollte ihm seine Gefühle ansehen.

«Ich wußte, daß du freiwillig kommen würdest», meinte Robert anerkennend. «Sie hatten nämlich beschlossen, dich zu fesseln und mit Gewalt dorthin zu bringen, falls du nicht kommen wolltest.»

Dickon schlug das Herz bis zum Halse. Bis St. Bartholomäus war es nicht mehr lange hin. Trotzdem gelang es ihm, mit fester Stimme zu fragen: «Das hat Kurt Bladebone angeordnet, oder?»

«Ja, er hat die anderen gegen dich aufgehetzt. Doch ich fürchte, daß er damit nicht zufrieden ist. Du wirst wohl mit ihm kämpfen müssen. Er ist als guter Kämpfer bekannt. Aber du hast ihn ja schon einmal besiegt, und da waren andere dabei, die ihn unterstützt haben.»

Es war nett von Robert, ihn so zu ermutigen. Jetzt, da er der Wirklichkeit ins Gesicht sehen mußte, lebte die Erinnerung an den Kampf an der Kaimauer plötzlich wieder auf. Noch einmal spürte er den schrecklichen Moment, in dem Kurt ihn mit dem Rücken an die Wand des Lagerhauses gedrückt hatte. Es hätte sicher schlecht für ihn ausgesehen, wenn Kurt nicht auf dem nassen, schlammigen Stroh ausgerutscht wäre, mit dem Dickon zuvor seine Schuhe gereinigt hatte. Das war die Wahrheit, und der sollte er lieber ins Gesicht sehen.

Trotzdem gelang es ihm, in den folgenden Tagen Owen und Toby gegenüber Haltung zu bewahren, denn die beiden beobachteten ihn neugierig. Außerdem erfuhr er einiges über die Organisation der Lehrlingsvereinigung. Er wurde von älteren Jungen geleitet, die in einer Gesamtabstimmung zu «Königen» gewählt wurden. Zum Glück war Robert ein «König», aber Owen auch leider, denn ihm traute er nicht so recht.

Dickon konnte das Warten kaum ertragen. Darum freute er sich tatsächlich, als es soweit war und Robert erschien, um ihn in die Billiter Street zu führen. Owen und Toby waren schon vorausgelaufen, und Robert sprach wenig, als sie die Moorfelder überquerten, am St. Mary-Beth'lem-Krankenhaus für Geisteskranke vorbeiliefen, das überall einfach ‹Bedlam› genannt wurde, und durch das Bischofstor die Stadt betraten.

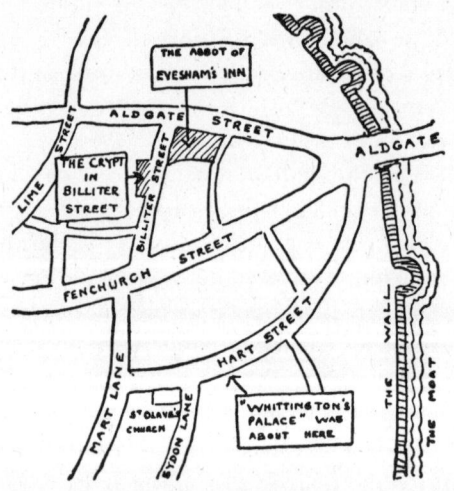

Alleine hätte Dickon den Weg sicher nicht gefunden. Billiter Street war eine ruhige Gasse südlich von Aldgate. An der einen Ecke stand das Gasthaus des Abtes von Evesham, in dessen Garten ein Pflaumenbaum über den Zaun ragte. Gegenüber befand sich ein von einer hohen Mauer umgebener Garten, der anscheinend lange nicht gepflegt worden war. Robert führte ihn zu einem alten, steinernen Torbogen, der sich kaum von der Häuserwand abhob. Verfallene Eichentüren hingen in großen, rostigen Angeln. Durch kleine vergitterte Fenster auf beiden Seiten der Tür schimmerte das Licht von Fackeln in Keller- höhe.

«Da sind wir», meinte Robert und führte Dickon eine abgenutzte Steintreppe hinunter. «Das ist die Krypta eines alten Hauses, das vor Hunderten von Jahren abgebrannt ist.» Er öffnete die verfallenen Tü- ren, und Dickon folgte ihm.

Zunächst schien es um ihn herum so schummerig zu sein, daß er kaum die Hand vor Augen sehen konnte. Doch als er sich an das Dämmer- licht gewöhnt hatte, erkannte er im Fackelschein einen großen Raum, dessen Decke von steinernen Säulen gestützt wurde. Viele Gesichter wandten sich den Neuankömmlingen zu. Der Fackelschein beleuch- tete hier eine Nase und dort ein Ohr. Der Raum war voller Lehr- linge.

Sie überquerten ein breites, steinernes Podium. Robert hatte ihn un- tergehakt und führte ihn die Stufe herunter zu einer Säule, an die er sich anlehnen konnte. Dickon versteckte sich so gut es ging im Schat- ten und beobachtete von dort aus den Eingang.

Durch die verfallenen Türen und die vergitterten Fenster schimmerte etwas Tageslicht. Auf dem Podium standen mehrere große Jungen in Gruppen zusammen und unterhielten sich. Außer Robert und Owen kannte er jedoch keinen von ihnen.

Die Zusammenkunft wurde von einem Lehrling, der noch größer und kräftiger war als Robert und anscheinend als Anführer anerkannt wurde, mit einem Gongschlag eröffnet. Als erstes stand die Wahl neuer Vorstandsmitglieder auf der Tagesordnung. Der große Junge, den sie Goodenough nannten, kündigte an, daß vier neue «Könige» ernannt werden mußten. Zwei junge Männer hatten ihre Lehre been- det und verdingten sich jetzt als Gesellen, einer war in einem Lehr- lingskampf zum Krüppel geschlagen worden und der vierte an Pocken gestorben. Die Versammlung betete mit großem Ernst für den toten Jungen und brach dann in Jubelrufe oder Pfiffe aus, als die Namen der Jungen genannt wurden, die an seine Stelle treten sollten.

Drei neue «Könige» wurden ohne Schwierigkeiten gewählt, aber für den vierten Platz fand sich niemand. Dann erhob sich Owen, nachdem er einige Zeit mit anderen Jungen geflüstert hatte, und schlug Kurt Bladebone vor.

Dickon unterdrückte seine Bestürzung, als ein lautes Jubeln anhob. Anscheinend war sein Feind im hinteren Teil der Krypta besonders beliebt. Goodenough schlug Will Carpenter vor, den Sohn und Lehrling von John Carpenter, dem Stadtdirektor. Doch dieser Vorschlag wurde mit Schweigen beantwortet. Ein paar Minuten später wurde Bladebone zum «König» ernannt und trat auf das Podium. Das Licht, das durch die Tür fiel, beschien sein rotes Haar und sein grinsendes Gesicht. Dickon ballte die Fäuste hinter seinem Rücken zusammen.

Nachdem der Applaus verebbt war, erhob sich Goodenough von neuem.

«Als nächstes steht der Schwur eines Lehrlings auf der Tagesordnung, der viel früher hätte geleistet werden sollen, denn dieser Lehrling ist bereits seit über zwei Monaten vereidigt. Ich weiß nicht, warum er nicht schon eher hier erschienen ist. Vielleicht lag ein Mißverständnis vor.»

Er schwieg einen Moment. Die augenblicklich einsetzende Stille, die auf seine Worte folgte, erschreckte Dickon. Das Schweigen wirkte bedrohlich; und er war dankbar, als Goodenough fortfuhr.

«Er heißt Sherwood, Dickon Sherwood, und ist Lehrling und Patensohn von Dick Whittington. Wir sollten ihn annehmen, obwohl er aus einer Lebensmittelhändlerfamilie stammt, auch wenn es einigen von uns schwerfällt. Wir haben alle nicht viel für Lebensmittelhändler übrig, aber dieser Junge ist bereits ein Tuchhändler; und das können wir nicht mehr ändern. Ich schlage vor, daß er sich die Aufnahme in unsere Vereinigung mit einem Bußgeschenk erkaufen sollte, und zwar mit einem Faß Rosinen und einer Kiste gezuckerter Pflaumen.»

Das Gemurmel in den hinteren Reihen, das sich bei dem Wort «Lebensmittelhändler» erhoben hatte, ging in Gelächter über, und hier und da wurde sogar in die Hände geklatscht. Dickon selbst brach ebenfalls in ein erleichtertes Lachen aus. Es würde sicher nicht schwer sein, das Bußgeschenk von Großvater zu erbitten. Aber seine Erleichterung war nur von kurzer Dauer. Bladebone trat nach vorne.

«Ich werde nichts davon anrühren», schrie er. «Allen Lebensmittel- und Fischhändlern wünsche ich die Pest an den Hals. Sie sind alle gleich

mies. Der Anlaß des Streites zwischen mir und diesem feinen Lebens-
mittelhändlersöhnchen war der stinkendste, dreckigste kleine Fischhändler, den ich je gesehen habe. Wenn ich dem Bastard noch mal be-
gegne, werde ich ihm sämtliche Knochen brechen.»
Viele Zuhörer beantworteten diesen Tapferkeitsbeweis mit Applaus.
Ohne auf Goodenough zu achten, der versuchte, ihn zurückzuhalten,
zeigte Bladebone nun direkt auf Dickon.
«Von diesem neuen Lehrling kann ich nur sagen, daß er ein Verräter
und Feigling ist. Mit einem faulen Trick hat er mir die Zähne heraus-
geschlagen. Als ich ihn Johanni wieder traf, ergriff er die Flucht. Ich
mußte ihn durch halb London jagen und habe ihn dann aus den Augen
verloren. Darum fordere ich ihn jetzt auf, hier vor uns alle zu treten
und mir Gelegenheit zur Vergeltung zu geben.»
Auf dem Podium, mit dem Licht hinter sich, wirkte Bladebone riesig.
Mit rasendem Herzklopfen trat Dickon aus dem Schatten der Säule
hervor. Es kostete ihn viel Überwindung, mit fester Stimme zu sprechen.
«Du bist der Feigling, Kurt Bladebone», rief er. «Zu dritt seid ihr damals am Fluß über den Fischhändlerlehrling hergefallen, zu dritt,
während ich alleine gekämpft habe.»
Er mußte brüllen, damit seine Stimme trotz des wachsenden Tumultes
hörbar blieb. Aber das laute Sprechen machte ihm Mut, seine Knie
wurden fester, und seine Schultern strafften sich.
Bladebone stürzte auf ihn zu, aber Robert und Goodenough schnapp-
ten ihn und hielten ihn zurück.
«Wir werden hier kein Blutvergießen zulassen», donnerte Goodenough. «Wenn du auf einem Kampf bestehst, mußt du Ort und Zeit
bestimmen, und wir werden darauf achten, daß es eine faire Sache
wird.»
Das Gemurmel nahm zu. Auf dem Podium wurde flüsternd verhan-
delt. Goodenough schlug seinen Gong.
«Ruhe jetzt, ihr lauten Kerle», rief er. «Seid friedlich und hört, was ich
zu sagen habe. Wir wissen alle, daß Kurt Bladebone ein guter Kämpfer
ist. Seinen Gegner können wir nicht einschätzen. Er scheint ebenfalls
kein Schwächling zu sein, denn er hat seine Spuren hinterlassen. Aber
er ist klein und schmal und außerdem jünger als Bladebone. Meiner

Ansicht nach schwebt er in großer Gefahr. Ich möchte euch daran erinnern, daß ihr Bladebone gerade anstelle eines Jungen gewählt habt, der in einem Kampf zum Krüppel geschlagen wurde. Wenn wir zulassen, daß sich unsere Mitglieder gegenseitig umbringen, werden wir uns vor dem Gericht des Bürgermeisters verantworten müssen. Der Bürgermeister selbst hat es bereits angedroht. Wenn dieser neue Lehrling, Sherwood, getötet wird, bekommen wir sicherlich Ärger, denn er ist Dick Whittingtons Lehrling und Patensohn.»

Dickon trat vor. Das war mehr, als er ertragen konnte. «Ich will mich nicht darum drücken», schrie er.

«Sei ruhig», wies Goodenough ihn zurecht. «Du wirst deinen Mut beweisen müssen; so einfach lassen wir dich nicht davonkommen. Aber einen Kampf wird es nicht geben. Was haltet ihr von einem Gottesurteil?»

Ein Tosen brach aus. Dickon fühlte sich elend. Er sah sich plötzlich wie St. Laurence auf einem Bratrost schmoren. Oder würden sie ihn in siedendes Öl tauchen, wie es damals mit St. Crispin geschehen war?

«Gut, wie soll die Prüfung aussehen?» fragte Goodenough. «Ich werde so lange zählen, bis zwei Minuten vorbei sind, und dann kann jeder, der eine gute Idee hat, sie vorbringen.»

Dickon schienen die zwei Minuten endlos zu sem. Um ihn herum wurde geflüstert, aber er konnte kein Wort verstehen. Auf dem Podium hatte sich eine Gruppe um Kurt herum versammelt. Dickon beobachtete, wie Owen sich dazustellte. Es sah aus, als ob er den anderen einen Vorschlag machen würde. Als Goodenough andeutete, daß die Zeit herum war, flüsterte Owen ihm etwas ins Ohr. Goodenoughs Gesicht drückte Zweifel aus. Er rief nach Robert und zwei anderen Jungen und beratschlagte eine Weile mit ihnen. Schließlich schlug er den Gong. Sofort war es ganz still in der Krypta.

«Unser Kamerad hier hat einen Vorschlag gemacht», begann er. «Es handelt sich um ein gefährliches Abenteuer. Der neue Lehrling soll uns innerhalb der nächsten zwei Wochen einen der Köpfe bringen, die auf der Zugbrücke aufgespießt sind. Es gibt nur zwei Bedingungen: Er soll alleine gehen, und niemand darf von dem Unternehmen erfahren. Kurt Bladebone, du hast ihn Feigling genannt und herausgefordert. Willst du diese Mutprobe annehmen?»

Bladebone zuckte die Achseln. «Mir ist es egal», antwortete er beleidigt. «Meinetwegen soll er einen Kopf holen oder sonst was machen.»

Goodenough wandte sich wieder Dickon zu. «Und was sagst du dazu? Nimmst du die Herausforderung an? Bist du bereit, alleine, ohne fremde Hilfe, einen der Köpfe zu holen, die auf Pikenschaften auf der Londoner Brücke stecken? Erkennst du an, daß nur das Bestehen dieser Mutprobe dir die Aufnahme in unsere Vereinigung ermöglicht? Was hast du dazu zu sagen?»

Dickon straffte die Schultern. «Ich nehme sie an», antwortete er.

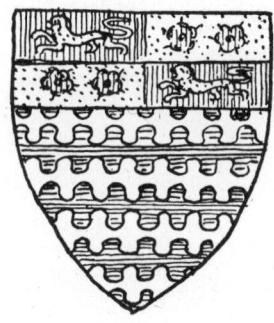

Das Wappen der Überseespekulanten

Der Vollmond über dem Fluß

Das Zugbrückentor

D ickon lief alleine in die Grub Street zurück. Er lag bereits im
Bett und tat, als ob er schliefe, als die anderen heraufkamen.
Aber in Wirklichkeit fand er wenig Schlaf in dieser Nacht.

Zuerst hatte er sich erleichtert gefühlt, weil er nicht zu kämpfen
brauchte. Kurt Bladebone hätte ihn sicher nicht geschont. Er dachte an
den Lehrling, der auf lebenslang zum Krüppel geschlagen worden
war, und fühlte sich dankbar. Nachdem er Kurts Drohungen gehört
hatte, hoffte er inständig, daß Lob, der unglückliche Fischhändlerlehrling, mit heiler Haut davonkam. Aber vor der bevorstehenden Mutprobe grauste ihm. Merkwürdig, noch vor kurzem war er auf der
Brücke gestanden und hatte die Köpfe betrachtet. Ihm war die
Schwierigkeit der Aufgabe durchaus bewußt. Er wagte nicht, daran
zu denken, was mit ihm passieren würde, wenn man ihn erwischte.
Die Herausforderung hatte er angenommen. Nun mußte er es schaffen. Er legte sich auf den Rücken und begann, Pläne zu schmieden.

Natürlich hatte er einen großen Vorteil, von dem niemand wußte: Goody lebte auf der Brücke. Wenn er diesen Vorteil nutzen wollte, mußte er allerdings bei Goody schlafen, denn seine Aufgabe konnte nur bei Nacht erledigt werden. Er mußte den Unschuldigen spielen und die Nacht von Sonntag auf Montag dort verbringen, statt zum Krüppeltor zurückzukehren. Um eine Tracht Prügel am folgenden Tag käme er nicht herum, aber das ließ sich nicht ändern. Nächsten Sonntag würde Vollmond sein, das würde ihm die Arbeit erleichtern. Am Vollmond-Sonntag mußte es geschehen.

Er grübelte und plante die ganze Nacht. Am nächsten Morgen stand er gähnend auf. Seine Augenlider waren schwer, aber er hatte einen Plan im Kopf.

Ein Bild von St. Christopher

Am folgenden Sonntag bat er darum, zur Beichte gehen zu dürfen. Die Idee war genial. Obwohl er einzig und allein Goody besuchen wollte, würde es sicher nicht schaden, die Gelegenheit zu nutzen und um die Vergebung seiner Sünden zu bitten. Mit Gottes Gnade konnte er ein derartig gefährliches Abenteuer besser überstehen.

Trotzdem verbrachte er nicht mehr Zeit als nötig mit Bußgebeten.

Vor dem Bildnis des Heiligen Christopherus zündete er eine Kerze an. Christopherus hatte Reisenden über den Fluß geholfen. Alles was mit Brücken zu tun hatte, fiel sicher in seinen Bereich. Dann eilte er so schnell er konnte zu Goody, um seinen Plan in die Tat umzusetzen.

Er hatte lange nach einer überzeugenden Begründung gesucht, um sich für diese Nacht bei Goody einzuquartieren. Schließlich war ihm die Ausrede eingefallen, er wolle ein Schiff beobachten, das schon im Morgengrauen den Hafen verlassen sollte. Doch es war, als ob Christopherus schon bei der Arbeit sei, denn Goody war überhaupt nicht überrascht. So brauchte Dickon das Schiff nicht einmal zu erwähnen. Sonntag nacht würde Vollmond sein. Jedes Jahr versammelten sich viele Menschen auf der Brücke, um zu schauen, wie der Vollmond um die Herbst-Tagundnachtgleiche hinter dem Tower hervorkam und sich im Wasser spiegelte. Goody drohte ihm schelmisch mit dem Finger: Master Dickon werde wohl erwachsen. Junge Männer hätten einen Hang zur Romantik. Sie würde sich nicht wundern, wenn es irgendwo ein junges Mädchen gäbe. Dickon grinste. Ihm war es gleich, was sie dachte, wenn es nur seine Pläne nicht behinderte.

Wie jeden Sonntag aß er in Granthams Gasthaus zu Mittag. Auch dort hatte er Glück. Tante Isabel und Nan brachen gleich nach dem Essen auf, um in den Hornsey-Wäldern nach Brombeeren zu suchen. So blieb Dickon sich selbst überlassen. Es gelang ihm, den Segen seines Großvaters zu erbitten und sich zur Abendbrotszeit auf den Weg zu machen, ohne daß ihn jemand fragte, warum er so früh gehen müßte.

Er fühlte sich erstaunlich ruhig, während er die Thames Street entlang zur Brücke lief – zu ruhig, wenn man bedenkt, daß er nicht wußte, was ihm bevorstand. Die ganze Aufgabe erschien ihm so unglaublich, daß er sich kaum vorstellen konnte, sie lebend zu überstehen. Er ging nur weiter, weil er wußte, daß er nicht mehr umkehren konnte.

Goodys Haushalt war vollkommen durcheinandergeraten. Ihr kleiner Enkel hatte das Mandel-Honig-Marzipan verschlungen, mit dem sie Dickon überraschen wollte. Nun war ihm so schlecht, daß er aus dem Fenster über den reißenden Fluß gehalten werden mußte. Simon, der

Handschuhmacher, ein munterer, kleiner Mann, der mit seinen roten Wangen und glänzenden Augen an ein Rotkehlchen erinnerte, bat Dickon, mit ihm nach draußen zu gehen.

«Das ist nicht der richtige Ort für uns», meinte er. «Master Dickon, was haltet Ihr davon, in der Schenke dort drüben ein Bier zu trinken?»

Dickon schüttelte den Kopf. «Ich möchte lieber auf der Brücke bleiben», sagte er so beiläufig wie möglich. «Können wir zum Zugbrückentor gehen? Ich war noch nie dort oben. Von da aus hat man bestimmt eine gute Sicht auf die Schiffe.»

«Der Ausblick ist auch nicht besser als von hier unten. Aber wenn du möchtest, können wir gerne hingehen und gucken. Der Zugbrückenwächter ist ein Freund von mir.»

Der Zugbrückenwächter wohnte nicht im Zugbrückentor, sondern in einem der angrenzenden Häuser. Die Türen im Tor waren alt und klapprig. Sie wurden nicht mehr geschlossen. Die Wohnung über dem Tor war feucht, und es wimmelte dort von Ratten. Der Zugbrückenwächter konnte auch aus dem Nebenhaus schnell genug geholt werden, um den Mechanismus zu bedienen. Das Hochziehen der Zugbrücke reichte aus, um die Durchfahrt freizumachen.

«Ist nachts denn niemand hier?» fragte Dickon und bemühte sich, nicht allzu eifrig zu klingen.

«Nein, hier nicht. Am Steinernen Tor, das mit dem Abendläuten verriegelt wird, stehen bewaffnete Posten. Und auf der Brücke patrouillieren Nachtwächter.»

Das Dach des Zugbrückentores konnte über zwei Leitern erreicht werden. Die eine stand links und die andere rechts vom Bogengang. Als sie oben waren, genoß Dickon einen Augenblick lang die Aussicht, um Simon zufriedenzustellen. Doch dann war es ganz verständlich, daß er die Köpfe anstarrte. Während Simon über sie sprach, schaute Dickon sich genau die Pikenschafte an, auf denen sie steckten. Er hatte nicht geahnt, daß diese Schafte so groß waren. Aber sie waren so einfach am Dach befestigt, daß er es kaum glauben konnte. Jeder Schaft war mit einer eisernen Krampe auf der halben Höhe der hölzernen Schräge befestigt und endete in einer Rinne am unteren Rand. Die Pikenschafte wurden nur durch ein Seil aufrechtgehalten, das am Geländer festgebunden war. Wenn dieses Seil gekappt würde, wäre es möglich, eine der Stangen mit eigener Körperkraft aus der Befestigung zu lösen.

Er ließ sich jedoch nichts anmerken. Die Gefahr, daß sich Simon später daran erinnern und ihn verdächtigen würde, war zu groß. Also reagierte er interessiert, als Simon vorschlug, ihm das Steinerne Tor genauer zu zeigen.

Das Steinerne Tor war eine weitaus ernstzunehmendere Barriere als das Zugbrückentor, und Dickon war froh, daß die Köpfe nicht darauf ausgestellt wurden. Dort wachte eine Garde von Pikenieren und ein Torhüter, der in einem kleinen Raum neben den großen Türen schlief. Er war ein alter Soldat, der vor dreißig Jahren in einem Kampf ein Ohr verloren hatte. Da er Simon gut kannte, bestand er darauf, ihnen seine Unterkunft zu zeigen.

Der kleine Raum, dessen Tür nie geschlossen wurde, wirkte recht gemütlich mit dem Strohbett, das in einer Nische stand und dem kleinen Holzkohleofen, der für die nötige Wärme sorgte. Zur Zeit war der Bogengang fast zugestellt mit Reisigbündeln, die innen an den Seiten aufgestapelt waren.

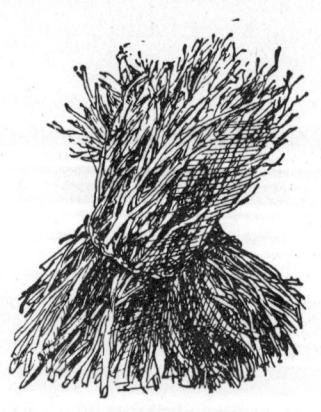

Reisigbündel

Dickon wunderte sich, daß der Torhüter sie an einem solchen ungünstigen Platz gelagert hatte. Aber der war stolz auf sein Reisig. Es war der Beweis für seine Klugheit; er hatte die Bündel dort gestapelt, damit der Zöllner sie begutachten konnte. Sie waren ihm verdächtig vorgekommen, als sie gestern vormittag in einem Wagen auf der Brücke erschienen, dessen Räder mit Eisen beschlagen waren. Für Fahrzeuge mit solchen Rädern, die in die Stadt einfuhren, mußte extra Zoll bezahlt werden, und er hatte sich gewundert, daß eine so leichte Ladung in einem derartig schweren Wagen transportiert wurde. Also hob er ein Bündel nach dem anderen hoch und stellte fest, daß sich in jedem ein Faß französischen Weines befand.

«Und es ist kein schlechter Wein», sagte er mit einem Augenzwinkern. «Ich mußte ihn anzapfen, um zu probieren, ob es wirklich Wein war und kein Most, wie der Fuhrmann behauptet hatte. Ich schickte den Wagen mit einer Wache zum Zollamt, damit der Wein verzollt und der Fuhrmann an den Pranger gestellt werden konnte. Aber ein paar Bündel habe ich mitsamt den Fässern ausgeladen, damit der Zöllner nicht vergißt, daß ich den Fall aufgedeckt habe. Und wenn er es vergessen sollte, bleibt mir immer noch der Wein.»

Er bot jedem einen vollen Becher an. Dickon lehnte höflich ab, denn er spürte, daß er auf jeden Fall einen klaren Kopf behalten mußte. Simon hingegen lobte den hervorragenden, vollmundigen Wein. Er leerte nicht nur seinen, sondern auch Dickons Becher und führte dann seinen Gast heiter und beschwipst zum Abendessen.

Dickon übernachtete in der Werkstatt, in der die Familie den größten Teil des Tages zubrachte. Um dort schlafen zu dürfen, hatte er Goody überreden müssen. Er hatte ihr erklärt, daß er am Krüppeltor sein mußte, sowie es geöffnet wurde, nämlich zum Sonnenaufgang. Goody wollte es erst nicht erlauben, aber Simon unterstützte ihn.

«Laß den Jungen schlafen, wo er will», meinte er. «Er ist ein Lehrling, und viele Lehrlinge schlafen in Werkstätten, oft sogar unter dem Ladentisch. Begreifst du nicht, daß er aufstehen möchte, ohne den ganzen Haushalt zu wecken?» Damit hatte er den Nagel auf den Kopf getroffen. Dickon mußte ein Grinsen unterdrücken.

Als der volle Mond am Himmel stand und alle Menschen, die seinen Aufgang beobachtet hatten, wieder zu Hause waren, legte Dickon sich ins Bett. Um Goody eine Freude zu machen, erlaubte er ihr, ihn zuzudecken.

Er blieb eine Stunde lang liegen, um sicher zu sein, daß oben alle schliefen. Um Goody machte er sich keine Sorgen, sie hörte zu schlecht. Aber Simon lag genau über ihm, in einem kleinen Raum auf der Seite des Flusses. Doch ein lautes Schnarchen erlöste ihn von der Sorge, daß Simon ihn hören könnte. Plötzlich fiel ihm der «hervorragende, vollmundige» Wein ein, und er dankte dem Wächter vom Steinernen Tor innerlich dafür.

Der Mond schien in sein Zimmer, als er wieder in seine Kleider schlüpfte und auf Zehenspitzen herumschlich, um noch ein paar Vorbereitungen zu treffen. Zuerst ölte er das Türschloß mit etwas Klauenfett und einer Feder, die er auf der Werkbank gefunden hatte. Dann nahm er den kleinen Sack, den er mitgebracht hatte, um seine Trophäe darin zu verstecken. Er wollte sie im Schutze der Dunkelheit in die Krypta in der Billiter Street bringen, in der ein alter Sack sicher versteckt irgendwo im Schatten liegen konnte, bis der Zeitpunkt gekommen war, den Kopf vorzuzeigen.

Dann stellte er sich in die Ecke am Fenster und wartete auf die Wache. Er hatte erfragt, daß sie zu Beginn der Nacht kamen, um zu sehen, ob nirgendwo mehr Licht brannte und die Brücke somit keiner Brandgefahr ausgesetzt war. Waren sie erst einmal vorbei, würde es eine Weile dauern, bis sie zurückkehrten, denn sie hatten die ganze Brücke zu bewachen.

Bald darauf hörte er sie kommen. Sie stampften über das Kopfsteinpflaster, ohne auf die schlafenden Bürger Rücksicht zu nehmen. Auf jeder Straßenseite patrouillierten zwei Wächter. Sie schauten in jede Ecke und jeden Winkel. Dickon wartete, bis sie auf dem Rückweg wieder vorbeikamen und auf der Londoner Seite verschwanden. Schließlich öffnete er mit klopfendem Herzen die Tür und schlich sich hinaus. Auf der Straße war es totenstill. In der Ferne konnte er die Laternen der Wachen sehen, die den Fish-Street-Hügel hinaufliefen. Er schloß die Tür leise hinter sich und schlich sich zum Zugbrückentor.

Die Rückseite des Tores lag in tiefem Schatten. Er mußte sich vorwärtstasten, bis er zu einer der Leitern kam. Er war so aufgeregt, daß er nach jedem Schritt stehenblieb, um zu lauschen. Aber er hörte nur das Rauschen des Flusses.

Oben wurde er von einem glitzernden Licht empfangen. Der Mond stand hoch am Himmel und schien so hell, daß man meinen könnte, es sei Tag. Er sah den silbern glänzenden Tower und die vielen kleinen Schiffe, die vor einer Reihe großer schwarz-weißer Häuser am Ufer lagen. Er dankte seinem Schutzengel für eine so gute Nacht. Erst jetzt wurde ihm klar, wie hoffnungslos seine Lage im Dunkeln gewesen wäre. Hier oben sah ihn niemand, und er konnte sich für seine Aufgabe Zeit lassen.

Er hatte sich für einen Kopf an der Seite entschieden. Es würde leichter sein, eine Stange an der Ecke als eine aus der Mitte hochzuheben. Er schaute zu dem Kopf hinauf und wandte dann den Blick mit einem unterdrückten Schaudern wieder nach unten. Was immer auch geschehen würde, er durfte es sich nicht gestatten nachzudenken.

Sein Herz klopfte wie wild, als er die Arbeit am ersten Knoten begann. Er ließ sich allerdings leicht öffnen. Langsam löste er einen Knoten nach dem anderen. Dieser Teil der Aufgabe, den er sich am schwierigsten vorgestellt hatte, schien eigentlich ganz einfach zu sein. Nachdem er das Seil vollständig geöffnet hatte, stellte er sich breitbeinig hin, ergriff die Stange mit beiden Händen und hob sie vorsichtig ein Stück hoch.

Doch nun tauchte eine Schwierigkeit auf, mit der er nicht gerechnet hatte. Der Pikenschaft war doppelt so lang wie er selbst, und oben drauf befand sich das Gewicht des Kopfes. Die Stange war sehr schwer im Gleichgewicht zu halten. Als er sie aus ihrer Halterung heraushob, begann der Kopf unkontrollierbar hin- und herzuschaukeln. Er zog ihn an den Rand des Daches. Mit aller Kraft versuchte Dickon, die gefährliche Neigung auszugleichen. Doch plötzlich richtete sich die Stange von selbst auf. Sie wurde leichter. Ein lautes Platschen durchbrach die Stille der Nacht. Der Kopf war in den Fluß gefallen.

Entsetzt bemühte sich Dickon, wenigstens die Stange festzuhalten. Unten auf der Brücke begann jemand zu rufen. Von panischem Schrecken erfüllt, ließ er den Pikenschaft fallen. Der folgte dem Kopf, und Gischt spritzte auf bis zur Spitze des Zugbrückentores. Da die Stange zu lang war, um durch die Brückenbögen hindurchzugleiten, schlug sie mit lautem Krachen gegen die Pfeiler.

Dickon wagte nicht, sich zu rühren. Bestimmt hatten alle dieses schreckliche Geräusch gehört. Ein Mann kam schon herbeigestampft und schrie: «Was ist hier los? Wer ist da? Zeige dich, wer immer du auch sein magst!»

Das war sicherlich der Zugbrückenwächter. Er würde bestimmt gleich heraufkommen. Selbst wenn er Dickon nicht sofort erwischte, würde er sehen, daß einer der Köpfe fehlte und ein Geschrei erheben.

Gleich darauf hörte er, wie jemand die Leiter heraufkletterte, die er auch benutzt hatte. Blitzschnell sprang er auf die andere Seite, glitt die zweite Leiter hinunter und landete auf der Straße.

Mit wildem Blick starrte er erst nach rechts und dann nach links. In beiden Richtungen bewegten sich in der Ferne Laternen. Vielleicht würde es ihm gelingen, Goodys Haus zu erreichen, bevor die Wache dort war. Froh über die Dunkelheit und schwindelig vor Angst, rannte er los. Plötzlich kam er an eine freie Stelle, an der ihn die Schatten der Häuser nicht mehr vor dem hellen Mondlicht schützten. Er stutzte, eilte dann aber weiter, bis er wieder das schützende Dunkel erreicht hatte. Da dämmerte es ihm, was er getan hatte: Er war die gegenüberliegende Leiter heruntergeklettert und dann in die falsche Richtung gelaufen. Statt auf Goodys Haus zuzulaufen, hatte er sich immer weiter davon entfernt und war inzwischen schon beinah am Steinernen Tor gelandet.

Zwischen zwei Häusern fand er eine flache Nische. Er drückte sich hinein und hielt den Atem an, denn von vorne näherten sich Schritte und Stimmen. Das war die Wache vom Steinernen Tor.

«Wo hast du das Geräusch gehört?» – «Beim Zugbrückentor.» – «Aha, da scheint jemand oben zu sein.»

Dickon sah, wie sie im Mondlicht an ihm vorbeiliefen. Dann hörte er im Haus neben sich Stimmen und das Geräusch von Riegeln, die zur Seite geschoben wurden. Die Bewohner kamen heraus. Er sprang aus der Nische hervor und drückte sich an der schattigen Mauer entlang, in der vergeblichen Hoffnung, ein neues Versteck zu finden. Er erreichte die Ecke des letzten Hauses und stand direkt vor dem Steinernen Tor, das vom Mondlicht angestrahlt wurde. Was sollte er tun? Einfach im Schatten zu warten, wäre sicher sein Verderben.

In diesem Augenblick kam der Torhüter mit einer Laterne in der Hand

Er sah, wie sie im Mondlicht an ihm vorbeiliefen

aus seinem kleinen Raum hervor. Dickon sah deutlich, wie er den Weg durch das Tor beleuchtete. Dann ging er wieder hinein. Das Licht seiner Laterne schien durch die offene Tür. Aber in dem kurzen Moment hatte Dickon etwas gesehen: die Reisigbündel. Wenn es ihm gelänge, sich dahinter zu verstecken, würde man ihn nicht so schnell finden.

Er eilte über das vom Mondlicht beschienene Stück und lehnte sich erschöpft an die schattige Seite des Steinernen Tores. Anscheinend hatte ihn niemand bemerkt. Die Stimmen und das Rufen waren hauptsächlich um das Zugbrückentor herum zu hören. Vielleicht war die ganze Wache dorthin gelaufen und nur der Torhüter übriggeblieben. Er schaute um die Ecke in den Torweg hinein. Das Licht schien noch immer aus der kleinen Kammer. Dickon bückte sich, schlich hinter das Reisigbündel, das am weitesten von der Behausung des Torhüters entfernt war, und legte sich flach auf den Boden. Bei einer gründlichen Durchsuchung würden sie ihn natürlich finden, aber ihm war wenigstens eine Atempause vergönnt. Er hörte, wie der Torhüter in seiner Wohnung auf und ab ging. Jedesmal wenn sich die Schritte näherten, hielt er den Atem an.

Plötzlich fesselte ein neues Geräusch seine Aufmerksamkeit. Mit dem Ohr auf dem Boden hörte er Hufgetrappel. Noch schien es in weiter Ferne, aber es kam näher, und zwar aus der Richtung, in der Southwark lag. Es wurde immer lauter und klang plötzlich hohl. Auf der Brücke waren Reiter. Mit stampfenden Hufen und klirrendem Zaumzeug hielten sie vor dem Tor. Kräftige Fäuste schlugen dagegen, und die Stimme eines Mannes hallte unter dem Torbogen: «Öffnet im Namen des Königs!»

Der Torhüter eilte herbei und öffnete ein Fenster mit einem Gitter davor. Ein Strahl des Mondlichts schien hinein. Irgendwer reichte ihm eine Pergamentrolle durch das Gitter. Der Torhüter hielt es ans Licht und betrachtete das Siegel. Dann öffnete er eine der großen Türen, damit der Anführer ein paar Schritte hineinreiten konnte. Dickon verstand nicht, worüber sie sprachen. Dazu hallte es unter dem gewölbten Dach zu sehr. Aber er konnte aus der Tür hinausschauen. Zwischen den Beinen des Pferdes war der Weg frei. Ihm blieb keine Zeit zum Nachdenken. Er wand sich zwischen dem Reisig hervor, duckte sich und schlüpfte unter dem Bauch des Pferdes hindurch ins Freie.

Dort warteten drei weitere Reiter. Er sauste an ihnen vorbei. Aber er war noch immer nicht gerettet. Am Ende der Brücke bewegten sich Laternen. Auch dort hatten sie abgesperrt. Ein Ruf ertönte vom Steinernen Tor. Er war gesehen worden. Ihm blieb nur ein Ausweg: der Fluß. Plötzlich erinnerte er sich an die Seile und Flaschenzüge, die von den Kornspeichern auf der rechten Seite herunterhingen. Vielleicht war das Wasser unter dem letzten Brückenbogen ganz flach?

Dickon durchquerte so schnell er konnte einen schmalen Weg zwischen den Kornspeichern, großen, schwarzen Gebäuden, die mit Pech bestrichen waren. Er hatte die richtige Stelle erwischt. Ein Seil hing in greifbarer Höhe von einem vorstehenden Balken herunter. Er griff danach, sprach ein schnelles Gebet und ließ sich fallen.

Einen Moment lang hing er zwischen Himmel und Erde. Dann fiel er – und zwar nicht ins Wasser, sondern in den Schlamm.

Dickon wurde von Jenkyn über den Fluß gerudert

Hafen im Sturm

E r war im Schlamm gelandet und bemühte sich verzweifelt, einen Halt zu finden. Nachdem er eine Weile herumgezappelt war, bekam seine ausgestreckte Hand etwas Festes zu fassen: einen Eisenring, der in einem Strebepfeiler steckte. Er zog sich hoch und kletterte mühselig auf einen der großen Pfeiler, auf denen die Brücke errichtet worden war. Im Schatten war er wenigstens geschützt. Von der anderen Seite des Pfeilers aus konnte er das feste Ufer betreten. Als nächstes brauchte er ein Boot, um zurück zu Granthams Anlieger zu rudern.
Um nicht noch mehr Zeit zu verlieren, wagte er sich aus dem Schatten heraus ins Mondlicht. Am Ende der Brücke bewegten sich noch immer Laternen, und auch die rufenden Stimmen am Steinernen Tor über ihm waren nicht verstummt. Wenn die Menschen von dort oben hinunterschauen würden, könnten sie ihn sehen, aber das Risiko mußte er eingehen. So wie er aussah, würde er bei Tageslicht niemals unbemerkt nach Hause gelangen, denn er war von oben bis unten mit

Schlamm bedeckt. Als er an sich herunterschaute, fiel ihm plötzlich auf, daß er einen Schuh verloren hatte. Es war ausgerechnet einer von den guten roten, die er angezogen hatte, weil sie so weich waren und kein Geräusch verursachten. Wahrscheinlich war er im Schlamm stekkengeblieben.

Dickon lief im Dauerlauf am Wasserrand entlang. Nie zuvor hatte er den Fluß von so weit unten gesehen. Das Wasser stand niedrig, und nach dem Mond zu urteilen, mußte es eine Springflut geben. Mit Schrecken stellte er fest, daß die Boote alle hoch oben am Ufer lagen. Als er weit genug von der Brücke entfernt war, entschied er sich für ein Boot, das leicht wirkte. Er zog daran, aber es steckte fest im Schlamm. Auch beim nächsten und übernächsten hatte er keinen Erfolg. Nicht einmal mit Einsatz seiner ganzen Kraft gelang es ihm, eines der Boote auch nur eine Handbreit von der Stelle zu rühren.

Keuchend richtete er sich auf. Der Schlamm in seinem Gesicht begann anzutrocknen, und seine Hose war vollkommen durchweicht. Mit Schrecken sah er, daß sich am Ufer zwei Laternen bewegten. Sie kreisten, als ob etwas von der Brücke gefallen sei. Doch plötzlich bewegte sich die eine stetig auf ihn zu. Jetzt war es unmöglich, den Fluß zu überqueren. Er mußte sich irgendwo verstecken. Doch in Southwark kannte er nur einen Ort: den Grünen Falken. Warum sollte er nicht dorthin gehen? Der Wirt hatte ihm schon einmal geholfen, als er in Schwierigkeiten gewesen war.

Dickon duckte sich an den Booten entlang und wandte sich vom Fluß weg. Im Mondlicht konnte er den Weg ohne Schwierigkeiten erkennen. Er ging vorsichtig um die Ecken und betete inbrünstig, daß seine Erinnerung ihn nicht täuschen möge und daß all die Nachtwächter aus Southwark auf der Brücke sein würden. Endlich stieß er mit einem erleichterten Seufzer auf das Schild, das er gesucht hatte, und bog in den Hof der Schenke ein. Alle Fenster waren geschlossen, und die Wirtschaft wirkte verlassen, bis ein Hund anfing zu bellen. Die Kette rasselte; zum Glück war er angebunden. Dickon stand im Schatten und wußte nicht, was er tun sollte. Doch da öffnete sich am oberen Ende der Außentreppe eine Tür, und der Wirt trat auf die Balustrade. Sein unförmiger Körper war in ein Bettuch gehüllt.

«Wer ist da?» fragte er mit drohender Stimme. «Nenne deinen Namen, wer immer du auch sein mögest, oder ich hetze dir den Hund auf den Hals!»

«Ich bin's», krächzte Dickon, «Dickon Sherwood, der, den Ihr den Riesentöter genannt habt.»

«Gott-verdamm'-mich! Was tust du hier um diese Uhrzeit? Ist was passiert?»

«Ich war in den Fluß gefallen und werde von der Wache verfolgt. In Gottes Namen, laßt mich herein.»

«Die Wache? Komm schnell hoch und sprich leise.»

Dickon war sowieso schon fast oben. Master Wolman streckte eine Hand nach ihm aus und zog ihn durch eine knarrende Tür, die er sorgfältig hinter ihm schloß. Im selben Augenblick erschien der Alchimist in einer Nachtmütze und einem langen, vornehmen, schwarzen Mantel. In der Hand trug er eine Wachskerze. Verdrießlich erkundigte er sich, was denn los sei. Als er Dickon sah, blieb ihm vor Staunen der Mund offenstehen.

«Er ist in den Fluß gefallen und wird von der Wache verfolgt», wiederholte der Wirt. «Zieh dich aus, Junge. Hier hast du einen Mantel. Wickle ihn dir um. Wir legen dich ins Bett und tun, als ob du krank seiest.»

Dann lauschten sie alle drei ein paar Minuten. Als alles ruhig blieb, führte Wolman sie innerhalb des Hauses eine steile Leiter hinunter in die Küche. Das Herdfeuer glühte noch. Der Wirt warf ein paar Stöcke hinein und blies, bis sie sich entzündet hatten. Dann eilte er zum Fenster und schloß die hölzernen Läden.

Erst einmal in Sicherheit, fühlte Dickon sich plötzlich so müde, daß er kaum noch den Kopf hochhalten konnte. Seine Zähne begannen zu klappern. Wolman goß etwas Bier in einen eisernen Bierstiefel, schüttete eine Handvoll Gewürze dazu und stellte den Stiefel in die Glut, um das Bier anzuwärmen. Dann verzog er sich mit dem Alchimisten in eine Ecke und flüsterte ihm etwas ins Ohr. Schließlich kehrte er zurück, probierte das Bier und reichte es Dickon.

«Trink das, es wird dich aufwärmen», ordnete er an. «Und dann erzähl uns, in was für ein Abenteuer du diesmal geraten bist. Hast du wieder gekämpft?» Er fing an zu lachen. «Immer wenn du in Not bist, kommst du zu mir, als ob ich deine Mutter wäre.»

Ein Bierstiefel

Dickon nippte vorsichtig an seinem Getränk. Er wollte nicht wieder so beschwipst werden wie beim letzten Mal. Aber dies war nur leichtes, kräftig gewürztes Bier, kein zu Kopfe steigender Honigwein. Er spürte, wie die Wärme sich in seinem Körper ausbreitete und den Wunsch in ihm weckte, die Wahrheit zu erzählen.

«Ich war auf der Brücke. Ich sollte einen der Köpfe vom Zugbrückkentor herunterholen.»

«Heiliger Christopherus!» rief der Wirt. Dann wandte er sich an den Alchimisten. «Guter Meister, zieht den Ledervorhang vor der Tür zu. Das Licht scheint sonst durch die Ritzen. Die Wache sucht ihn sicher überall. Nun junger Held, wo ist deine Trophäe?»

Dickon fühlte sich erleichtert, weil er sprechen durfte, und erzählte die ganze Geschichte vom Anfang bis zum Ende. Der Wirt lauschte mit großen Augen und offenem Mund. Dabei sah er aus wie ein großes rosa Schwein. Der Alchimist starrte Dickon unentwegt mit stechenden Augen an. Ab und an warfen sie sich einen Blick zu. Als Dickon erzählte, wie ihm der Kopf ins Wasser gefallen war, knurrte Master Gross vor Enttäuschung, und der Wirt fluchte vor sich hin.

Wolman erhob sich, als Dickon seine Erzählung beendet hatte.

«Junger Held, ich gratuliere!» rief er. «Das war wirklich eine wagemutige Tat. Gut, daß du hierher gekommen bist, sie hätten dich sonst sicher geschnappt. Nun ruh dich erst einmal ein bißchen aus. Deine Hose ist schon fast trocken. Kurz vor Sonnenaufgang wirst du über den Fluß zurückgerudert werden. Eine Frage habe ich allerdings noch:

Dickon erzählte ihnen alles

Wer ist auf diese Idee gekommen? Für einen Lehrling ist sie ungewöhnlich schlau. Kannst du Namen nennen?»

Dickon nannte Owen und Kurt Bladebone. Es waren noch andere
daran beteiligt gewesen, aber er wußte nicht, wie sie hießen.

«Ist ja auch egal», meinte Wolman und tat die Sache mit einem Lachen
als belanglos ab. «Sie sind originelle Kerle, das ist alles.»

Er ging fort, blieb aber noch kurz am Feuer stehen, um Dickons Hose
umzudrehen, die er dort aufgehängt hatte. Doch Master Gross blieb
sitzen. Er zog sogar seinen Stuhl noch näher heran und begann, über
Adam zu sprechen. Adam sei ein so kluger Kopf und vor ihm läge eine
glorreiche Zukunft. Schade, daß er fort mußte, bevor er sein Allheilmittel fertigstellen konnte. Wenn er es noch rechtzeitig geschafft hätte,
um es zum Wohle der königlichen Armee zu nutzen, wäre er ein ge-
machter Mann gewesen.

Dickon freute sich, hatte aber nicht mehr die Kraft, es zu sagen. Er war
so müde, daß er nur noch nicken konnte. Als der Alchimist das sah,
nahm er einen brennenden Holzscheit aus dem Feuer und spielte damit. Er drehte ihn hin und her und ließ die Funken sprühen, so daß
Dickon schnell wieder wach wurde.

«Ich habe darüber nachgedacht», fuhr Master Gross fort. «Es wäre
schrecklich, wenn all seine Arbeit umsonst gewesen wäre und er seine
Chance vergeben würde. Also habe ich mir einen Plan überlegt.
Wolman kennt einen Schiffer, der gegen die Piraten im Kanal kämpft.
Sein Gebiet erstreckt sich von London bis zur Seine. Jetzt liegt die
Königliche Flotte an der Seinemündung, während Seine Gnaden Har-
fleur belagert. Wenn ich das Silbersalz bekommen könnte, das einzige
Element, das uns noch fehlt, würde ich das Allheilmittel für deinen
Bruder fertigstellen, er hat mir die Formel überlassen. Dann würden
wir es ihm über den zuverlässigen Schiffer zuschicken. Na, was hältst
du von meinem Plan?»

Trotz seiner Müdigkeit war Dickon begeistert. Es wäre schön, wenn
Adam seine wunderbare Erfindung nicht umsonst gemacht hätte. Das
sagte er auch Master Gross. «Aber ich fürchte, das Silbersalz ist noch
nicht angekommen», fügte Dickon hinzu. «Ich habe noch nichts von
der Hansekogge gehört, obwohl ich sonst immer gut darüber Bescheid weiß, welche Schiffe ein- oder auslaufen.»

«Nein, sie ist noch nicht wieder zurück», stimmte Master Gross ihm freundlich zu. «Wir haben die Zugbrücke beobachtet, sie ist nicht hochgezogen worden. Mein Freund, weißt du vielleicht, wie wir an das wertvolle Salz gelangen können?»

Dickon dachte nach. Damals hatte er Adam unwirsch geantwortet, daß er die Verantwortung für das Silbersalz nicht übernehmen könne. Aber er mußte sich eingestehen, daß er eifersüchtig und ärgerlich gewesen war, weil Adam nach Frankreich gehen sollte. Wenn es wirklich so dringend sein würde, könnte er es beschaffen. Wat, Großvaters leitender Geselle, war ein sehr guter Freund von ihm. Der könnte das Silbersalz zur Seite legen, und er selbst würde es bei der nächstbesten Gelegenheit in den Grünen Falken bringen. Master Gross war sehr zufrieden mit diesem Vorschlag.

«Gib es Jenkyn, wenn du selbst nicht kommen kannst», meinte er. «Ich bin froh, daß wir doch noch eine Chance haben, Adams Formel zu vollenden. Wir erweisen ihm einen großen Dienst.»

Es war bereits heller Tag, als Dickon von Jenkyn über den Fluß gerudert wurde. Das Wasser stand wieder so hoch, daß sie an Granthams Kaimauer anlegen konnten. Dickon hatte den trockenen Schlamm ziemlich gut aus seiner Kleidung herausgebürstet, aber er brauchte saubere Schuhe. Adam hatte ein Paar zurückgelassen, das ihm gut paßte. Bis jetzt hatte er Glück gehabt. Aber bei seiner Flucht durch das Steinerne Tor hatten sie ihn gesehen, und er wußte nicht, was seitdem auf der Brücke geschehen war. Wenn Simon und Goody sein ganzes Abenteuer verschlafen hatten, dachten sie vielleicht, er wäre im Morgengrauen wie verabredet gegangen. Aber wenn nicht... Er beruhigte sich mit dem Gedanken, daß Goody kaum noch etwas hörte. Und Simon hatte so laut geschnarcht. Der war sicher nicht aufgewacht.

Im Hof von Granthams Gasthaus traf er zu seinem Erstaunen auf Nan, die den Hund laufen ließ und bereits vollständig angezogen war. Er hatte vergessen, daß die Nacht vorüber und es schon fast an der Zeit war, wieder zu arbeiten.

Als Nan ihn sah, rief sie überrascht: «Dickon, du lieber Himmel, wo kommst denn du her?»

«Leise!» zischte er. «Mach keinen Lärm. Ich war die ganze Nacht unterwegs. Es ging um eine Wette. Aber ich habe einen Schuh verloren. Oben ist noch ein Paar von Adam. Kannst du mir das holen? Aber erzähle um Himmels willen niemandem, daß du mich gesehen hast.»

Sie nickte und verschwand. Ein paar Minuten später war sie wieder da, nicht nur mit den Schuhen, sondern auch mit einem knusprigen Stück Brot und etwas Honig. Während er es verschlang, klopfte er ihr anerkennend auf die Schulter. Sie war wirklich eine gute, vernünftige Schwester.

Zwischen den Bissen erzählte er ihr, daß Adam nun doch sein Allheilmittel bekommen sollte. Master Gross hatte eine Möglichkeit entdeckt, es nach Frankreich zu schicken. Er betraute sie mit der Aufgabe, den Gesellen Wat zu bitten, das Silbersalz in Gewahrsam zu nehmen, sobald der Hansekaufmann es geliefert hatte.

«Ich habe meine Meinung geändert», meinte er und schleckte sich den Honig von den Fingern. «Ich werde es Master Gross bringen, wie Adam es gewünscht hat.»

Er hatte gedacht, daß sie sich freuen würde, aber aus irgendeinem unerfindlichen Grund wurde sie knallrot und sah aus, als ob sie jeden Augenblick anfangen wollte zu weinen. Dickon hatte keine Ahnung, was los war, und keine Zeit, um zu fragen. Er gab ihr einen Kuß, um sich zu bedanken, und erinnerte sie noch einmal daran, niemandem zu erzählen, daß sie ihn gesehen hatte, wer auch immer danach fragen möge. Dann eilte er davon.

Er lief gerade die Wood Street hinauf, als die Glocken von Bow den Arbeitsbeginn einläuteten. Das Krüppeltor stand schon seit langem offen. Vor der Stadt kehrten die Menschen von einer Frühmesse in St. Giles zurück. Er mischte sich unauffällig darunter und bemerkte plötzlich mit einem Riesenschrecken, daß er neben Will Appleyard lief. In Erwartung eines Donnerwetters hielt er den Atem an. Aber zu seiner großen Überraschung nickte der Tuchhändlermeister ihm freundlich zu und lächelte.

«Du bist ja heute recht pünktlich», meinte er. «Ein guter Anfang für einen Montag morgen!»

Erleichtert stellte Dickon fest, daß er gar nicht vermißt worden war. Will Appleyard dachte, daß er auch gerade aus der Kirche käme. Dikkon ließ ihn in dem Glauben.

Die anderen drei Lehrlinge frühstückten noch in der Küche, als Will Appleyard und Dickon erschienen. Sie machten große Augen, als sie die zwei zusammen kommen sahen. Aber keiner von ihnen, nicht einmal Toby, ließ sich anmerken, daß Dickon die Nacht nicht in ihrer Mitte verbracht hatte.

Er sah, daß ihnen die Fragen auf der Zunge brannten, aber Mistress Appleyard rührte in der Küche in einem Tiegel, so daß sie erst auf dem Weg zur Arbeit Gelegenheit haben würden, miteinander zu sprechen.

Ein Tiegel

Noch bevor das Frühstück beendet war, wurde Will Appleyard an die Tür gerufen, um mit einem Boten zu sprechen.

«Ich gehe heute nicht zu Master Whittington», erzählte er seiner Frau, als er zurückkam. «Sein Neffe ist gerade aus Frankreich zurückgekehrt.»

Dickon spitzte die Ohren. Bedeutete das vielleicht, daß auch Adam zurückgekehrt war? Will Appleyard sah sein Gesicht.

«Nein», antwortete er auf die unausgesprochene Frage. «Dein Bruder ist nicht dabei. Master Guy ist mit einer Sonderbotschaft des Königs zurückgekehrt. Gegen Mitternacht hat er die Brücke überquert.»

Dickon fühlte sich plötzlich elend. Anscheinend war er unter Master Guys Pferd hindurchgetaucht. Wenn sie ihn dort erwischt hätten! Diese Nachricht ernüchterte ihn derartig, daß er keine Lust mehr hatte zu antworten, als ihn Owen und Toby mit Fragen bombardierten. Er floh ins Kontor, denn dort konnte Master Appleyard alles hören.

Beim Mittagessen teilte ihr Meister ihnen eine zweite Neuigkeit mit.

«Ich habe gehört, daß es heute nacht eine Riesenaufregung auf der Brücke gegeben hat», bemerkte er. «Irgendein waghalsiger Kerl hat versucht, einen der Köpfe der Verräter zu stehlen. Der Kopf und der Pikenschaft sind dabei ins Wasser gefallen, und man weiß nicht, ob er hinterhergesprungen ist.»

Dickon verschluckte sich an einem Stück Fleisch. So hatte er wenigstens einen guten Grund für sein knallrotes Gesicht.

«Sie haben ihn also nicht gefangen?» fragte Toby und schaute Dickon dabei an.

«Nein. Irgend jemand ist durch das Steinerne Tor entwischt, als Master Guy hereinkam, aber das war wahrscheinlich nur ein Taschendieb aus Southwark auf dem Heimweg.»

«Aber warum sollte jemand ausgerechnet einen dieser scheußlichen Köpfe stehlen?» fragte Mistress Appleyard erschauernd.

«Das ist schwer zu sagen», antwortete ihr Mann. «Vielleicht hat es etwas mit den Rebellen zu tun.»

Bis sie zu Bett gingen, gelang es Dickon, seine Geschichte für sich zu behalten. Aber als die vier ungestört in ihrer Dachstube zusammenkamen, blieb ihm nichts anderes übrig, als alles zu erzählen. Seine Zimmerkameraden lauschten gebannt. Robert und Toby lobten Dickons Mut, aber Owen war nicht ganz zufrieden. Dickon hätte die Aufgabe nicht erfüllt, mäkelte er. Die Aufgabe bestand darin, einen Kopf von der Brücke mitzubringen, und er hatte keinen mitgebracht. Schließlich wurde Robert wütend:

«Du benimmst dich wie ein sturer Bock. Die ganze Stadt weiß, daß der Kopf gestohlen worden ist. Möchtest du, daß Dickon gehängt wird, nur weil du eine verrückte Idee hattest? Er hat seinen Mut bewiesen, darin würden alle vernünftigen Menschen mit mir übereinstimmen. Kurt Bladebone wird das Urteil annehmen und sich mit Dickon vertragen müssen. In der Zwischenzeit sollten wir alle den Mund halten. Wir sind schon weit genug gegangen. Vergeßt nicht, daß dies eine Verschwörung ist. Wir alle sind Verschwörer, Grund genug, um im Gefängnis zu landen.»

Das Kirchenportal

Das Kirchenportal

D ickon schlief tief und fest. Seit Wochen war er nicht so fröhlich aufgewacht. Vierundzwanzig Stunden waren vergangen, und kein Erwachsener hatte ihn nach der Brücke gefragt. Er hatte seine Aufgabe erfüllt und sein Ansehen unter den anderen wiederhergestellt. Den Tag über kam jeder Tuchhändlerlehrling, dem er begegnete, auf ihn zu und klopfte ihm wortlos auf die Schulter oder schüttelte ihm die Hand. Er hatte den Eindruck, daß Will Appleyard ihn einmal merkwürdig ansah, jedoch nichts sagte. Am Nachmittag überreichte er Dickon eine aufgerollte Rechnung und ordnete an, sie in Master Whittingtons Hauptbuch zu übertragen. Dickon war eigentlich nicht in der Stimmung, seinem Paten zu begegnen. Master Whittingtons scharfe Augen sahen zu viel. Außerdem war Guy Whittington dort. Vielleicht würden sie auf das Ereignis am Steinernen Tor zu sprechen kommen. Aber ihm blieb nichts anderes übrig als hinzugehen. Er nahm die Rolle und begab sich ohne Hast auf den Weg. Nach dem heißen Tag war es in den Straßen sehr stickig.

Doch außer den Dienern traf er in Whittingtons Haus niemanden an.

Der Tafelmeister erzählte ihm, daß sein Herr London mit Master Guy zusammen verlassen hatte. Er wußte nicht, wohin sie gereist waren, nur daß es im Auftrag des Königs geschah. Sie würden nicht vor morgen oder übermorgen zurück sein.

Erleichtert und gelassen machte sich Dickon an die Arbeit. Als er fertig war, entschloß er sich, noch einen Besuch zu Hause zu machen, bevor er wieder in die Grub Street zurückkehren mußte. Der Weg am Fluß entlang war kühler. Außerdem hatte er noch einen anderen Grund: Er mußte Großvater um ein Faß Rosinen und eine Kiste gezuckerter Pflaumen bitten, um sein Versprechen gegenüber der Lehrlingsvereinigung einzulösen.

In Granthams Gasthaus erfuhr er viele Neuigkeiten. Guy Whittington hatte berichtet, daß es Adam in Frankreich gutgehe und daß er sich durch sein geschicktes Arbeiten überall Anerkennung verschafft habe. Die Armee stand noch immer vor Harfleur. Die Belagerung würde wahrscheinlich sehr lange dauern, meinte Großvater und erzählte Dickon dann mit einem Vertrauen, das ihm sehr schmeichelte, daß der König Geld brauche und sich natürlich an Dick Whittington gewandt habe. Deshalb wurde Guy Whittington als Bote gesandt. Großvater schien gutgelaunt, wie er so in seinen Bart lachte. Dickon hielt den Augenblick für günstig, um die Rosinen und die gezuckerten Pflaumen zu erwähnen. Großvater brummte und schimpfte etwas über die Unverschämtheit dieser jungen Tuchhändler, die einen Lebensmittelhändler nur dann vernünftig behandeln können, wenn sie etwas von ihm wollen. Gut, Dickon sollte sein Zeug bekommen, aber er mußte aufpassen, daß so etwas nicht noch einmal geschah.

Jetzt hatte er schon wieder eine Schwierigkeit bewältigt. Dickons Laune wurde immer besser. Zum Abendessen gab es gerösteten Kapaun, und er konnte der Versuchung nicht widerstehen, zu bleiben und ihn zu genießen. Er zögerte den Abschied lange hinaus, bis es schließlich so spät wurde, daß er den ganzen Weg rennen mußte, um noch vor Toresschluß am Krüppeltor zu sein. Jetzt war es sogar noch heißer als am Tage. Über der Stadt hingen dicke Wolken, und die Straßen waren voller Menschen, die die Hitze in den Häusern nicht ertragen konnten. In der Wood Street wimmelte es von Ausflüglern, die aus den Moorfeldern zurückkehrten. Dickon hatte gerade die Hälfte der

Straße hinter sich, als das Abendläuten begann. Während er sich noch durch den Menschenstrom drängelte, der ihm entgegenkam, ahnte er schon, daß das Tor inzwischen geschlossen sein würde. Als er endlich keuchend davorstand, war es bereits seit fünf Minuten verriegelt.

Diesmal ließ der Torhüter nicht mit sich reden. Er konnte letztes Mal wohl ein Auge zudrücken, weil er gerade beim Abschließen war. Aber wenn die Gitter erst einmal heruntergelassen waren, würde er sie nur noch auf Befehl des Königs oder des Bürgermeisters öffnen. Dickon mußte dorthin zurückkehren, wo er herkam, und bis zum nächsten Morgen warten.

Entschlossen schaute Dickon sich um. Nach seinem Abenteuer auf der Brücke traute er es sich zu, über die Mauer zu klettern, wenn ihn niemand beobachtete. Aber der Torhüter kannte sich mit Lehrlingen aus.

«Es hat keinen Sinn, auf dumme Gedanken zu kommen, mein Junge», warnte er. «Die Mauer ist höher, als sie aussieht, und der Graben auf der anderen Seite ist voll. Wenn du irgendwelche Tricks versuchst, mußt du mit einem Pfeil in deinem Hinterteil rechnen. Hinterher kannst du ein paar Stunden am Pranger stehen.»

Verdrossen steckte Dickon die Daumen in den Gürtel und schlich sich davon. Was sollte er tun? Nach Hause zurückgehen? Großvater hatte zwar gute Laune, aber um eine Tracht Prügel würde er wohl nicht herumkommen. Und so wie Johanni wollte er sich nicht noch einmal fühlen. Sollte er draußen schlafen? Warm genug war es ja, aber wenn die Wache ihn ohne Licht und ohne einen vernünftigen Grund für sein nächtliches Treiben erwischen würde, mußte er damit rechnen, bis zum Morgengrauen eingesperrt zu werden. Außerdem sollte es Sturm geben. Er hörte bereits das Donnergrollen in der Ferne. Schließlich entschied er, langsam zurückzulaufen. Dann würde es dunkel sein, bis er zu Hause wäre. Vielleicht könnte er über das Dach der Speisekammer klettern und dann leise durch sein Fenster schlüpfen, ohne daß ihn jemand sah.

Das Donnergrollen hatte die Straßen leergefegt. Die Menschen eilten in ihre Häuser. Dickon bekreuzigte sich, als der erste Blitz die Häuser erhellte. Vielleicht sollte er sich doch lieber beeilen. Er überlegte, was schlimmer wäre, draußen im Sturm zu bleiben oder Großvaters

Schläge zu ertragen. Plötzlich zuckte ein Blitz, ein ohrenbetäubendes Krachen folgte. Direkt vor ihm stand die Kirche von St. Michael. Sie hatte ein großes Portal. Dankbar rannte er darauf zu und verschwand darin. Er befand sich in einem kleinen, steinernen Raum. Hier war er vor Regen und Beobachtern sicher. Es war stockfinster. Dickon tastete sich an die Stelle vor, die am weitesten vom Eingang entfernt war. Dort setzte er sich in eine Ecke. Wenn es wirklich sein mußte, konnte er auch die ganze Nacht hier verbringen.

Es goß in Strömen, ein Blitz löste den anderen ab, und der Donner grollte wie ein verärgerter Riese. Dickon versuchte, die Tür zu öffnen, die in den Hauptteil der Kirche führte; sie war aber verschlossen. So kehrte er in seine Ecke zurück und bedankte sich in einem Gebet für seine sichere Zuflucht.

Nach einer Weile hörte er eilige Schritte auf der Straße. Eine schmale Gestalt stürzte herein und lehnte sich keuchend an die Kirchentür. Dickons Augen hatten sich inzwischen so gut an die Dunkelheit gewöhnt, daß er den Neuankömmling als einen Jungen erkennen konnte, der kleiner war als er und sich als Regenschutz etwas Sackähnliches über den Kopf geworfen hatte. Er war anscheinend gerannt. Dickon sagte erstmal nichts, denn eine Stimme aus der Dunkelheit würde ihn zu sehr erschrecken, bevor er wieder richtig zu Atem gekommen war. Das müßte ein anderer Lehrling sein, der auch ausgeschlossen worden war.

Doch der Junge wurde bald unruhig. Er ging zum Eingang, und Dikkon konnte die Umrisse seines Kopfes und seiner Schultern erkennen, als er auf die Straße schaute. Hoffte er, daß der Sturm sich legen würde? Sicherlich umsonst, denn das Unwetter erhob sich gerade von neuem. Der Donner war nicht zu überhören, und der Regen, der sich zwischenzeitlich etwas gelegt hatte, schien wieder aus Eimern herabgeschüttet zu werden.

Aber der Junge ging nicht. Er nestelte an seinem Umhang. Im Licht des nächsten Blitzes sah Dickon, daß er etwas Helles, Rechteckiges in der Hand hielt. War das ein Stück Pergament? Dickon beobachtete mit zunehmendem Verdacht, wie der Junge sich auf die innere Kirchentür zubewegte. Kurz darauf hörte er, wie ein Nagel mit einem in Stoff gewickelten Hammer in die Tür eingeschlagen wurde.

Dickon wußte sofort, was hier geschah. Der Junge schlug eine Meldung der Rebellen an die Tür. Beim nächsten Hammerschlag stürzte er auf ihn zu und packte ihn an der Schulter.

Eine Meldung der Rebellen

Der schmächtige Bursche schrie entsetzt auf. Er wand sich wie ein Aal, aber Dickon ließ ihn nicht los. Sie rangen schweratmend miteinander, bis der nächste Blitz ihre Gesichter erhellte. «Aha!» rief Dickon erstaunt, denn der Junge, den er festhielt, war Lob, der Fischhändlerlehrling.

Als sie einander erkannt hatten, war der Kampf in der Dunkelheit schlagartig beendet. Lob stand nur da und schniefte und schluchzte, denn er wußte, daß er keine Chance mehr hatte. Dickon hielt ihn mit der einen Hand fest und riß mit der anderen das Pergament herunter. Der nächste Blitz zeigte ihm, daß er recht hatte. Die Mitteilung, die er in der Hand hielt, war dieselbe wie diejenige, die er bei Master Whittington gesehen hatte.

«Was willst du damit, du Narr?» fragte er. «Weißt du nicht, daß du Hochverrat begehst? Dafür kannst du gehängt werden.»

Der Junge schluchzte noch lauter. Dickon, der ihn vor lauter Ärger schüttelte, stellte fest, daß ihm noch nie zuvor ein solcher Weichling begegnet war. Zwischen den Schluchzern hörte er etwas wie «Ich wurde dazu gezwungen.»

«Wer hat dich dazu gezwungen?» fragte Dickon. «Am besten erzählst du mir alles, oder ich überreiche dich gleich der Wache, egal ob es stürmt oder nicht. Also raus damit: Wer hat dich gezwungen?»

«Du kennst sie», schniefte Lob. «Wolman und Gross und all die anderen.»

Diese Antwort hatte Dickon erwartet und gleichzeitig gefürchtet, denn sie steckten alle mit drin – Adam, er selbst und vielleicht sogar Nan.

«Wie haben sie dich dazu gezwungen? Mit Schlägen?»

«Ja, aber nicht nur damit. Sie drohten, sie würden meine Mutter hinauswerfen und verhungern lassen, wenn ich ihnen nicht gehorchen wollte. Niemand sonst würde der Witwe eines Verräters Unterkunft gewähren.»

Dickon runzelte die Stirn in der Dunkelheit. Die Witwe eines Verräters? Das wurde ja immer komplizierter.

«Ich glaube, ihr seid alle Verräter. Der Alchimist, der Wirt und wer sonst noch dort herumläuft. Was ist im Grünen Falken los? Erzähl mir lieber alles. Das ist deine einzige Chance.»

«Ich weiß selbst nicht, was los ist», jammerte der Junge. «Nach dem Tode meines Vaters hat Wolman uns aufgenommen. Ich weiß nichts, nur daß Wolman mir diese Meldungen gibt und mir droht, mich zu verprügeln und meine Mutter hinauszuwerfen, wenn ich sie nicht annagele.»

«Aber du bist ein Fischhändlerlehrling», meinte Dickon erstaunt. «Die Fischhändler sind eine stolze Innung. Wie kommt es, daß sie einen solchen kleinen...» Er wollte fragen: «einen solchen kleinen Wurm aufgenommen haben», aber er verbesserte sich, denn der Junge schien nicht ganz ohne Ehrgefühl zu sein, und fragte statt dessen: «einen solchen kleinen Verräter aufgenommen haben?»

Lobs Stimme klang plötzlich fast stolz: «Sie haben mich meinem Vater zuliebe aufgenommen. Mein Vater war Fischhändler und freies Zunftmitglied. Nach Oldcastles Aufstand im letzten Jahr wurde er festgenommen. Er war einer von Oldcastles Anführern und mußte dafür sterben. Sie haben seinen Kopf auf dem Zugbrückentor aufgespießt.»

Dickon fühlte sich, als ob ihm jemand einen Schlag versetzt hätte. Er ließ Lob los und ballte die Fäuste.

«Auf dem Zugbrückentor?» wiederholte er verzagt. «Ist er da immer noch?»

«Jetzt nicht mehr», antwortete Lob verbittert. «Irgend jemand hat ihn in den Fluß geworfen, und wir wissen nicht, wo er geblieben ist.»

In Dickons Kopf wirbelten die Gedanken durcheinander. Das übertraf seine wildesten Träume. Bei diesen Verstrickungen mußte der Teufel im Spiel sein. Wolman und der Alchimist wußten beide, daß er den Kopf gestohlen hatte. Na ja, wenigstens waren sie taktvoll genug gewesen, Lob nichts davon zu erzählen.

Eines stand fest: Er würde schweigen. Nach all dem, was er Lob und seiner Mutter angetan hatte, konnte er den Jungen unmöglich dem Galgen ausliefern. Er versuchte sich soweit in den Griff zu bekommen, daß er Lob schnell fortschicken konnte, um dann zu vergessen, daß er ihm jemals begegnet war. Aber bevor er seine Stimme wiedergefunden hatte, faßte Lob ihn am Arm und zog ihn tiefer in die Dunkelheit zurück.

«Leise», flüsterte er, «da kommt jemand.»

Es regnete zwar noch immer in Strömen, und die Straße hatte sich in einen schlammigen Fluß verwandelt, aber der Sturm hatte nachgelassen. Die Neuankömmlinge waren weder in Eile noch bemühten sie sich um Stille. Zwei Paar Füße stampften und spritzten die Straße hinauf, unterbrochen von einem ungleichmäßigen Geräusch, dem Aufsetzen zweier Spieße. Die Schritte wurden von den tanzenden Lichtern zweier Laternen begleitet. Das war die Wache.

Ungeachtet des scheußlichen Wetters unterhielten sich die beiden Wächter fröhlich miteinander. Es schien, als ob sie vorübergehen wollten. Aber als sie gerade auf der Höhe der Kirche waren, schlug einer von ihnen vor, sich kurz unterzustellen. Der Regen würde bald aufhören. Heute nacht wären sicher keine Halunken unterwegs. In einer solchen Nacht wagte sich niemand vor die Tür, der keine Schwimmhäute hatte.

Sie betraten das Portal, stellten ihre Laternen auf den Fußboden und wandten ihre Gesichter der Straße zu. So standen sie, ein kleiner und ein großer Mann, direkt im Eingang, ohne die beiden Jungen zu bemerken, die sich in die dunkelste Ecke gedrückt hatten.

Dickon und Lob, im Unglück vereint, faßten sich an den Armen. Dik-

Die Wächter wandten ihre Gesichter der Straße zu

kon spürte, daß Lob vor Angst zitterte. Auch er fürchtete sich. Abgesehen von den Schlägen, die er zu erwarten hatte, wenn sie ihn erwischten, wußte er nicht, wie er sich wegen des Verrates verhalten sollte. Zweifellos war es seine Pflicht, die Angelegenheit zu verschweigen. Aber was war mit Lob? Eine Entdeckung könnte seinem Todesurteil gleichkommen. Dickon saß noch der Schreck in den Gliedern über das, was er Lob angetan hatte, als er den Kopf des Verräters stehlen wollte. Und was geschähe mit Wolman und dem Alchimisten? Sie hatten ihm aus der Patsche geholfen, als er in Not war. Und Adam? Natürlich hatte Adam nichts mit Hochverrat und Rebellion zu tun, aber er hatte aus seinen Besuchen im Grünen Falken ein Geheimnis gemacht. Das könnte peinliche Fragen nach sich ziehen. Während er über all diese Dinge nachdachte, bewegte er sich nicht. Er wagte kaum zu atmen, während die Wächter sich über Hahnenkämpfe unterhielten und überlegten, welche Vorzüge ein bestimmter Kampfhahn habe, der Michaeli seine Sporen ausprobieren sollte.

Der eine meinte gerade, daß der Regen weniger würde, als Lob plötzlich niesen mußte. Der Wächter sah sich um.

«Gott-verdamm-mich, da ist jemand», rief der kleine Mann. «Giles, leuchte mal!»

Die Laterne

Sie griffen beide nach ihren Spießen und hoben ihre Laternen hoch. Lob nutzte die entstandene Unruhe. Bevor Dickon begriff, was los war, glitt er wie ein Schatten an den Wächtern vorbei und verschwand in der Dunkelheit.

«Was geht denn hier vor?» fragte der Mann namens Giles und hielt seine Laterne hoch. «Ich sehe dich, Junge. Komm hervor und erkläre, was du hier um diese Zeit zu suchen hast.»

Dickon trat vor und stand dann mitten im Licht der Laterne. Es schien ihm am geschicktesten, kein Geheimnis aus seiner Situation zu machen.

«Ich habe hier nur Schutz vor dem Sturm gesucht», antwortete er. «Ich wohne außerhalb des Krüppeltores und bin erst kurz nach dem

Abendläuten am Tor gewesen. Der Torhüter hatte es gerade geschlossen.»

«Tuchhändlerlehrling, was?» Der Wächter bewegte seine Laterne hoch und runter, um ihn gut anzusehen. «Du weißt, daß es verboten ist, in der Nacht ohne Licht in der Stadt herumzustromern. Na ja, heute haben wir allerdings auch eine außergewöhnliche Nacht, und dein Lehrherr wird dir schon den Hosenboden strammziehen, wenn du wiederkommst.»

Plötzlich hielt der kleinere Mann inne und hob etwas vom Fußboden auf.

«Was ist das denn?» rief er. «Giles, bring mal die Laterne her, damit ich besser sehen kann.»

Dickon lief es kalt den Rücken herunter. In der Aufregung der letzten Minuten hatte er das Pergament ganz vergessen. Er sah sich schnell um. Konnte er sich aus dem Staube machen wie Lob? Aber der Wächter stand direkt vor ihm. Nachdem der große Mann einen kurzen Blick auf das Pergament geworfen hatte, packte er ihn mit einem festen Griff an der Schulter.

«So, du Bürschlein!» rief er triumphierend. «Da haben wir dich auf frischer Tat ertappt. Zu spät zum Abendläuten, was? Du wirst nur noch zum nächsten Abendläuten rechtzeitig kommen. Du weißt, was dich erwartet! Die Heiligen haben uns hierher geführt.»

Dickon geriet in Panik. «Das war ich nicht», schrie er. «Das war der andere Junge, der gerade weggelaufen ist. Habt Ihr ihn nicht gesehen? Ich hatte mich hier untergestellt, als er kam, und ich habe es ihm weggenommen, als er es annageln wollte.»

«Ein anderer Junge?» brummte der Wächter. «Ich habe keinen anderen Jungen gesehen. Du vielleicht, Kollege? Nein, du kleiner Schurke, so leicht kommst du nicht davon. Wie hieß der andere Junge? Nenne uns seinen Namen!»

Dickon zögerte. Nicht einmal in dieser großen Bedrängnis mochte er Lob verraten.

«Ich weiß seinen Namen nicht», verkündete er. Das stimmte, denn Lob war nur ein Spitzname, und er wußte keinen anderen.

Der kleine Mann hatte in der Zwischenzeit auf dem Fußboden gesucht. Er richtete sich auf.

«Schau her! Der Trottel hat sich selbst verraten. Ich habe nur danach geschaut, weil er davon gesprochen hat.»

Er hielt einen Gegenstand in das Laternenlicht. Es war der Hammer.

«Das reicht», meinte sein Kollege. «Mehr Beweise brauchen wir nicht. Ab ins Gefängnis mit ihm. Morgen früh kann er anderen seine Geschichte erzählen.» Er holte ein kleines Seil aus der Tasche, um Dikkon an den Handgelenken zu fesseln. Der versuchte, sich zu wehren.

«Ihr dürft mich hier nicht gefangennehmen», schrie er. «Ich berufe mich auf den Schutz des geweihten Bodens.»

Der Wächter fing an zu lachen. «Halte ihn fest, Giles. Du kleiner Narr, du bist ein paar Meter von deiner Rettung entfernt. Du bist erst im Schutze der Kirche, wenn du die Kirchentür festhältst. Und selbst wenn du in der Kirche selber wärst, was würde es dir nützen? Du würdest dort sitzen wie ein Spatz, der um Futter bittet, bis die vierzig Tage des Schutzes vorüber wären, oder du müßtest das Land, mit einem Kreuz gekennzeichnet, verlassen. Was für ein Essen würden dir deine Verwandten wohl bringen? Ich versichere dir, daß sie es dir mit einem dicken Stock servieren würden. Nun sei ein guter Junge und komme ohne Widerstand mit uns mit. Wenn deine Geschichte wahr sein sollte, wirst du bald wieder auf freiem Fuße sein.»

Ohne weitere Verzögerungen banden sie ihm die Arme auf dem Rükken fest, nahmen jeder ein Ende des Seils in die Hand und führten ihn hinaus auf die Wood Street.

Er war ganz alleine

«*Antworte mir ehrlich!*»

Das Compter Gefängnis in der Bread Street war ein verkomme-
nes Gebäude, nicht ganz so verkommen wie Newgate, in dem
nur wenige Insassen überlebten, aber so schmutzig und übelriechend,
wie Dickon es noch nie zuvor erlebt hatte. Er verbrachte die restlichen
Nachtstunden in einer Zelle mit sechs heruntergekommenen Kerlen,
die er nur einen Augenblick lang im Laternenlicht gesehen hatte, aber
die ganze Nacht hindurch hörte und roch. Im Morgengrauen wurde er
vor den Gerichtsdiener geführt und nach dem Namen seines Meisters
gefragt. Als er Richard Whittington nannte, verbesserte sich seine
Lage. Er wurde nicht in die alte Zelle zurückgeschickt, sondern bekam
eine Einzelzelle. Sie war sauberer, und durch das vergitterte Fenster
kam frische Luft herein. Ein paar Stunden später erschien Will Appleyard dort.
Der Tuchhändlermeister wirkte kühl und mißtrauisch. Er erklärte
Dickon, daß die Sache zu ernst sei, um aus dem Stegreif geregelt zu

werden. Der Gerichtsdiener hatte angeordnet, Dickon sofort vor den Bürgermeister zu bringen, aber Will Appleyard hatte ihn gebeten, auf die Rückkehr Master Whittingtons zu warten. Master Appleyard stellte Dickon keine Fragen, sondern sagte ihm nur, daß er alleine im Gefängnis bleiben müsse. Er würde ihm etwas zu essen und saubere Kleidung schicken. Dann überreichte er ihm einen Rosenkranz und forderte ihn auf, seine Zeit mit Reue und Gebeten zu verbringen. Dikkon erschreckte dieser Ratschlag. Er fragte, ob man ihn hängen würde, und Will Appleyard antwortete schlicht: «Nicht ohne Verhandlung und nicht vor Master Whittingtons Rückkehr.»

Einen ganzen Tag und eine unendlich lange Nacht hindurch blieb er allein. Zuerst glaubte er, verrückt werden zu müssen. Großvater würde sicherlich kommen, sowie er gehört hatte, was los sei. Er fürchtete sich zwar vor Großvaters Reaktion, beobachtete aber trotzdem den ganzen Tag über die Tür, denn er konnte nicht glauben, daß ihn keiner besuchte.

Regelmäßig wurde ihm gutes Essen aus der Grub Street zugesandt. Außerdem schickten sie ihm einen Strohsack, auf dem er liegen konnte. Nach einer Weile wurde er ruhiger. Der Mann, der ihm das Essen brachte, teilte ihm mit, daß Master Whittington morgen zurückkäme und daß man ihn dann vor den Bürgermeister bringen würde.

Essen wurde ihm aus der Grub Street geschickt

So blieb ihm genügend Zeit zu überlegen, was er sagen könnte. Zuerst wollte er alles erzählen, nichts verschweigen und sich ganz und gar Master Whittingtons Gnade anvertrauen. Doch dann entschied er sich anders. Er hatte kein Recht, sich reinzuwaschen, indem er andere verriet. An Lob mußte er denken. Er fühlte sich ihm gegenüber verpflichtet, denn um sein eigenes Verhältnis zu Bladebone und den anderen Tuchhändlern zu klären, hatte er Lob etwas Schreckliches angetan. Was er auch immer sagen würde, er müßte auf jeden Fall dabei bleiben, daß das Pergament von einem unbekannten Jungen stammte, dessen Gesicht er nicht hatte erkennen können.

Dann dachte er an Adam. Er hatte ihm versprochen, nicht über seine Besuche im Grünen Falken zu sprechen. Das war noch schwieriger, denn er wußte genau, daß der Grüne Falke das Nest der Rebellen war. Doch wenn er den Grünen Falken erwähnen würde, könnte er Adam nicht mehr heraushalten. Deshalb durfte er von diesem Wirtshaus nichts erzählen.

Aber eines war sicher: Komme was wolle, in Zukunft würde er den Grünen Falken wie die Pest meiden und auch seinen Bruder dazu auffordern. Adam interessierte sich jetzt, da er in Frankreich war, wahrscheinlich sowieso nicht mehr so sehr für das Allheilmittel. In Wirklichkeit war es der Alchimist, der so viele Gedanken daran verschwendete. Er war derjenige, der unbedingt das Silbersalz haben wollte. Plötzlich kam ihm der Gedanke, daß Master Gross das Salz für sich haben wollte und Adam nur benutzte, um es zu bekommen. Aber da hatte er sich geirrt. Dickon war fest entschlossen, die ganze Geschichte zu beenden. Er hatte den Gesellen Wat gebeten, das Silbersalz aufzubewahren. Es sollte niemals nach Southwark gelangen. Sowie er hier herauskäme, würde er sich darum kümmern.

Sowie er hier herauskäme! Die Sache hatte einen Haken. Wie sollte er herauskommen, wenn er nicht die Wahrheit sagen konnte, ohne jemanden zu verraten? Er nahm Will Appleyards Rosenkranz sehr oft in die Hand und betete so viel wie nie zuvor im Leben. Er brauchte Gottes Hilfe, um ungeschoren aus dieser Klemme zu kommen, ohne jemanden zu verraten oder seine Seele durch Lügen zu gefährden.

Am nächsten Morgen erschien Master Appleyard in Dickons Zelle und forderte ihn auf, sich auf das Gespräch vorzubereiten. Er würde vor das Gericht des Bürgermeisters gebracht werden. Master Whittington sei inzwischen nach London zurückgekehrt und wolle ihn zuvor sehen.

In Handschellen, mit einem Wachtmeister auf der einen und Will Appleyard auf der anderen Seite, wurde Dickon vor aller Augen über den Marktplatz geführt. Dann ging es durch die Milk Street zum neuen Rathaus hinauf.

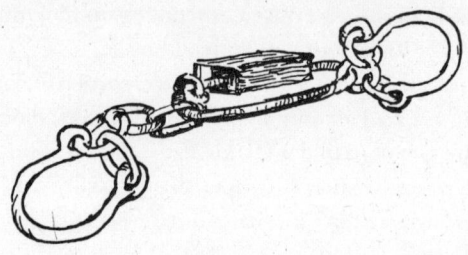

Handschellen

Vor der Tür wurde eine kleine Gefangenengruppe von Wächtern mit Spießen bewacht. Einer nach dem anderen verschwand im Gerichtsgebäude und kam etwas später wieder heraus, entweder zum Pranger oder zur Prügelstrafe verurteilt.

Dickon mußte nicht lange warten. Ein Gerichtsdiener erschien, flüsterte Master Appleyard etwas ins Ohr und führte ihn in das Gebäude vor eine Tür.

Dahinter befand sich ein kleiner Raum, in dem Master Whittington alleine am Schreibtisch saß.

Er schaute auf, als sie hereinkanien, und nickte Appleyard und dem Wachtmeister zu.

«Nehmt ihm die Handschellen ab und laßt uns alleine», sagte er knapp.

Einen Moment lang hörte man nur das kratzende Geräusch von Whittingtons Feder. Dann erhob sich Madame Eglantine, die unter seinem Stuhl gesessen hatte, lief auf Dickon zu und rieb sich an seinen Beinen. Er wollte sich herunterbeugen, um sie zu streicheln, besann sich aber dann eines Besseren. Master Whittington, der ihr Schnurren gehört hatte, schaute schließlich auf.

Das war nicht der Dick Whittington, den Dickon kannte. Er sah statt dessen einen strengen Mann, mit kalten blauen Augen und zusam-

mengepreßten Lippen. Der freundliche, mitfühlende Gesichtsausdruck hatte sich in kühle Entschlossenheit verwandelt. Ein paar Sekunden lang starrte er Dickon ins Gesicht, ohne ein Wort zu verlieren.

«Nun», begann er schließlich, «was hast du mir zu sagen?»

Dickon hatte das Gefühl, seine Kehle sei zugeschnürt. Er schluckte
und versuchte zu sprechen, brachte aber kein Wort heraus.

Da griff Master Whittington in ein Kästchen, das neben ihm auf dem
Schreibtisch stand, und entnahm ihm das Pergament, das Lob im
Kircheneingang liegengelassen hatte.

«Du bist beschuldigt worden, diese üble, verleumderische Mitteilung
an die Londoner Bevölkerung bei dir getragen zu haben mit der Ab-
sicht, sie an die Kirchentür von St. Michael in der Wood Street zu
nageln. Wir wissen beide, daß du eine solche Schrift schon einmal
gesehen hast. Was hast du dazu zu sagen?»

Dickon unternahm einen zweiten Versuch zu sprechen. Seine Stimme
klang krächzend und fremd, aber er brachte die Worte heraus und
fühlte sich besser, nachdem er einen Anfang gemacht hatte.

«Ich hatte mich vor dem Sturm in den Kircheneingang gerettet, als ein
fremder Junge hereinkam und das Pergament an die Tür nagelte.» Er
fuhr langsam und bedächtig fort, als ob er seinen Bericht in der Zelle
geübt hätte. Er hielt sich genau an die Wahrheit, verschwieg allerdings
alles, was Lob ihm erzählt hatte. Doch sogar in seinen eigenen Ohren
klangen diese Worte so vorsichtig, daß sie unwirklich und dürftig erschienen.

Master Whittington hörte ihm schweigend zu. Er starrte Dickon noch
an, als er die Geschichte schon beendet hatte. Dann nahm er seinen
Stift und fuhr fort zu schreiben, während Dickon von einem Fuß auf
den anderen trat. Glaubte Master Whittington wirklich, daß er schuldig war? «Ich bin kein Verräter, Sir», brach es aus ihm heraus.

Richard Whittington antwortete nicht. Aber er legte den Stift nieder
und hob den Deckel des Kästchens ein zweites Mal. Diesmal zog er
einen Schuh hervor. Er war schmutzig und zerrissen, aber immer noch
rot. Die Riemchen und Schleifen, die Dickon so daran gefallen hatten,
waren noch zu erkennen.

«Wenn mich meine Erinnerung nicht täuscht, trugst du diesen Schuh

Master Whittington hörte ihm schweigend zu

an dem Tag, an dem ich dich als Lehrling eingestellt habe», sagte
Whittington. «Ist das deiner?» Er hielt ihn Dickon hin, der keine An-
stalten machte, ihn zu nehmen.

«Wo habt Ihr ihn gefunden?» fragte er flüsternd.

«Nein, du sollst mir erzählen, wo du ihn verloren hast!»

Dickon seufzte laut. Er war nahezu erleichtert, daß die Wahrheit ans
Tageslicht kommen sollte.

«Unter der Brücke?» fragte er schweratmend.

Diesmal verweigerte Master Whittington ihm die Antwort nicht. «Auf der Brücke», verbesserte er, «unter einem Reisigbündel im Bogengang des Steinernen Tores. Der Kerl, der den Kopf des Verräters gestohlen hatte, muß ihn dort verloren haben.»

«Ich wußte damals nicht, wessen Kopf das war», schrie Dickon. «Ich erfuhr es erst, als –» er unterbrach sich, um ruhig fortzufahren, «als man es mir erzählte.»

«Wer hat es dir erzählt?» polterte Whittington.

«Ich habe es irgendwo gehört. Alle haben davon gesprochen.» Da war er gerade noch einmal davongekommen.

Whittington stützte die Arme auf dem Tisch auf und forschte einige Sekunden lang in Dickons Gesicht, bevor er die nächste Frage stellte.

«Wo ist der Kopf jetzt?»

Dickon sah ihn erstaunt an. «Weiß ich nicht», antwortete er. «Ich habe ihn nicht, er ist in den Fluß gefallen. Die Stange war zu schwer. Ich konnte sie nicht halten.»

«Zweifelsohne ist er heruntergefallen. Aber irgend jemand hat ihn unten aufgefangen.»

Dickon schüttelte den Kopf. «Nein, ich war alleine.»

Whittington schlug mit der Faust auf den Tisch. «Erzähle keine Märchen. Damit machst du alles nur noch schlimmer. Wie hätten sie dich dazu bringen sollen, diese Aufgabe alleine zu erledigen? Unten hat ein Boot gewartet. Keine Sorge, ich werde die Wahrheit schon erfahren, darum antworte lieber gleich ehrlich. Wer hat dich angestiftet? Mit wem hast du den Plan ausgeführt?»

Dickon bekam große Augen. «Es gab keinen gemeinsamen Plan. Ich war alleine. Es ging um eine Mutprobe.»

«Wem solltest du deinen Mut beweisen?»

«Den Tuchhändlerlehrlingen. Ich komme doch aus einer Lebensmittelhändlerfamilie, und um einen Kampf mit Kurt Bladebone zu vermeiden, sollte ich eine Mutprobe machen. Bladebone ist ein großer –»

«Ich kenne Kurt Bladebone», unterbrach Whittington ihn streng. «Erzähle weiter.»

Dickon schien es, als ob seine blauen Augen nicht mehr ganz so kalt und sein dünner Mund nicht mehr so verkniffen aussähen. Langsam und vorsichtig erzählte er seine Geschichte. Master Whittington unterbrach ihn häufig, stellte kurze Zwischenfragen und überprüfte jede Einzelheit.

Dickon fuhr fort, bis er an den Punkt kam, an dem er sich unter dem Reisigbündel versteckt hatte.

«Aha», hakte Whittington triumphierend ein, «dort haben sie den Schuh gefunden. Und dann wurden die Tore geöffnet, so daß du fliehen konntest. Wußtest du kleiner Prahlhans eigentlich, daß es mein Neffe war, dem du die Rettung zu verdanken hast? Die Muster, die Gott webt, sind kunstvoller als unsere Bemühungen, aber jeder kleine Faden hat eine bestimmte Aufgabe. Vergiß nicht, dem Herrn zu danken. Wenn sie dich auf frischer Tat ertappt hätten, wärst du vielleicht sofort aufgehängt worden.» Er seufzte tief und lächelte Dickon beinahe an. Doch dann wurde er wieder ernst. «Etwas muß ich unbedingt wissen. Wer hat dir diese Mutprobe vorgeschlagen? Denke genau nach. Wie heißen sie? Es ist deine Pflicht, es mir zu erzählen.»

Dickon dachte einen Moment lang schweigend nach. Außer Owen und Bladebone kannte er keine Namen. Aber in der Gruppe, in der die Idee aufkam, waren einige größere Jungen dabeigewesen. Er versuchte, sie zu beschreiben. Während Master Whittington aufschrieb, was er sagte, fiel ihm auf, daß er diese Frage schon zum zweiten Mal hörte. Auch der Wirt hatte sie ihm gestellt.

Master Whittington warf schließlich seinen Stift auf den Tisch. «Das verschlägt mir die Sprache. Aber ich glaube dir. Sie haben dich als Werkzeug mißbraucht. Schlaue Köpfe unter den Lehrlingen haben die Gelegenheit genutzt. So konnten sie ihren Kopf bekommen, ohne sich selbst zu gefährden, denn du hättest dafür hängen müssen.»

Dickon wagte es, eine Frage zu stellen. «Warum sollten sie einen Kopf haben wollen? Was wollten sie denn damit?»

Whittington lächelte etwas grimmig. «Überlege doch einmal. Hast du noch niemals an einer Reliquienprozession teilgenommen? Hast du noch nie die Ehrfurcht erlebt, mit der die Menschen einem Splitter des Kreuzes oder des Knochens eines Heiligen folgen? Verstehst du, was der Kopf eines Rebellen wert sein kann, von dem sie behaupten, er sei für ihre neue Religion gestorben? Sie würden natürlich verschweigen, daß der Mann wegen Hochverrates zum Tode verurteilt worden war. Jeder Rebellenführer braucht einen Märtyrer, sei es nun ein richtiger oder ein gefälschter. Eine solche Reliquie kann die ganze Stadt in Aufruhr versetzen. Aber ich weiß jetzt, wo ich schauen muß. Die Ratten fliehen immer in dieselbe Ecke. Im richtigen Moment wird meine Falle zuschnappen.» Er erhob sich und sah Dickon zum ersten Mal wieder mit seiner alten Freundlichkeit an. «Ich habe den Eindruck, daß du bereits genug bestraft worden bist. Wie lange warst du im Gefängnis? Zwei Nächte? Das reicht. Die Anklage gegen dich wird fallengelassen. Du kannst nach Hause gehen. Dein Großvater weiß nichts von der ganzen Sache. Ich habe mich um Geheimhaltung bemüht. Nun werden wir ihm sagen, daß du zu Unrecht beschuldigt worden bist, eine Meldung der Rebellen an die Kirchentür genagelt zu haben. Die Brücke werden wir gar nicht erwähnen. Warte ein Vaterunser lang auf mich. Ich muß dem Bürgermeister Bericht erstatten. Dann werde ich dich begleiten.»

Er verließ den Raum und ließ einen verwirrten Dickon zurück. Madame Eglantine wollte ihm folgen; als sie jedoch feststellte, daß die Tür geschlossen war, kehrte sie zu Dickon zurück. Er nahm sie hoch und streichelte sie. Master Whittington hatte von einem Wunder gesprochen, aber für ihn war ein zweites geschehen. Seine Fragen hatten an dem kritischsten Punkt aufgehört. Er wollte nicht wissen, wohin Dickon geflüchtet war, nachdem er die Brücke verlassen hatte. Ihn hatte es nicht interessiert, wie Dickon nach Hause gekommen war. Er hatte über den Verbleib des Kopfes nachgedacht. Welchen Grund auch immer er gehabt haben mochte, das Ergebnis blieb dasselbe. Er hatte Lob nicht verraten und den Grünen Falken nicht erwähnen müssen.

Silbersalz

Trotzdem fühlte sich Dickon nicht glücklich, als er an Master Whittingtons Seite das Rathaus verließ.

Ihm wäre leichter ums Herz gewesen, wenn er seinem Paten alles erzählt hätte. Am liebsten würde er es jetzt noch tun. Aber dann könnte er es nicht mehr rückgängig machen. Lob würde vielleicht zum Tode verurteilt werden, und Adam bekäme ernsthafte Schwierigkeiten. Es wäre sicherlich ungerecht zu glauben, daß Adam tatsächlich etwas verheimlichen wollte, aber im großen und ganzen war es bestimmt besser, den Mund zu halten.

Auf dem Heimweg erzählte Master Whittington ihm Neuigkeiten aus Frankreich. Harfleur war schwieriger einzunehmen, als der König erwartet hatte; Guy war nach London gesandt worden, um für Geld und Vorräte zu sorgen, und würde auch noch ein paar Tage bleiben. Adam hatte sich als Arzt bereits einen guten Namen gemacht. Dickon wußte das zwar alles bereits, aber sein Pate erzählte offensichtlich so fröhlich, um ihn aufzumuntern, und dafür war er dankbar.

In Granthams Gasthaus riefen sie mit Dickons Geschichte große Bestürzung hervor. Großvater zog die buschigen Brauen zusammen und wollte aufbrausen wie ein Sturm, aber Master Whittington hielt ihn zurück. Er bestand darauf, daß Dickon keine Schuld an dem Vorfall treffe. Er war zu spät am Krüppeltor erschienen, aber für dieses kleine Vergehen hatte er bereits mehr als das übliche Maß an Strafe erhalten. Großvater beruhigte sich und schenkte Dickon ein Glas Wein ein. Tante Isabel konnte sich nicht genug um ihn bemühen. Nan hüpfte wie ein eifriger Spatz um alle herum. Dickon hatte den Eindruck, daß sie etwas erzählen wollte, aber vor dem Essen mochte er nichts mehr hören.

Er brauchte am Tisch nicht zu warten, bis die anderen soweit waren, und bekam von Tante Isabel allerlei Leckerbissen zugeteilt. Als Krönung erzählte ihm Master Whittington, daß er drei ganze Tage zu Hause bleiben dürfe, um sich von seinem Abenteuer zu erholen. Nach Beendigung des Mahles schlenderte er zum Fluß hinunter. Er fühlte sich satt und zufrieden. Da kam Nan mit fliegenden Röcken und trippelnden Schritten hinter ihm hergelaufen.

Die Hansekogge fuhr durch die Brücke

«Ich muß dir was erzählen», keuchte sie. «Weißt du, was passiert ist? Das Silbersalz ist da, und ich habe es dem Alchimisten geschickt.» Dickon fuhr herum. «Was hast du getan?»

235

«Ich habe es Master Gross geschickt. Das hatte ich Adam versprochen, erinnerst du dich?» Ihre Stimme klang stolz. «Die Hansekogge kam gestern mit der Flut den Fluß herauf. Ich sah, wie sie durch die Brücke einlief. Also bat ich Wat, Adams Bestellung vom Kapitän abzuholen. Nach einer knappen Stunde war er wieder zurück und brachte ein kleines Päckchen mit. Ich gab es Jenkyn. Er hatte gerade in Dowgate angelegt...» Sie verstummte, als sie Dickons Gesicht sah.

«Mußt du dich denn überall einmischen, du nichtsnutziger Trottel?» schrie er. «Ich habe dir doch gesagt, daß ich mich darum kümmern werde!»

Nan starrte ihn an. Ihre Unterlippe zitterte. «Ja, aber ich dachte, du würdest vor Sonntag nicht wieder nach Hause kommen können. Du hattest gesagt, daß du es Master Gross bringen wolltest, damit er Adams Allheilmittel fertigstellen kann. Ich wollte euch helfen.»

«Ich habe meine Meinung geändert», sagte Dickon. «In letzter Zeit habe ich nämlich einiges erfahren.» Er hielt inne. Sicher wäre es nicht klug, Nan das ganze Geheimnis anzuvertrauen. Also erzählte er ihr nur einen Teil. «Ich weiß nicht, ob wir dem Alchimisten trauen können. Vielleicht wird er es Adam überhaupt nicht schicken.»

«Doch, ganz bestimmt», unterbrach Nan ihn eifrig. «Jenkyn meinte, Master Gross sei überglücklich gewesen und habe versprochen, daß Adam es vor dem nächsten Vollmond bekommen würde.»

Dickon seufzte tief. Er war todmüde, und seine neue Entwicklung schien ihm bereits wieder fremd. Vielleicht war es ja doch alles richtig so. Außerdem hatte er sich Nan gegenüber unfair benommen. Woher sollte sie Bescheid wissen? Um sie wieder aufzuheitern, sprach er von etwas anderem, fragte, was sie beschäftige, und erzählte ihr von wunderbaren, wertvollen Stoffen, die er gesehen hatte, und von den vornehmen Damen, die Kleider aus diesen Stoffen trugen. Er ging sogar so weit, sich ihre Stickereien und selbstgewebten Stoffe aus dem Faden anzuschauen, den sie eigenhändig gesponnen hatte – die ersten Schätze in ihrer Mitgifttruhe.

Am Sonntag war Guy Whittington zum Mittagessen zu Gast, und Dickon lauschte gebannt seinen Worten. Er hatte viel zu erzählen, nicht nur von Adam, sondern auch von der Überfahrt, der Landung auf französischem Boden und den Kanonen, mit denen die Engländer Harfleur belagerten. Solche großen Ungetüme hatte er noch nie zuvor gesehen. Sie waren in der Tower-Gießerei hergestellt worden, spien beißenden Rauch aus und schleuderten steinerne Kanonenkugeln fast fünfzig Meter weit. Die Schützen hatten ihnen Namen gegeben, eine hieß «London», eine zweite «Kurier» und eine weitere «Die Tochter des Königs».

Als sie mit dem Mittagessen fertig waren, kehrten die Whittingtons nach Hause zurück, um Guys Rückreise nach Frankreich vorzubereiten, die morgen stattfinden sollte. Großvater griff nach den «Erzählungen von Canterbury» und Tante Isabel nach dem «Leben der Heiligen», und dann zogen sich beide in ihre Zimmer zurück, um sich eine gemütliche Mittagspause zu gönnen. Dickon lief wie immer hinunter zur Kaimauer, setzte sich, ließ die Füße baumeln und träumte von zukünftigen Fahrten. Am Mittagstisch hatte Master Whittington ihm vor allen Anwesenden versprochen, daß er bald seine Lehre bei den Überseespekulanten fortsetzen könne, wenn er fleißig arbeiten und noch etwas vertrauter mit dem Tuchhandel sein würde. Vielleicht dürfte er sogar schon einen der Händler auf den Tuchmarkt nach Flandern begleiten.

Er erinnerte sich daran, wie unglücklich er damals auf demselben Platz gesessen hatte, weil er ein Tuchhändler werden sollte. Seitdem war viel geschehen. Er schaute auf die Brücke. War es wirklich erst eine Woche her, daß er oben auf dem Zugbrückentor mit der schweren Stange gekämpft hatte? Er zählte die kleinen schwarzen Punkte, die auf den Pikenschaften steckten. Am Ende fehlte noch immer einer. Wie lange würde der Platz wohl noch leer bleiben? Beim Mittagessen hatte Master Whittington gesagt, daß alles vom Krieg in Frankreich abhängen würde. Wenn die königlichen Armeen als Sieger heimkehrten, würden die Menschen in ihrer Begeisterung Oldcastle, die Rebellen und alle im Untergrund arbeitenden Verräter vergessen. Doch im Falle einer Niederlage in Frankreich bräche der ganze Ärger hervor. Es gäbe Aufstände und Morde, wie damals vor vielen Jahren unter Wat Taylor, als Master Whittington jung war.

Während er so in der Septembersonne saß, wurde er langsam schläfrig. Da hörte er plötzlich Nans Stimme hinter sich und sah sich um. Sie kam aus Granthams Gasse und führte eine arme, bitterlich weinende Frau in geflickten und fadenscheinigen Kleidern an der Hand.

«Dickon», rief sie, «etwas Schreckliches ist geschehen. Lob ist lebensgefährlich verletzt worden. Deine Tuchhändler haben sich auf ihn gestürzt. Sie hätten ihn beinahe umgebracht.»

Dickon sprang auf. «Wo ist er? Wie ist das passiert? Wer war das?»

«Wieder mal der rothaarige Schurke. Hier ist Lobs Mutter. Sie wollte es uns erzählen und hat uns dies hier gebracht.»

Nan drückte ihrem Bruder ein versiegeltes Päckchen in die Hand. Er sah es nicht an. Seine Gedanken kreisten um Lob.

«Wo ist er?» fragte er zum zweiten Mal. «Was kann ich tun?»

Die Frau schüttelte den Kopf. «Er liegt im Domus Dei, dem Marienhospital vor dem Bischofstor. Vielleicht wird er überleben. Ich bitte dich, bete für ihn!»

Das Domus Dei vor dem Bischofstor

Dickon glühte vor Ärger. «Dieser üble Schuft Bladebone. Das wird er mir bitter bezahlen müssen.»

«Nein», sagte die Frau und wischte sich mit dem Ärmel die Augen trocken. «Du sollst Lobs wegen nicht mehr in Schwierigkeiten kommen. Du hast bereits genug auf dich genommen, um ihn zu retten. Er hat es mir erzählt. Wenn er überlebt, werden wir von hier fortziehen. Ich bin in Oxfordshire zwischen Schafherden aufgewachsen. Wir werden dorthin zurückkehren. Es ist gleich, wie wir leben, wenn wir nur aus dieser schrecklichen Stadt herauskommen. Sie nahm mir meinen Mann und jetzt vielleicht auch noch den Sohn.» Sie fing wieder an zu weinen.

Nan klopfte ihr liebevoll auf die Schulter. «Bitte, hört auf zu weinen», bat sie. «Er wird nicht sterben. Wir werden alle für ihn beten. Ich bin sicher, daß er nicht sterben wird.»

«Du bist ein gutes Mädchen», meinte Lobs Mutter, «und ich möchte dich nicht traurig stimmen. Deshalb bin ich nicht gekommen. Aber Lob beruhigte sich erst, nachdem ich ihm versprochen hatte, Dickon zu suchen, denn er wollte etwas für euren Bruder erledigen.»

«Für unseren Bruder?» wiederholte Dickon.

Jetzt schaute er zum ersten Mal auf das Päckchen in seiner Hand. Es war flach, in ein Stück Schafshaut gewickelt, versiegelt und beschriftet. Dickon las laut: «An Master Adam Sherwood in der Einheit von Master Guy Whittington, mit der königlichen Armee in Frankreich. Überreicht durch Jean Josey, Seemann von Wapping.»

«Was ist das?» fragte Dickon, doch noch während er sprach, wußte er die Antwort bereits.

«Weiß ich nicht», antwortete Lobs Mutter. «Master Gross hat es Lob übergeben, und er sollte es in der Schenke ‹Zur Krabbe› in Wapping an den Seemann Josey weiterreichen. Dem Päckchen in seiner Hemdentasche ist nichts passiert, als er in Aldgate angegriffen wurde. Er hatte keine Ruhe, bis ich ihm versprach, es dir zu geben, damit du es an seiner Stelle nach Wapping bringen kannst.»

Dickon drehte es nachdenklich hin und her. «Nach Wapping», sagte er leise. Das Wort rief in ihm die Vorstellung von schmuddeligen Lehmhütten und Galgen mit quietschenden Ketten hervor. Er schüttelte den Kopf.

«Gebt es am besten an Master Gross zurück», sagte er entschieden. «Ich kann nichts damit anfangen.»

«Das geht nicht», antwortete die Frau. «Master Gross ist nicht da. Das Wirtshaus ist geschlossen. Sie sind alle fort.»

«Fort? Wo sind sie hingegangen?»

«Ich weiß es nicht. Es geschah gestern, ganz plötzlich, ohne Vorwarnung. Ich war gerade dabei, Wasser zu holen, als sie mir sagten, daß sie gehen würden. Master Gross überreichte Lob das Päckchen, und Master Wolman gab mir etwas Geld, damit wir über die Runden kommen könnten, bis ich eine neue Stelle gefunden habe. Sie sagten nicht, wo sie hinwollten. Der Grüne Falke ist abgeriegelt. Ich wollte die letzte

Nacht dort verbringen, aber ich konnte nicht hinein. Zum Glück durfte ich auch im Krankenhaus übernachten. Wenn ich heute nacht nicht dort schlafen kann, werde ich wohl im Gefängnis landen.»

«Um Gottes willen», rief Dickon. «Nan, bringe sie zu Tante Isabel. Sie wird wissen, was zu tun ist.»

Nan nickte zustimmend. Sie nahm Lobs Mutter am Arm. «Kommt, ich habe ein paar Ersparnisse in meinem Geldkrug. Ihr sollt sie bekommen.» Sie schaute Dickon über die Schulter an. «Du gehst nicht, bevor ich wiederkomme?» bat sie.

Nans Geldkrug

«Keine Sorge, ich bleibe hier.»

Als sie zurückkehrte, brach ein heftiger Streit zwischen den Geschwistern aus. Dickon verkündete, daß ihn nichts auf der Welt dazu bringen könnte, das Päckchen nach Wapping zu bringen. Ihm sei die Angelegenheit nicht geheuer. Er sei schon immer mißtrauisch gewesen. Wenn es nach ihm gegangen wäre, hätte der Alchimist das Silbersalz niemals bekommen. Und nun waren sie alle geflohen. Das ging doch nicht mit rechten Dingen zu. Er wollte nichts damit zu tun haben.

Nan, die sich mit glühenden Wangen ereiferte, nannte ihren Bruder einen Feigling. Sie hatte Master Gross das Silbersalz gesandt, weil Adam es brauchte, und das war richtig so. Dickon hatte den Beweis in der Hand. In diesem Päckchen mußte das Allheilmittel sein, obwohl es eigentlich viel zu klein wirkte, um so viel Ärger hervorzurufen. Master Gross wollte es Adam schicken, und hier war es. Was kümmerte es sie, daß die Leute aus dem Grünen Falken verschwunden waren? Es ging schließlich um Adam.

Dickon starrte sie an. So hatte er seine Schwester noch nie reden hören. Wenn sie ein Junge gewesen wäre, hätte er ihr einen kräftigen Schlag versetzt. Er mußte sich sehr beherrschen, um ihr keine Ohrfeige zu geben. Statt dessen schlüpfte er in die gewichtige Rolle des älteren Bruders und sagte ihr, daß sie nur ein kleines Mädchen sei, das diese Angelegenheit noch nicht verstehen könne. Komme was wolle, er würde das Päckchen nicht einem unbekannten Piraten in Wapping anvertrauen. Dann sollte es Adam lieber überhaupt nicht bekommen. Nan heulte vor Wut. Dickon hatte das Päckchen gerade in die Tasche gesteckt und wandte sich zum Gehen, als Nan hinter ihm herrief.

«Ich habe eine Idee.» Ihre Stimme klang noch etwas beleidigt. «Ich werde es Master Guy geben, der reitet ja morgen zurück. Er wird es Adam überbringen.»

Dickon überlegte. Diesmal hätte er sich selbst eine Ohrfeige verpassen mögen, weil ihm diese einfache Lösung nicht eingefallen war. Sie würden sicher nach dem Grünen Falken fragen, und das ganze Geheimnis käme ans Tageslicht, aber das ließ sich nicht verhindern. Inzwischen war alles so verzwickt, daß es beinahe eine Erleichterung sein würde, es los zu sein, was immer daraus folgte.

«Wenn es dich beruhigt, werden wir es ihm zusammen geben», sagte er so beiläufig wie möglich. «Aber vergiß nicht: Wenn er Fragen stellt, werde ich sie beantworten. Wenn du nicht versprichst, den Mund zu halten, kannst du zu Hause bleiben.»

Sie wurde ganz brav. «Ich werde kein Wort sagen, das ich nicht sagen soll», versprach sie, «wenn ich nur das Päckchen tragen darf.»

Der Diener teilte ihnen mit, daß Master Whittington und sein Neffe in Whittingtons Schlafzimmer seien. Er riet ihnen, vorher anzuklopfen.

Master Whittington rief sie herein. Das große Bett mit dem buntgestreiften Himmel stand gegenüber dem Fenster, das zum sonnigen Garten hin geöffnet war. Master Whittington warf den weißen Tauben draußen Brotkrümel zu, während sein Neffe es sich auf einem Sessel bequem gemacht hatte. Madame Eglantine schnurrte auf seinen Knien.

Master Whittingtons Bett

Nan reichte Guy ohne Umstände das Päckchen und fragte ihn, ob er so gut sein könnte, es Adam zu überbringen.

Guy sagte sofort zu. Nachdem er jedoch die Adresse gelesen hatte, schaute er erstaunt auf. «Das ist doch nicht deine Schrift, kleines Fräulein? Und wer ist Master Josey aus Wapping?»

Dick Whittington kam herbei und schaute seinem Neffen über die Schulter. «Überreicht durch Jean Josey, Seemann aus Wapping», las er. «Was ist das, Kleine, und wer schickt es?»

Nan hatte ihr Versprechen vollkommen vergessen. «Es ist das Heilmittel, das Adam erfunden hat», sprudelte es aus ihr heraus, bevor Dickon etwas sagen konnte. «Lob sollte es nach Wapping bringen, aber diese gemeinen Tuchhändler haben ihn überfallen und fast tot geschlagen. Er liegt im Sterben, im Domus Dei.»

Master Whittington runzelte die Stirn. «Welche gemeinen Tuchhändler, und wer ist Lob? Erzähle uns alles, meine Kleine. In letzter Zeit hat es sowieso viel zu viele Raufereien gegeben.»

«Lob ist ein armer Fischhändlerlehrling. Dickon hat ihn damals an der Kaimauer beschützt. Und jetzt haben sie ihn beinahe umgebracht.»

«Aha!» Master Whittington dämmerte es. «Dann sind die gemeinen Tuchhändler wohl Bladebone und seine Freunde. Von denen habe ich jetzt genug. Den jungen Rabauken werde ich diesmal an den Pranger stellen lassen. Nun laß mich noch einmal das Päckchen anschauen. Du hast mir noch gar nicht erzählt, von wem es stammt.»

«Das ist Adams Allheilmittel», antwortete sie eifrig. «Master Gross schickt es.»

«Master Gross», wiederholte Whittington. «Master Gross, der in Southwark lebt? Und was hat Adam mit Master Gross zu tun?»

Ohne Dickon eine Gelegenheit zum Sprechen zu geben, sprudelte sie los. Sie erzählte von dem Alchimisten, der Adams Fähigkeiten so gelobt hatte, und von Adam, der ein Allheilmittel erfunden hatte, das nur noch nicht ganz fertig war, weil noch ein bestimmtes Salz aus Deutschland fehlte, und von sich, weil sie Master Gross dieses Salz in den Grünen Falken geschickt hatte... Sie machte eine Pause, um Atem zu holen, und Master Whittington, dessen Gesicht kühl und gespannt wirkte, schüttelte den Kopf und wandte sich an Dickon.

«Master Gross, der Grüne Falke, die Krabbe in Wapping. Ich möchte mehr darüber erfahren. Dickon, erzähle uns davon. Versuche nicht, etwas zu verheimlichen. Ich werde alles hören.»

Dickon nahm sich zusammen und begann mit der Geschichte. Es wäre sicher vergeblich, nur einiges zu erzählen und anderes zu verschweigen. Die Augen seines Paten waren prüfend auf ihn gerichtet wie im Rathaus. Eine Frage folgte auf die andere, bis alles heraus war – der Alchimist, das Allheilmittel, der Hansekaufmann, das Silbersalz, die Besuche in Southwark, Wolman, der Wirt, und sogar die Tatsache, daß er nach seinem Abenteuer auf der Brücke dorthin geflohen war.

«Ich habe mir doch gedacht», meinte Master Whittington ärgerlich, «daß ich nur die halbe Wahrheit gehört habe, als ich dich nach den Ereignissen auf der Brücke gefragt habe. Nun werden wir mit deiner Erlaubnis den Rest erfahren. Als erstes möchte ich wissen, ob du die Mutprobe wirklich für die Lehrlingsversammlung auf dich genommen hast oder ob du deinen Freunden im Grünen Falken einen Gefallen tun wolltest?»

Dickon schüttelte heftig mit dem Kopf. «Nein, die wußten nichts davon. Ich habe es ihnen erst hinterher erzählt.»

«Aha, du hast es ihnen erzählt. Weißt du, daß sie alle Rebellen der gefährlichsten Sorte sind?»

«Damals noch nicht. Ich habe es erst von Lob erfahren.» Er hätte sich auf die Zunge beißen können, aber da war es zu spät. Master Whittington hakte sofort ein.

«Lob? Wann hat Lob dir das erzählt?» Dickon, weiß bis in die Haarspitzen, schwieg. Sein Pate sah ihn streng an. «Jetzt aber raus damit! Wann hat Lob dir das erzählt?... Aha, ich glaube, ich verstehe. War es zufällig Lob, der die Meldung an die Kirchentür genagelt hat?»

Er konnte es nicht länger verschweigen. Also nickte er nur. Master Whittington sah ihn erstaunt an.

«Ich verstehe das immer noch nicht», sagte er. «Du hast mir versichert, daß du kein Rebell seist. Stimmt das wirklich? Warum, in Gottes Namen, beschützt du einen Jungen, der ganz offensichtlich ein Verräter ist? Du bist ins Gefängnis gekommen, weil du seinen Namen nicht nennen wolltest. Du hättest am Pranger, ja vielleicht am Galgen landen können. Warum hast du ihn geschützt? Welchen Einfluß hatte er auf dich?»

Dickon verschlug es fast die Sprache. Es blieb ihm nichts anderes übrig, als die ganze Wahrheit zu erzählen. «Weil ich den Kopf seines Vaters in den Fluß geworfen habe...»

Nun war Master Whittington sprachlos. Er starrte Dickon an.

«Den Kopf seines Vaters», wiederholte er schließlich. «Den Kopf seines Vaters... Dann ist er der Sohn des Rebellen Lyte, des Fischhändlers, und er lebt mit seiner Mutter mitten im Rebellennest. Sie haben ihn zum Sündenbock gemacht. Jetzt verstehe ich. Die arme, unglückliche Frau, sie hat genug gelitten. Lassen wir den Jungen in Frieden. Aber ich denke, wir sollten über den Grünen Falken sprechen.»

Dickon schüttelte den Kopf. «Sie sind alle fort. Lobs Mutter hat es uns erzählt. Sie haben sie auf die Straße gesetzt und sind seit gestern verschwunden.»

Master Whittington pfiff durch die Zähne. «Neffe, hast du das gehört? Sie haben diesen Brief losgeschickt und sind geflohen; sie haben den Pfeil abgeschossen und sind verschwunden, bevor er auf der Erde landet und sie verrät.» Er hielt das Päckchen hoch. «Was ist da wohl drin, was schätzt ihr?»

Guy Whittington grinste und kratzte Madame Eglantine unterm Kinn. «Ich wette um mein Leben, daß darin mehr ist als eine harmlose Medizin.»

«Ein Brief wird darin sein», prophezeite Master Whittington. «Adam wird Meldungen weiterleiten müssen, obwohl ich mir kaum vorstellen kann, daß er so ein Einfaltspinsel ist.» Er erbrach das Siegel und faltete das weiche Papier auseinander. Darin befand sich ein weiteres versiegeltes Päckchen. Es war ebenfalls beschriftet, mit einer kleinen unordentlichen Handschrift. Er setzte seine Brille auf, um sie zu entziffern.

«An Thomas Bason in der königlichen Garde.» Er sah seinen Neffen an. «Das ist gar nicht für Adam gedacht. Sein Name ist nur ein Vorwand. Darauf wäre ich nicht gekommen. Wir müssen es vorsichtig untersuchen. Es ist bestimmt voller Verrat wie ein Hund voller Fliegen.»

Aber Guy Whittington hörte ihm gar nicht zu. «Thomas Bason», meinte er nachdenklich. «Der Name kommt mir bekannt vor. Woher denn nur? Thomas Bason?»

«Ich kenne ihn», wagte sich Dickon schüchtern vor. «Er war der Soldat im Grünen Falken, den ich traf, als ich dort das erste Mal war. Er kam aus dem Westen und diente Lord Scrope.» Erschrocken hielt er inne. Lord Scrope war sicher einer der drei Anstifter. Und das fiel ihm erst jetzt ein.

«Scrope?» brüllte Whittington, während sein Neffe aufsprang und Madame Eglantine auf den Fußboden fallen ließ.

«Jetzt weiß ich Bescheid», schrie er und wandte sich Dickon zu. «Ist Bason ein pockennarbiger Schurke mit einer großen roten Narbe im Gesicht? Aha, ich bin auf der richtigen Spur. Lieber Onkel, Thomas Bason stammt auch aus Herefordshire, er ist in der Nähe von Solars Hope aufgewachsen. Er ist in meinem Alter. Damals gehörte er zu Oldcastles Anhängern.»

«Der sucht sich die richtige Gesellschaft aus», bemerkte Master Whittington mit einer unheimlichen Ruhe. «Oldcastle und Scrope; weiter kann er kaum gehen. Nun, mal sehen, welche Neuigkeiten ihm vom Grünen Falken zugesandt werden.»

Er öffnete das Siegel sehr vorsichtig und entfaltete das Pergament.

Aber darin befand sich kein Brief, wie er vorausgesagt hatte, sondern nur ein Büschel Schafwolle. Er zog es vorsichtig auseinander und entdeckte ein kleines Metallfläschchen, das er den anderen auf der ausgestreckten Hand hinhielt.

«Bei allen Heiligen, es ist das Allheilmittel», rief Guy Whittington. Sein Onkel schüttelte langsam mit dem Kopf. «Du hast sicher noch nichts von der chemischen Verbindung ‹Silbersalz› gehört. Es ist auch sehr selten. Drew Barentin, der Goldschmied hat mir davon erzählt. Man findet es in den Silberminen in Sachsen. Feinschmiede benutzen es. Aber es ist hochgiftig: Es besteht aus kleinen Arsenkristallen in ungewöhnlich reiner Form.»

«Das sagt mir gar nichts», meinte Guy. «Adam kennt sich da wohl gut aus.»

Master Whittington breitete vorsichtig ein Stück Pergament auf dem Tisch aus und stellte die Flasche darauf. Dann packte er Madame Eglantine, steckte sie in eine Kiste in der Ecke des Raumes, hob den Deckel und legte sie hinein. Ohne sich um ihr beleidigtes Miauen zu kümmern, ließ er sie darin, denn dort drohte ihr keine Gefahr.

«Nun laßt uns sehen», sagte er grimmig.

Mit größter Vorsicht öffnete er das Fläschchen und schüttete ein paar feine Körner auf das Pergament. Die anderen wagten kaum zu atmen, während sie beobachteten, wie er ein Stück Brot nahm, zu einer Kugel zusammenrollte und in das Salz stippte. Dann ging er zum Fenster und legte den Krümel auf das Fensterbrett.

Kurz darauf flatterte eine weiße Taube herbei und nahm ihn in den Schnabel. Kaum war das Brot verschluckt, stieß sie einen heiseren Schrei aus. Sie flog auf, schlug mit den Flügeln und fiel zu Boden. Tot.

«Bei allen Heiligen!» rief Guy. Sein Onkel sah ihn an.

«Nun...», sagte er langsam. «An Thomas Bason in der königlichen Garde.»

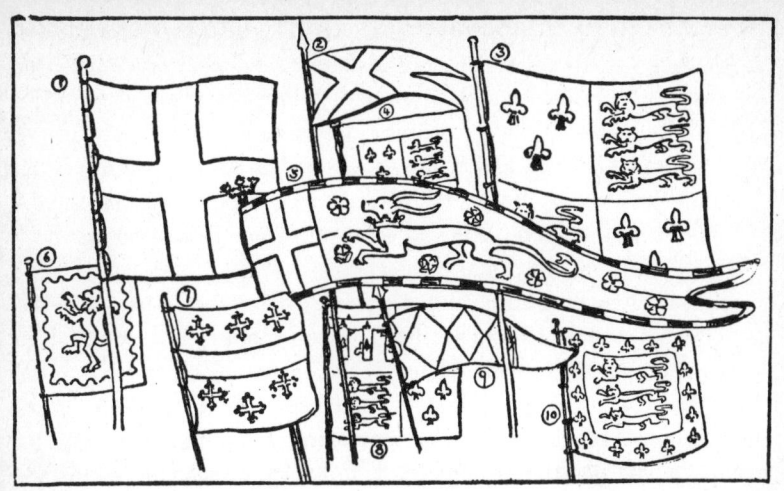

Die Banner der königlichen Armee

Der Triumph

Nachdem sie hoch und heilig versprochen hatten, alles für sich zu behalten, schlichen Nan und Dickon in andächtigem Schweigen nach Hause. Master Whittington hatte ihnen eingeschärft, keiner lebenden Seele ein Wort von dem, was sie gehört hatten, zu erzählen. So wagten sie kaum, miteinander zu sprechen, bis sie den Anleger erreichten. Dann steckten sie die Köpfe zusammen und besprachen noch einmal die ganze Geschichte in ehrfürchtigem Flüstern. Nan war nicht eher zufrieden, bis ihr Bruder ihr alles erzählt hatte. Dickon fühlte sich so gedemütigt, daß er nichts verschwieg. Nans Bewunderung für die Tapferkeit, mit der er seine Aufgabe auf der Brücke angegangen war, und den Edelmut, den er bewiesen hatte, indem er sich für Lob ins Gefängnis sperren ließ, waren Balsam für seinen verletzten Stolz.

In Granthams Gasthaus erfuhren sie, daß Tante Isabel in der Zwischenzeit nicht faul gewesen war. Sie hatte Lob mit dessen Mutter im Krankenhaus besucht und erfahren, daß es ihm besser ging. Bei guter Pflege würde er sich wieder erholen. Dann hatte die Tante die guten Nonnen im Kloster St. Helen gebeten, Lobs Mutter aufzunehmen, bis es ihrem Sohn so gut ginge, daß er die Reise nach Oxfordshire wagen könne. Sie willigten ein. Das war sehr gut, denn das Kloster lag ganz in der Nähe des Krankenhauses.

In der Morgendämmerung des nächsten Tages kehrte Dickon in die Grub Street zurück. Es schien eine Ewigkeit vergangen zu sein, seit er fortgegangen war, um in Master Whittingtons Haus eine Seite aus dem Hauptbuch abzuschreiben. Anscheinend wußten alle Lehrlinge, daß Master Appleyard aufgefordert worden war, ihn im Gefängnis zu besuchen. Sie scharten sich um ihn, um seine Geschichte zu hören. Aber er erzählte ihnen nur, daß er während des Gewitters von der Wache erwischt und aufgrund einer falschen Beschuldigung ins Gefängnis gesteckt worden sei. Doch ein neues aufregendes Ereignis lenkte sie bald von Dickons Abenteuer ab. Wie ein Lauffeuer verbreitete sich die Nachricht, daß Kurt Bladebone festgenommen worden war, weil er beinahe einen Fischhändlerlehrling umgebracht hätte. Kurt wurde zu einer Stunde am Pranger verurteilt, und zwar auf dem Cornhill, zu einer Zeit, zu der dort am meisten los war.

Dort stand er, hoch über den Köpfen der Menge, und wurde von all den Fisch- und Lebensmittelhändlern, die er so lange schikaniert hatte, mit vergammeltem Fisch und faulen Eiern beworfen. Selbst seine Tuchhändlerkollegen versammelten sich, um ihn mitleidslos anzuschauen. Dickon schloß sich ihnen nicht an. Er hatte die Nase voll von der ganzen Sache.

In der Lehrlingsvereinigung verlor Kurt mit seinem Hochmut auch die Königswürde. Ein oder zwei seiner alten Freunde hielten zu ihm, aber die jüngeren Lehrlinge schlugen sich alle auf Dickons Seite. Sein Abenteuer auf der Brücke war noch immer in aller Munde, obwohl nur hinter vorgehaltener Hand darüber gesprochen wurde. Langsam sickerte auch die Wahrheit über das Kirchenportal und Dickons Aufenthalt im Gefängnis durch. Es wurde sogar bekannt, daß er ins Gefängnis gegangen war, um Lob nicht zu verraten. Einige meinten,

Kurt wurde zu einer Stunde am Pranger verurteilt

Dickon sei verrückt, so viel auf sich zu nehmen, um den Sohn eines Fischhändlers zu retten, aber das waren nicht viele. Bei den meisten seiner Kollegen wurde er fast als Held betrachtet.

Trotzdem beschäftigten ihn Fragen, die ihm seine neugewonnene Beliebtheit fast vergällten. Was war aus Wolman und Master Gross geworden? Und aus Thomas Bason von der königlichen Garde? Am meisten beschäftigten ihn die Gedanken an Adam. Würde er wegen seiner häufigen Besuche im Grünen Falken in Schwierigkeiten geraten? Nan, die mit Jenkyn gesprochen hatte, erzählte ihm, daß die Schenke von der Stadtwache durchsucht worden sei. Von den verschwundenen Bewohnern hatten sie keine Spur entdeckt.

Dickon sah Master Whittington kaum noch. Er wurde nicht mehr in sein Haus geladen, um Abschriften anzufertigen. Begegnete er seinem Paten gelegentlich in Granthams Gasthaus, auf der Straße oder in der Kirche, erhielt er nur ein gleichgültiges Kopfnicken als Antwort auf eine eifrige Begrüßung. Dickon war traurig. Ihm war nie bewußt geworden, wie viel ihm Master Whittingtons Vertrauen bedeutet hatte, bis zu diesem Zeitpunkt, zu dem er es allem Anschein nach verloren hatte. Wie viele Steine hatte er sich selbst in den Weg gelegt? Hatte er die Chance verspielt, sein langersehntes Ziel zu verwirklichen, eines Tages zu den Überseespekulanten zu gehören? Würde er seine Tage damit verbringen müssen, Stoffballen zu rollen und klatschsüchtigen Hausfrauen auf dem Marktplatz Stoffe anzubieten?

Endlich kam ein Brief von Adam, der zwar an Großvater adressiert war, sich aber in einem Stapel von Papieren befand, der zunächst dem Bürgermeister zugesandt wurde. Großvater bestellte Dickon nach Hause, um ihm die Neuigkeiten mitzuteilen. Aber der Brief enthielt keine Antwort auf die Fragen, die Dickon am meisten beschäftigten. Adam schien zufrieden zu sein. Er schrieb, daß seine Heilmittel gut wirkten. Die Herstellung der Mittel, die hauptsächlich aus Kräutern bestanden, hatte er von Goody gelernt. Er erwähnte weder das Allheilmittel noch den Alchimisten oder gar Thomas Bason. Es schien, als ob seine Erfindung niemals existiert hätte.

Obwohl Adam fröhlich klang, waren die Kriegsnachrichten aus Frankreich schlecht. Harfleur gab nicht auf, und die königliche Armee wurde von Woche zu Woche schlimmer durch Krankheit und Hunger geschwächt. Erst gegen Ende des sonnigen Septembers schrieb der König persönlich an den Bürgermeister, um ihm mitzuteilen, daß Harfleur endlich seine Tore geöffnet hatte.

Doch nicht einmal dann verbesserte sich die Lage. Der Sommer war vorbei, und die Armee hatte ihren angekündigten Sieg nicht errungen. Von den Londonern, die zunächst für den wagemutigen jungen König weder Arbeit noch Kosten gescheut hatten, wurden nun weitere Vorräte erbeten. Überall erwachte Unzufriedenheit. Wie von Geisterhand wurden immer wieder neue Meldungen der Rebellen an Kirchentüren genagelt. Gemunkel verbreitete sich in der Stadt. Der Bürgermeister wirkte bitterernst, und aus Master Whittingtons Gesicht verschwand das freundliche Lächeln. In redseliger Stimmung vertraute Großvater Dickon einmal an, daß ein allgemeiner Aufruhr bevorstünde, wenn sich nicht bald etwas ändern würde. Es ging das Gerücht um, daß Oldcastle im Westen seine Leute um sich scharte, um in London einzumarschieren. Ältere Menschen, die sich an die Schrecken des Bauernaufstandes erinnerten, schüttelten die Köpfe.

Den ganzen Oktober über wurde es schlimmer, bis plötzlich, wie auf ein Zeichen, eine Welle von Gerüchten über die Stadt schwappte. Die Armee wäre schwer getroffen worden. Bei einer großen Schlacht wären viele Soldaten ums Leben gekommen. Niemand wußte, wie diese Gerüchte entstanden waren, trotzdem hörte sie jeder.

«Hinter solchen Geschichten steckt Verrat», meinte Großvater grimmig, als er nach dem sonntäglichen Mittagessen alleine mit Dickon am Tisch saß und an seinem Wein nippte. «Sie werden verbreitet, um Ärger zu säen. Weder der Bürgermeister noch Master Whittington noch Ihre Gnaden, die Königsmutter, haben eine Nachricht erhalten. Trotzdem hört man überall die grausigsten Dinge. Wenn das Maß der Verzweiflung voll ist, läuft es leicht über, und die Straßen füllen sich mit Blut. Morgen ist der Tag des Bürgermeisters. Dann wird sich die Stimmung zeigen, denn alle Menschen werden auf der Straße sein. Ein kleiner Funke kann einen unlöschbaren Brand auslösen. Bei meiner Treu, Junge, du solltest lieber hierbleiben, bis die Prozession vorbei ist. Ich habe zwar nicht Master Whittingtons Erlaubnis, dich hierzubehalten, aber ich werde es auf meine eigene Kappe nehmen. Vielleicht bin ich ein Feigling, aber ich habe Wat Tylors wütende Anhänger nicht vergessen. Wenn wir Granthams Gasthaus vor einer aufgebrachten Meute verteidigen müssen, brauchen wir dich hier.»

Dickon legte sich mit gemischten Gefühlen ins Bett. Es war eine angenehme Überraschung, am Tag des Bürgermeisters zu Hause bleiben zu dürfen.

Der neue Bürgermeister, Master Nicholas Wotton, ein Wollhändler, war vor zwei Wochen mit großer Feierlichkeit gewählt worden. Zuvor hatte man beim Abendmahl um göttliche Hilfe für die richtige Entscheidung gebeten. Morgen, am Fest der Heiligen Simon und Judas, würde seine Vereidigung stattfinden. Dann würde er in einer Prozession hinter den Geistlichen und Mönchen aus den großen Kirchen Londons reiten, um das Grab des heiligen Eduard des Bekenners zu besuchen. Vertreter der Zünfte und Innungen der Stadt würden ihm folgen. Die Prozession des Bürgermeisters war die zweitschönste des Jahres. Sie wurde nur von Johanni übertroffen.

Außerdem fühlte er sich geschmeichelt, weil Großvater ihn für die Verteidigung von Granthams Gasthaus brauchte. Aber die Vorstellung der blutüberströmten Straßen quälte ihn so sehr, daß er sich die ganze Nacht ruhelos im Bett hin- und herwälzte und in kurzen Schlafphasen von schrecklichen Alpträumen geplagt wurde. Er erwachte

aus einem Alptraum, in dem sich das ärgerliche Brüllen einer aufgebrachten Menge mit einem wilden Glockengeläute verband. Voll pa-
nischer Angst sprang Dickon aus dem Bett. Es stimmte. Die Glocken
läuteten. Obwohl der Tag noch nicht einmal richtig begonnen hatte,
war die Luft mit Läuten und Klingeln erfüllt.

Er zog eine Decke vom Bett, wickelte sie um sich und kletterte in
Windeseile die Leiter herunter. Er betrat die Halle im selben Augenblick wie Tante Isabel und Nan, die sich schnell einen Morgenmantel
übergeworfen hatten. Am anderen Ende versammelten sich die Diener mit erschrockenen Gesichtern und schauten durch den Vorhang.

«Euer Großvater ist hinausgegangen, um zu schauen, was los ist»,
verkündete Tante Isabel und versuchte möglichst ruhig und unbeirrt
zu wirken. «Nan, mein Schatz, du klapperst mit den Zähnen. Hänge
dir einen Mantel um. Ihr braucht keine Angst zu haben. Die Glocken
klingen fröhlich, das sind keine Totenglocken. Betet dafür, daß sie
gute Nachrichten verkünden.»

Sie hatte recht, die Glocken klangen fröhlich, obwohl sie sich alle zusammen etwas befremdlich und wild anhörten.

Plötzlich vernahmen sie Schritte auf der Schwelle. Großvater trat ein,
gefolgt von Master Whittington. Anscheinend waren sie gelaufen,
denn sie waren beide außer Atem. Wie zwei Schuljungen versuchten
sie, sich gegenseitig vorzuschieben. Schließlich war es Master Whittington, der zuerst sprach.

«Ihr Lieben, es gibt viel Neues zu berichten», rief er. «Der König hat
eine Botschaft gesandt. Mit Gottes Hilfe hat er auf dem Schlachtfeld
von Agincourt einen großen Sieg errungen.»

Der Jubel, der in der Halle ausbrach, übertönte fast das Läuten der
Glocken. Großvater sorgte schließlich für Stille, indem er mit seiner
donnernden Stimme erklärte, daß der Bürgermeister angeordnet
hatte, den Ablauf der Feier zu ändern. Zuerst sollten die Priester in
jeder Kirche das Te Deum als Dankgebet sprechen; anstelle des ge-
wohnten Rittes nach Westminster würde dann der Bürgermeister mit
seiner Prozession zu Fuß nach St. Paul's gehen und von dort aus weiter
zur Abtei, um Gott demütig für seine Gnade zu danken.

Ernüchtert durch diese Erläuterungen, begann die Familie Pläne zu
schmieden. Dickon, der sich fester in seine Bettdecke gewickelt hatte,

versuchte unauffällig zu verschwinden, um sich anzuziehen. Doch da tiel Master Whittingtons Blick auf ihn.

«Wen haben wir denn da?» rief er. «Wer hat dir erlaubt, nicht an deinem Arbeitsplatz zu erscheinen?»

Weder Dickon noch sein Großvater bemerkten das Zwinkern in seinen Augen. Beide begannen sie, Erklärungen abzugeben.

«Regt euch nicht auf, ich habe doch nur Spaß gemacht», lachte er und kniff Dickon in die Schulter. «Da fällt mir etwas ein. Wir gehen ja zu Fuß in der Prozession, also brauche ich einen Pagen, der den Umhang meiner Zunfttracht hochhält. Das muß natürlich ein Tuchhändler sein. Gut, daß Dickon hier ist. Zieh dich schnell an, Junge. Du wirst mein Page sein.»

Vier Wochen später, an einem sonnigen Novembermorgen, lehnte Nan aus Goodys Fenster im ersten Stock. Um sie herum drängten sich Goodys Enkelkinder. Hinter ihnen standen Tante Isabel und Goody selbst und versuchten, so viel wie möglich zu sehen. An allen Fenstern auf der Brücke drängelten sich Zuschauer. Männer und Jungen erklommen die Dächer. Die Türen standen offen, und die Menschen schwärmten aus und ein wie in einem Bienenstock, obwohl Wächter mit ihren Spießen in den engen Straßen auf- und abgingen, um Nachzügler zurückzudrängen, wenn die Trompeten ertönten, damit der Weg freigemacht wurde.

Das war der schönste Morgen in Nans ganzem Leben. Sie war dabei und durfte den Einzug des königlichen Herrschers nach seinem Sieg in Agincourt miterleben. Der Himmei war klar, und die Sonne schien auf die farbenprächtigen Kleider und die Wandteppiche und geschmückten Zweige, die aus den Fenstern hingen. Vor dem Steinernen Tor hielten zwei hölzerne Riesen einen Triumphbogen und reichten dem König die Schlüssel zur Stadt. Am Ende der Brücke standen Säulen mit dem Löwen, der Antilope und einer Darstellung des heiligen Georg geschmückt, der eine Schriftrolle mit dem Motto des Königs in den Händen hielt: Soli Deo Honor et Gloria – Gott alleine sei Ehre und Herrlichkeit.

Die ganze Stadt war wunderbar geschmückt. In den Straßen luden Pavillons und aufgespannte Baldachine zum Verweilen ein. Aus den

Leitungen floß Wein statt Wasser. Um Cheap Cross herum war ein Turm errichtet worden, auf dem eine Gruppe schöner Mädchen für den König tanzen sollte. Eine Schar weißer Vögel wartete darauf, für den König fliegen gelassen zu werden. Und als er vorbei kam, sangen Knabenchöre in Engelsgewändern das Lied von Agincourt, eine Siegeshymne, die extra für diesen Tag geschrieben worden war:

> Unser König ritt fort in die Normandie,
> Mit ihm eine mächtige Ritterschar,
> Dank Gottes Gnade erkämpften sie,
> Den Sieg, der für England so wunderbar.
> ‹Deo gracias Anglia redde pro Victoria›.

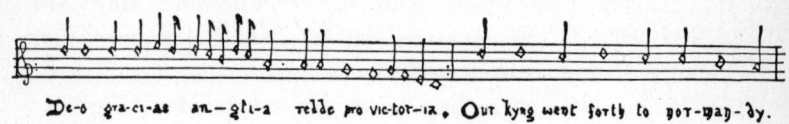

Die Melodie war schwungvoll, und der Refrain «Deo gracias Anglia» wurde in der ganzen Stadt gepfiffen oder gesungen.

Nan hatte sich vorher zusammen mit Großvater die geschmückte Stadt angesehen. Obwohl Cheap am prächtigsten gestaltet war, hätte sie um nichts auf der Welt ihren Platz an Goodys Fenster eingetauscht. Denn auf der Brücke war die Straße so schmal, daß sie den König beinahe berühren konnte, wenn er vorbeikam.

Aber ihre Begeisterung für diesen Fensterplatz hatte noch einen anderen Grund. Nicht nur Großvater, sondern auch ihre beiden Brüder nahmen an diesem festlichen Umzug teil. Tante Isabel wies sie darauf hin, daß es wahrscheinlich in ganz London kein zweites Mädchen gäbe, dem eine solche Ehre zuteil wurde. Dickon war als Page Master Whittingtons dabei und Adam, in Guy Whittingtons Einheit, gehörte zum Gefolge des Königs aus Frankreich.

An jenem Morgen am Tag des Bürgermeisters, an dem die Siegesnachricht eingetroffen war, hatten die vierwöchigen Vorbereitungen begonnen. Die aufrührerische Stimmung in der Stadt war mit einem

Schlag verschwunden. Niemand hatte Zeit, sich um Schwarzmaler, Rebellen und ähnliche Unruhestifter zu kümmern. Es gab viel zu viel zu tun. Nicht nur die Straßen wurden geschmückt, auch Essen und Trinken für das Fest mußten vorbereitet werden, und jeder Bürger brauchte neue Kleidung. Tuch- und Kurzwarenhändler, Handschuhmacher und Schneider arbeiteten, bis sie umfielen. Für die Trachten von Bürgermeister und Ratsherren, Zünften und Gilden wurden Hunderte von Metern an weinrotem und weißem Stoff verbraucht, denn die Prozessionsteilnehmer sollten die Farben des Schildes von St. Georg tragen. Genau wie alle anderen hatte auch Dickon Tag und Nacht gearbeitet, um diese Mengen rechtzeitig bereitzustellen. Nan sah ihn kaum noch. Aber es war nicht zu übersehen, daß Dickon sich verändert hatte. Er war seit dem Kampf an der Kaimauer, dem Tag, an dem er erfuhr, daß er Tuchhändler werden sollte, nicht mehr so sorglos und fröhlich gewesen wie jetzt. Er redete, als ob er schon seit Jahren unabhängiger Geselle in der Tuchhändlerinnung sei, und versprach Nan eine Menge wundervoller Geschenke, die er ihr aus Brüssel oder Antwerpen mitbringen wollte, wenn er hinführe. Nan versuchte, ihn nach Thomas Bason und dem Silbersalz zu fragen. War er erwischt worden? Sie hätte es zu gerne gewußt, aber Dickon konnte es ihr nicht sagen. Vor lauter Neugierde hatte sie es sogar gewagt, Master Whittington danach zu fragen, doch der sagte ihr nur, daß Thomas Bason in Frankreich gestorben sei. Ob er im Kampf gefallen oder als Verräter verurteilt worden war, vermochte Master Whittington nicht zu beantworten.

Es schien, als ob sie bereits eine Ewigkeit am Fenster gewartet hätten. Die Kinder beklagten sich lautstark, und selbst Nan hatte genug von der neugierigen Menge. Der Bürgermeister, die Sheriffs, die Ratsherren und die Vorsitzenden der Zünfte waren bereits vor Stunden fortgeritten, um den König in Blackheath zu empfangen. Es war aufregend gewesen, sie zu beobachten. Direkt hinter dem Bürgermeister ritt der Prior der Christuskirche, der immer auch gleichzeitig das Amt des ersten Ratsherrn der Stadt innehatte, gefolgt von Master Whittington, der bereits dreimal Bürgermeister gewesen war. Er erhob seine Hand und grüßte Nan, als er vorbeiritt, und sie winkte freudig zurück. Sie winkte auch Dickon zu, aber der starrte nur vor sich hin und lächelte nicht einmal. Als nächstes sah sie Großvater zwischen den Ratsherren und dann all die anderen bedeutenden Bürger der Stadt in roten Gewändern und rot-weißen Kapuzen und Hosen. Die Prozession war ein wundervoller Anblick, aber sie hatten ihn nun seit über zwei Stunden genossen, und sogar Tante Isabel wünschte sich, daß es nicht mehr allzulange dauern möge. Also gingen sie für einen Augenblick vom Fenster weg und erfrischten sich mit Milch und Brot.

Plötzlich rief Nan: «Hört mal!» Draußen erklang ein fröhliches Glockenläuten. Sie eilten ans Fenster zurück, und Nan lehnte sich so weit hinaus, daß Goody sie an den Beinen festhalten mußte. Nun ertönte das Läuten auch dicht hinter ihnen im Glockenturm der Brückenkapelle, und plötzlich erklangen wie auf ein Zeichen hin alle Glocken Londons gleichzeitig. Dagegen war das Geläute am Tag des Bürgermeisters ausgesprochen leise gewesen. Es erscholl auf beiden Seiten des Flusses und erfüllte die Luft. Der Triumphzug hatte begonnen.

Zuerst ritten der Bürgermeister und die Ratsherren ein, voller Stolz, ihre Helden in die Stadt führen zu dürfen. Ihnen folgte eine Gruppe bewaffneter Männer, deren Helme und Brustplatten in der Sonne leuchteten, dann kamen prächtig geschmückte Herolde und schließlich das Banner von England. Dahinter ritt, ganz alleine, Harry der König.

Nan hielt den Atem an. Einen Moment lang traute sie kaum ihren Augen. Sie hatte ihn in voller Rüstung erwartet, mit der Krone über dem Helm, einem gezogenen Schwert und dem Wimpel, der an seiner Lanze flatterte. Aber er trug keine Rüstung, nicht einmal seine Krone, sondern nur ein einfaches Gewand aus lila Stoff – lila, die Farbe der Fastenzeit, die Farbe der Klage. An seinem Hals hingen keine Juwelen, sein Kopf war ungeschmückt. Eine merkwürdige Aufmachung für einen siegreichen König.

Als er langsam vorbeiritt und dabei weder nach rechts noch nach links schaute, hörte die Menge voller Ehrfurcht vor seinem bescheidenen Aufzug auf zu jubeln. Statt dessen sangen sie das Lied von Agincourt: «Deo gracias Anglia redde pro Victoria». Die Melodie schwoll an und hallte in der schmalen Brückenstraße wider, als der König in die Stadt einritt.

Tante Isabel erklärte Nan flüsternd, daß der König aus eigenem Willen ohne persönlichen Pomp erschienen sei. Er gestatte nicht einmal, daß sein zerschlagener Helm oder sein verbeultes Schwert vor ihm hergetragen wurden. Lieder sollten nicht ihm zu Ehren, sondern zum Lobe Gottes gesungen werden. Außerdem wollte er keine Rede halten, bevor er in St. Paul's ein Dankgebet gesprochen habe.

Nan hörte ihr ernsthaft zu, aber im Innersten ihres Herzens wünschte sie sich, daß der König wenigstens seine Krone tragen würde. Die Lords, seine engsten Freunde, die direkt hinter ihm ritten, waren ebenso nüchtern gekleidet wie er. Aber als sie vorbei waren, erstrahlte die Prozession wieder in leuchtenden Farben.

Als nächstes kam die königliche Garde, zum Teil beritten, zum Teil zu Fuß, bunt geschmückt mit Wimpeln, Bannern und Wappenröcken. Ihnen folgten englische Bogenschützen, die fröhlich von der Menge bejubelt wurden, und schließlich eine Darstellung königlicher Pracht, die den einfachen Aufzug des Königs wettmachte. Die von den Herolden getragenen Banner waren mit Gold überzogen, doch sie zeigten nicht die englischen Leoparden, sondern die französischen Lilien. Die Prinzen, die prachtvoll gekleidet hinterherritten, waren keine Engländer, sondern Franzosen.

«Das sind die Gefangenen des Königs», erklärte Tante Isabel leise. «Seine Gnaden hat angeordnet, daß seine Gefangenen ehrenvoll behandelt werden sollen, auch wenn er selbst auf allen Pomp verzichtet. Der Bürgermeister erhielt diesen Befehl aus Dover. Unter ihnen sind die Herzöge von Orléans und Bourbon, aber all diese französischen Adligen kenne ich nicht.»

Als die Gefangenen vorbei waren, wurde Nan langsam müde. Die Prozession schien kein Ende zu nehmen. Sie hielt nun nur noch Ausschau nach Adam und Dickon, der nicht mit Master Whittington zurückgekehrt war. Adam erschien kurz darauf, er ritt hinter Guy Whittington in einer Gruppe des königlichen Hofstaates. Dickon würde wahrscheinlich später mit dem Rest der Londoner Zunftmitglieder erscheinen. Sie entschloß sich, nicht zu warten.

Sie reckte den Hals, um noch einmal Richtung London zu schauen. Ihr Blick wurde von dem leuchtenden Kreuz auf der Brückenkapelle eingefangen. Plötzlich stieg eine lebhafte Erinnerung in ihr auf. Sie dachte zurück an den Tag, an dem sie dort zwei Kerzen angezündet hatte – eine für Adam und eine für Dickon. Sie entschloß sich, morgen zwei weitere anzuzünden, nur um sich zu bedanken.

Während sie noch leise die Melodie von «Deo gracias Anglia» vor sich hinsummte, kletterte sie von der Fensterbank.

Die Kinder stürzten sich auf sie. «Erzähl' uns eine Geschichte», baten sie.

Sie war eigentlich nicht in der Stimmung, Geschichten zu erzählen. Aber sie waren so lieb zu ihr gewesen.

«Was für eine Geschichte wollt ihr denn hören?» fragte sie.

Ohne zu zögern antworteten beide gleichzeitig: «Die Geschichte von Dick Whittington und den Bow Bells.»

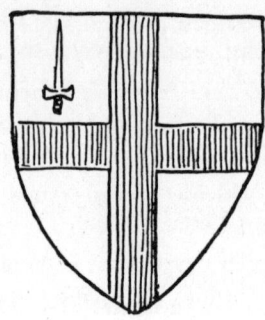

Das Wappen von London

Nachwort

*B*evor ihr das Buch aus der Hand legt, möchte ich euch noch etwas über die Bilder erzählen und darüber, wie es mir gelungen ist, sie so geschichtsgetreu zu zeichnen. Jeder von euch, der Spaß an guten Detektivgeschichten hat, wird nachvollziehen können, mit welcher Begeisterung ich den historischen Hintergrund meiner Geschichte erforscht habe.

Zuerst muß ich euch John Stow vorstellen. Er hat mich in die Vergangenheit geführt. Er lebte unter Elizabeth I. und schrieb ein Buch über London. Darin hat er sich sehr ausführlich mit der Geschichte der einzelnen Straßen und der wichtigsten Häuser beschäftigt. Gewürzt hat er diese Darstellungen mit kleinen Erzählungen von den Menschen, die dort lebten. Er nannte das Buch «Ein Blick auf London». Ihr könnt es noch immer kaufen, und ich nahm ein Exemplar unter den Arm, als ich mich aufmachte, um Whittingtons London zu erforschen.

Falls ihr das jemals selbst vorhabt, könnt ihr, wie ich es getan habe, zunächst einmal mit der S-Bahn in die Cannon Street fahren. Wenn ihr aus dem Bahnhof tretet, trefft ihr links auf eine Straße, die zur Themse herunterführt. Sie heißt noch immer Dowgate. Dort, wo die Straße auf den Fluß trifft, liegen auch heute noch kleine Boote. Dieser Teil der Stadt wurde fast völlig von den Bomben des 2. Weltkriegs zerstört. Doch da dort kein Haus mehr steht, könnt ihr durch die Ruinen des modernen Londons laufen und entdecken, daß unter euren Füßen der Stadtplan des alten Londons liegt. Die kleinen Gassen waren noch vorhanden, und zwar als Passagen zwischen den großen Häusern, die dort vor dem Krieg gestanden hatten.

Granthams Gasse habe ich ohne Probleme gefunden, obwohl sie in den heutigen Stadtplänen von London nicht mehr eingezeichnet ist. Ich war auch dort, wo Granthams Inn gestanden haben muß. Vor mir lag ein Bombenkrater. Ich schaute mich genauer um und stieß dabei auf ein paar rechteckige Steine, die wahrscheinlich zu dem Haus gehörten, das den Mittelpunkt meines Buches darstellt, denn Granthams

Gasthaus hat es wirklich gegeben. Nach John Stow wurde es in der Zeit Edwards III. von dem Londoner Bürgermeister John Grantham errichtet. Es gibt keine Abbildung davon, aber ich habe versucht, es so zu zeichnen, wie es wahrscheinlich ausgesehen hat.

Als nächstes ging ich zum Krüppeltor, und zwar auf demselben Weg wie Dickon, Nan und Master Whittington. Ich überquerte die Thames Street, stieg den Hügel hinauf und kam an Master Whittingtons Haus in The Royal vorbei. Seine Kirche, St. Michael Paternoster, steht immer noch dort, aber nicht so, wie ihr sie kennt, denn sie wurde während des großen Feuers 1666 zerstört und von Christopher Wren neu errichtet.

Der Tower Royal, der oben auf dem Hügel gestanden hatte, ist schon seit dreihundert Jahren verschwunden. Ich blieb auf dem Bürgersteig vor einem Radiogeschäft stehen und schaute mich um. Eine schmale Passage neben dem Geschäft hieß Tower Royal. Ich glaube nicht, daß Sherlock Holmes sich jemals mehr über eine Entdeckung gefreut hat als ich in diesem Augenblick.

In der Gegend hinter dem Krüppeltor werdet ihr feststellen, daß aus der Grub Street die Milton Street geworden ist. Auch diese Gegend wurde im Kriege zerstört; dort stehen jetzt nur noch ein paar Ruinen. Die Moorfelder sind also wieder unbebaut, und ihr könnt wie Dikkon herüberschauen und die Türme der Londoner Kirchen hinter der langen Stadtmauer hervorragen sehen. Diese Mauer hat, hinter Gebäuden versteckt, die letzten Jahrhunderte überdauert. Sie ist das einzige Bauwerk im Umkreis, das den Bomben widerstanden hat. Hinter der Ruine der Kirche St. Giles steht die Eckbastion der Stadtmauer (vergleiche die Abbildung auf Seite 63). Ich habe die Skizze dort angefertigt und den Stadtgraben und das kleine Wassertor aus einem alten Stich hinzugefügt. Den Glockenturm von St. Giles habe ich so gezeichnet, wie er wahrscheinlich zu Dickons Zeiten ausgesehen hat.

Das Haus in der Grub Street (siehe die Abbildung auf Seite 66) stand dort noch bis vor kurzem und wurde «Whittingtons Haus» genannt. Ich habe keinen Beweis dafür gefunden, daß er wirklich dort oder in «Whittingtons Palast» in der Hart Street gelebt hat. Sicher wissen wir nur, daß er das Haus in The Royal bewohnt hat. Aber Whittington war ein sehr reicher, bedeutender Kaufmann, der wahrscheinlich mehr als ein Haus für seine Geschäfte benötigte.

Der Ursprung der alten Geschichte von Dick Whittington und seiner Katze ist noch schwieriger zu erforschen. Sie wurde erst ein paar Jahrhunderte nach seinem Tod gedruckt, und niemand weiß, wann sie entstand. Der Gedanke, daß Whittington sie selbst erfunden hat, um ein kleines Mädchen zu amüsieren, ist nur ein Spaß von mir. Aber sie paßt zu einem Menschen, der so großzügig und beliebt war, daß man sich ein paar Jahrhunderte später an ihn weniger als einen der größten Kaufleute seiner Zeit erinnerte, als an Dick Whittington, den Helden einer beliebten Kindergeschichte.

Nicht nur John Stow hat mich in die Vergangenheit geführt. Ich habe mich auch auf die Werke von Anthony van der Wyngaerde bezogen, einem Künstler, der um 1550 von Philipp II. von Spanien damit beauftragt wurde, verschiedene Ansichten von London zu zeichnen. Seine Arbeiten haben etwas Wahres, was darauf schließen läßt, daß er seine Augen gebrauchte und zeichnete, was er sah, und seine Zeit nicht, wie viele seiner Kollegen, für nüchterne Stadtpläne verschwendete. Die Darstellung der London Bridge aus der Vogelperspektive auf Seite 173 habe ich direkt von ihm übernommen. Nur am Zugbrückentor habe ich eine Kleinigkeit verändert. Das große steinerne Tor, das Wyngaerde gezeichnet hatte, wurde erst einige Jahrzehnte nach der Zeit errichtet, in der meine Geschichte spielt. Von dem ursprünglichen hölzernen Tor gibt es keine Darstellung.

Ich habe noch eine andere Abbildung von der Brücke gefunden, die älter ist als die von Wyngaerde. Sie diente mir als Vorlage für das Bild auf Seite 76. Sie stammt aus einem bebilderten Manuskript aus dem Britischen Museum, das Gedichte enthält, die von Charles, dem Herzog von Orléans, verfaßt wurden, der in Agincourt in Gefangenschaft geraten war. Er ritt zusammen mit all den anderen Gefangenen von König Harry in London ein und hat später viele Jahre im Tower verbringen müssen.

Von den kleineren Zeichnungen möchte ich nur ein paar erwähnen. Das Siegel auf Seite 60 habe ich von einem Abdruck von Dick Whittingtons Siegel auf Pergament abgezeichnet. Der Abdruck befindet sich im Museum des Rathauses, und ich habe dem Kurator dafür zu danken, daß ich ihn als Vorlage benutzen durfte. Das Bett auf Seite 242 entstammt einem sehr alten Druck, auf dem der Tod von Dick Whittington dargestellt ist. Die Zeichnung von Adam, der den ausgerenkten Arm wieder einrenkt (S. 28), habe ich aus einer anderen Schrift im Britischen Museum, die mit Illustrationen erstaunlicher Operationen aus dem 13. und 14. Jahrhundert geschmückt ist. Der Bierstiefel auf Seite 207 befindet sich im Westgate Museum in Winchester, und die Handschellen, die Dickon angelegt wurden, können im Londoner Museum besichtigt werden. Die Originalfassung der Hymne von Agincourt gehört dem Trinity College in Cambridge, aber die Fassung in diesem Buch ist soweit modernisiert, daß ihr selbst die Noten lesen könnt.

Das Bild zu Beginn des letzten Kapitels habe ich aus verschiedenen Elementen zusammengestellt. Die Arbeit daran hat mir viel Freude bereitet. Eigentlich wollte ich Henry V. mit all seinen Kriegern darstellen, aber ich sah bald ein, daß ich mir zuviel vorgenommen hatte, wenn das Buch jemals fertig werden sollte. Also habe ich mir etwas anderes überlegt. Kennt ihr die Rede von Shakespeares Henry V., die mit den Worten beginnt: «Wer hat diesen Wunsch geäußert? Mein Kusin Westmoreland?»

Vielleicht habt ihr sie schon einmal in der Schule gelesen. In meinem Bilderpuzzle habe ich die Banner all der Adeligen dargestellt, die in dieser Rede erwähnt werden. Außerdem soll es an die Aufforderung erinnern: «Ruft ‹Gott für Harry! England und Saint George!›» Die Banner haben folgende Bedeutung: 1) Das Banner von St. George; 2) Nevill, Graf von Westmoreland; 3) Das königliche Wappen von England; 4) Humphrey, Herzog von Gloucester; 5) Die persönliche Standarte von Henry V.; 6) Gilbert, Lord Talbot; 7) Beauchamp, Graf von Warwick; 8) John, Herzog von Bedford; 9) Montacute, Herzog von Salisbury; 10) Thomas, Herzog von Exeter.

Bevor ich das Nachwort beende, muß ich noch etwas beichten. Ich habe ein historisches Datum geändert, damit es in meine Geschichte paßt. Guy Whittington und sein Vater wurden von Oldcastles Anhängern angegriffen, wie ich es beschrieben habe, aber der Angriff fand ein Jahr später statt, 1416, nicht 1415. Das muß nach Guys Rückkehr aus Frankreich gewesen sein, denn er war in Agincourt dabei. Es gibt keine Beweise dafür, daß er zwischen dem König und Whittington als Botschafter eingesetzt worden war. Aber es könnte sein, denn Whittington hatte dem König während der Belagerung von Harfleur tatsächlich noch Geld geschickt. Den Alchimisten und seinen Plan hat es nicht gegeben, aber ein Gastwirt, Benedict Wolman, wurde 1416 hingerichtet, weil er geplant hatte, den angeblich noch lebenden Richard II. aus Schottland zu holen. Sein Kopf wurde auf dem Zugbrückentor in London ausgestellt.

London zur Zeit Heinrich V.

DIE WICHTIGSTEN HEUTIGEN STRASSEN UND GEBÄUDE SIND GEPUNKTET.

(1) Queen Victoria Street   (2) Cannon Street   (3) King Street   (4) Queen Street
(5) Southwark Bridge   (6) Mansion House   (7) Cannon Street Station   (8) Railway Bridge
(9) Moorgate Street   (10) Princes Street   (11) Bank of England   (12) Royal Exchange
(13) King William Street   (14) New London Bridge   (15) The Monument

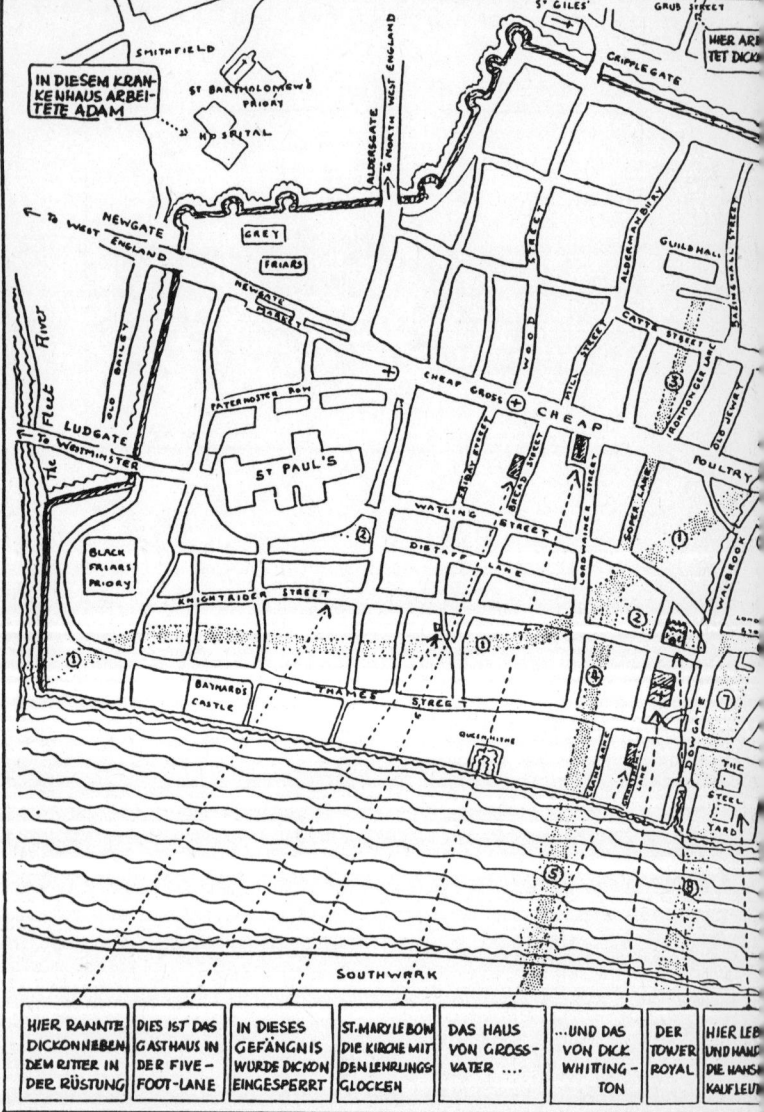

HIER RANNTE DICKON NEBEN DEM RITTER IN DER RÜSTUNG

DIES IST DAS GASTHAUS IN DER FIVE-FOOT-LANE

IN DIESES GEFÄNGNIS WURDE DICKON EINGESPERRT

ST. MARY LE BOW DIE KIRCHE MIT DEN LEHRLINGS GLOCKEN

DAS HAUS VON GROSS-VATER ....

...UND DAS VON DICK WHITTING-TON

DER TOWER ROYAL

HIER LEB... UND HAND... DIE HANSE... KAUFLEUN...

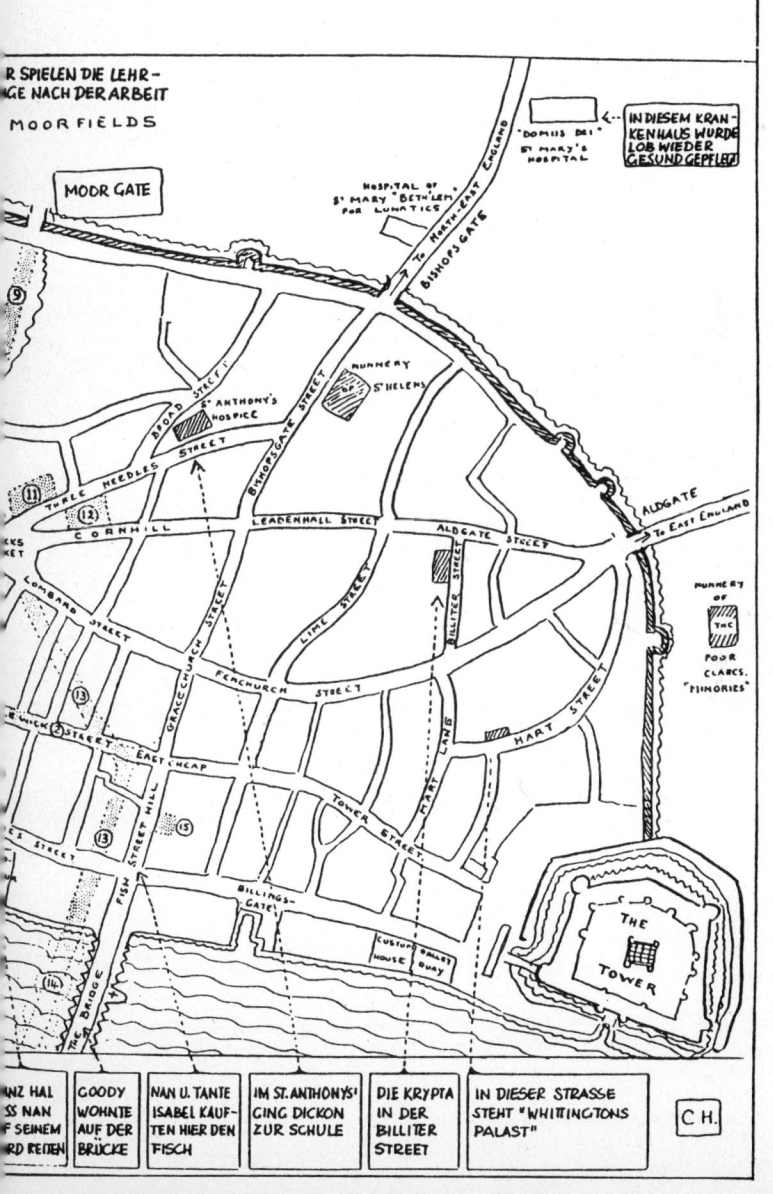

R SPIELEN DIE LEHR-
GE NACH DER ARBEIT

MOORFIELDS

MOOR GATE

"DOMUS DEI"
ST MARY'S
HOSPITAL

IN DIESEM KRAN-
KENHAUS WURDE
LOB WIEDER
GESUND GEPFLEGT

HOSPITAL OF
ST MARY "BETHLEM"
FOR LUNATICS

BISHOPS GATE

To NORTH-EAST ENGLAND

NUNNERY
ST HELENS

BROAD STREET

ST ANTHONY'S
HOSPICE

BISHOPSGATE STREET

THREE NEEDLES STREET

CORNHILL

LEADENHALL STREET

ALDGATE STREET

ALDGATE

To East England

LOMBARD STREET

GRACECHURCH STREET

LIME STREET

BILLITER STREET

NUNNERY
OF
THE
POOR
CLARES.
"MINORIES"

FENCHURCH STREET

HART LANE

HART STREET

WICH STREET

EAST CHEAP

FISH STREET HILL

TOWER STREET

BILLINGS-
GATE

CUSTOM
HOUSE QUAY

THE BRIDGE

THE
TOWER

MNZ HAL
SS NAN
F SEINEM
RD REITEN

GOODY
WOHNTE
AUF DER
BRÜCKE

NAN U. TANTE
ISABEL KAUF-
TEN HIER DEN
FISCH

IM ST. ANTHONYS'
CING DICKON
ZUR SCHULE

DIE KRYPTA
IN DER
BILLITER
STREET

IN DIESER STRASSE
STEHT "WHITTINGTONS
PALAST"

C.H.

RODNEY BENNETT

Adlerjunge

Aus dem Englischen von Bettine Braun
192 Seiten, gebunden mit Schutzumschlag.

Mitten im mittelalterlichen Europa herrschen Hunger und
Not, Gier und Aberglaube – aber auch die Sehnsucht nach
Selbstbestimmung und einer besseren Gesellschaft. Drei
Helfer begleiten den jungen Stephan auf seinem Weg in die
Freiheit und die menschliche Gesellschaft: der gewissenhafte
Müller Petr, der weise Eremit Bartholomäus und – ein Adler.

«Wer keine Angst davor hat, bei der Lektüre eines Buches
weinen zu müssen, wer äußerste Spannung ertragen kann,
der oder die sind die richtigen LeserInnen für dieses märchen-
hafte Buch.» *Leanders Leseliste*

«Eine märchenhaft-phantastische Geschichte, fesselnd und
bewegend zugleich. Ein ausgezeichnet geschriebenes (und
übersetztes) Jugendbuch!» *Schweizer Bibliotheksdienst*

«Eindringlich erzählte Geschichte von der Macht der Privile-
gierten und der Massen und vom Versuch der Gerechten und
Schwachen, zu bestehen. Spannend und gut geschrieben.»
ekz-Informationsdienst

Verlag Freies Geistesleben

Weitere Bücher von Rosemary Sutcliff

Robin Hood

Aus dem Englischen von Sabine Gabert.
258 Seiten, mit Illustrationen von Herbert Holzing,
gebunden mit Schutzumschlag

«Von den mir bekannten Jugendausgaben scheint diese dem Charakter der altenglischen Volksballaden am ehesten gerecht zu werden, in denen sich ja burleske und heroische Elemente und kämpferische Szenen aus dem Geist des Rittertums und des Widerstandes der angelsächsischen Bevölkerung gegen den Druck der normannischen und kirchlichen Herren mischen.»

Heinrich Pleticha, Frankfurter Allgemeine Zeiutung

Das Hexenkind

Aus dem Englischen von Elisabeth Epple.
Mit 15 Illustrationen von Robert Micklewright.
149 Seiten, gebunden mit farbigem Einband

Eines der schönsten Bücher von Rosemary Sutcliff. Es ist die Lebensgeschichte des Jungen Lovel, der als «Krüppel» von den abergläubisch aufgehetzten Bewohnern seines Dorfes vertrieben wird, bei den Mönchen eines Klosters seine Fähigkeit des Heilens entdeckt, bis er schließlich selbst ein Hospital gründet und in der Zusammenarbeit mit der nahen Dombauhütte seine Lebensaufgabe findet.

Verlag Freies Geistesleben

Das Abenteuer eines Jahrhunderts
Der vierbändige Geschichtszyklus von
Cynthia Harnett

Die Lehrlingsprobe

Eine abenteuerliche Geschichte
aus dem London des 15. Jahrhunderts
Aus dem Englischen von Katja Seydel.
268 Seiten mit 96 Zeichnungen der Autorin
gebunden mit Schutzumschlag

«Hier wird das London des 15. Jahrhunderts lebendig, der
Betrieb auf der Themse, der Alltag auf der Straße, in den Bür-
gerhäusern, bei Kaufleuten oder im Kloster. Und diese Unmit-
telbarkeit und Anschaulichkeit wird noch verstärkt durch zahl-
reiche, mit minuziöser Genauigkeit und doch ebenfalls lebendig
gestalteten Zeichnungen der Autorin. Hier liest man nicht nur,
hier sieht man eben auch die Wirtshäuser, Lagerhallen, Themse-
schiffe, und das ist ein nicht zu unterschätzender Vorteil für
Zwölfjährige, an die sich dieses Buch wendet.»
Süddeutsche Zeitung

Das Zeichen im Feuer

Eine abenteuerliche Geschichte aus dem England Heinrichs VI.
Aus dem Englischen von Susanne Lenz
287 Seiten mit Zeichnungen der Autorin,
gebunden mit Schutzumschlag

«Ein von profunder Sachkenntnis zeugendes, glänzend erzähltes
Buch; anspruchsvoll und fesselnd für junge Leser und Erwachsene, die in historischen Stoffen mehr suchen als *Action*: nämlich
Kunde von den Lebenskräften und menschlichen Konflikten
einer Zeit. Sehr zu empfehlen.» *das neue buch / buchprofile*

Verlag Freies Geistesleben

Ausgewählte Jugendbücher in Taschenbuchausgaben

INGE OTT

Der Cid

Das Leben und Heldentaten des berühmten
spanischen Ritters Rodrigo Diaz von Vivar

FRANCES HENDRY

Der Ritt auf dem Kelpie

Aus dem Englischen von Katja Seydel

INGE OTT

Geier über dem Montségur

Der heldenhafte Kampf einer Schar auserlesener Ritter
gegen König und Papst

ANDRÉ DHÔTEL

Das Land, in dem man nie ankommt

Roman. Aus dem Französischen von Hermann Stiehl

ALAIN-FOURNIER

Der große Meaulnes

Roman. Aus dem Französischen von Arthur Seiffhart
und Maria-Sibylla Hesse.

IRMELIN SANDMAN LILIUS

König Tulle

Aus dem Schwedischen von Birgitta Kicherer

Verlag Freies Geistesleben